DESCRIPTION

DES

MÉDAILLES ANTIQUES

DU CABINET

DE FEU M. ALLIER DE HAUTEROCHE,

Chevalier des Ordres de Saint-Jean de Jérusalem et du Saint-Sépulcre, ancien Consul au Levant, Membre de l'académie des Sciences et Belles-Lettres de Marseille, de celle d'émulation de Cambrai, etc., etc.

AVEC SEIZE PLANCHES GRAVÉES:

PRÉCÉDÉE D'UNE NOTICE, ET ACCOMPAGNÉE DE NOTES ARCHÆOLOGIQUES,

PAR M. DUMERSAN,

EMPLOYÉ AU CABINET DES MÉDAILLES DE LA BIBLIOTHÈQUE DU ROI.

L'Auteur a noté sur cet exemplaire, les 182 médailles acquises pour le Cabinet de France, et le prix que chacune a été payée, en 1829.

A PARIS,

CHEZ M. MIDY D'ERMESNIL, possesseur de la Collection, rue de l'Echiquier, n°. 4;
DEBURE Frères, Libraires du Roi et de la Bibliothèque du Roi, rue Serpente, n°. 7.

1829.

IMPRIMERIE DE A. CONIAM,
RUE DU FAUBOURG MONTMARTRE, N° 4.

NOTICE

SUR

M. ALLIER DE HAUTEROCHE

ET SUR

SA COLLECTION DE MÉDAILLES.

M. Louis Allier de Hauteroche naquit à Lyon en 1766, d'une famille noble de cette ville.

Il était jeune encore, lorsque les évènemens de la révolution le conduisirent à Constantinople, où il se trouvait à l'époque de la célèbre ambassade du Général Aubert du Bayet. Ce fut là qu'il prit le goût des médailles, et qu'il commença d'en former une collection qu'il augmenta beaucoup dans le cours de ses voyages en Grèce et en Egypte. Il revint en France en 1800, et il fut successivement employé par le département des affaires étrangères, d'abord comme consul à Héraclée sur la mer Noire; et à Cos dans l'Archipel; ensuite comme attaché au consulat général de Smyrne, et à l'inspection générale du Levant. C'est en cette dernière qualité qu'il accompagna M. le baron Felix de Beaujour, son ami, lors de la tournée que cet inspecteur général fit en 1817, dans tous les établissemens français en Turquie. Ce voyage fournit à M. de Hauteroche beaucoup d'occasions d'enrichir son médaillier. De retour à Paris, il s'occupa de classer et de décrire ses médailles, et il commença à les faire graver.

M. Allier de Hauteroche s'occupait de la numismatique avec une véritable passion : non seulement il aimait à recueillir des médailles; mais il les recherchait en amateur instruit, et avec le désir de posséder des choses rares; aussi, à force de soins, de dépenses et de persévérance, il avait formé un des médailliers les plus intéressans et les plus remarquables qu'ait possédé un particulier, surtout dans la partie des médailles Grecques, où il avait réuni une grande quantité de pièces inédites.

La possession n'était pas son seul but dans ses recherches constantes, il étudiait les médailles et s'occupait de tous les rapports qu'elles peuvent avoir avec la mythologie, la chronologie, l'histoire et la géographie. Il avait préparé beaucoup d'observations qu'il destinait à voir le jour, lorsqu'il publierait sa collection. La plupart de ces notes ne sont malheureusement rédigées qu'à demi. Quelques unes sont des hypothèses ingénieuses, les autres des idées qui demanderaient des développemens ou plus de certitude : mais toutes annoncent un homme instruit, et surtout d'une imagination vive.

Nous avons extrait de ces notes, pour les faire entrer dans notre description, toutes celles qui nous ont paru essentielles pour l'attribution d'une médaille, pour l'explication d'un type, ou pour une application quelconque à l'une des branches de la science numismatique.

M. Allier de Hauteroche était très-versé dans la lecture des auteurs anciens, surtout dans celle des géographes, des historiens et des poëtes. Il avait préludé aux travaux numismatiques qu'il méditait, par quelques *Dissertations* intéressantes, composées pour les sociétés savantes dont il était membre, telles qu'un *Mémoire* sur une médaille anecdote de Polémon Ier, roi de Pont, imprimé à Cambrai en juillet 1826 ; une *Notice* sur les deux Sapho, lue dans le mois d'août 1822 à la Société asiatique; et un *Essai* sur l'explication d'une Tessère antique, portant deux dates, qu'il publia en 1820, et qui fixe une époque importante dans l'histoire de Syrie (1).

Il fut surpris par la mort au milieu de ses travaux ; mais, ayant voulu laisser un souvenir honorable de son nom, il avait légué, au Cabinet du Roi, deux morceaux extrêmement précieux, savoir : *la Tessère syrienne à double date*, dont il vient d'être parlé, et *une médaille en or, de Persée, roi de Macédoine*, pièce jusqu'à présent unique. Il a en outre fondé, en faveur de l'Académie royale des inscriptions et belles-lettres, une rente perpétuelle de 400 fr., pour être annuellement employée en un prix à décerner au meilleur ouvrage de numismatique. C'est en 1825 qu'il avait fait ces actes de dernière volonté, et c'est dans le mois de novembre 1827, qu'il a été enlevé à la science qui avait fait sa plus chère occupation. M. Allier de Hauteroche avait toujours eu l'intention de publier son Cabinet; il voulait rattacher son nom aux souvenirs des études de toute sa vie.

La publication des monumens est le moyen le plus sûr de faire avancer les sciences historiques et archæologiques : malheureusement beaucoup de possesseurs de médailles en jouissent sans profit pour l'étude et pour les progrès des connaissances. En livrant au public la description de la Collection de M. Allier de Hauteroche, ses héritiers remplissent donc ses dernières intentions, assignent à son nom une place parmi ceux des numismatistes distingués de notre époque, et agissent dans l'intérêt de la science qu'il a cultivée. Désormais, les pièces

(1) Ces trois ouvrages tirés à petit nombre, et dont il ne reste que peu d'exemplaires, se trouvent chez MM. Debure, libraires, rue Serpente. *Prix*, 2 *fr. chaque.*

rares ou inédites de son Cabinet, en quelque lieu qu'elles passent un jour, conserveront la trace de leur origine.

Il serait bien à désirer que cette belle collection ne sortît pas de France, et qu'elle vînt augmenter le riche Cabinet du Roi. Nous espérons que sa publication éveillera à cet égard la sollicitude d'un gouvernement ami des sciences et des arts, et que l'étranger ne nous enlèvera pas ces trésors amassés par un Français.

Nous ferons remarquer que notre description est analytique. Nous avons jugé inutile de décrire en détail des pièces déjà publiées et très-connues des personnes qui cultivent la numismatique. Toutes les médailles qui n'offrent rien de nouveau sont donc seulement désignées de manière à être facilement reconnues et appréciées. Toutes les médailles importantes, rares ou inédites, remarquables par leur valeur ou par le style de l'art, sont soigneusement décrites et de plus marquées d'un astérisque *, afin de fixer sur elles l'attention. De ce nombre, sont toutes celles qui se trouvent gravées, avec l'indication de la planche et du numéro. Ces médailles, au nombre de trois cent soixante-dix-neuf, ont été dessinées et gravées par M. *Saint-Ange Desmaisons*, avantageusement connu par des travaux de ce genre, et qui, outre l'habileté du crayon et du burin, possède ce sentiment de l'antique si nécessaire pour bien rendre les monumens.

Les médailles gravées dans ces planches s'arrêtent à la ville de Cnide en Carie. Ce travail a été suspendu par la mort de M. Allier de Hauteroche. Ces médailles ne sont pas les seules rares de la collection, il y en a trois fois autant d'inédites et d'importantes, comme l'indiqueront les astérisques. Le nombre total est de plus de CINQ MILLE, dont 325 en or, et toutes les pièces sont d'une conservation remarquable, ce qui ajoute beaucoup à la valeur de l'ensemble.

Nous avons classé cette collection selon l'ordre méthodique universellement adopté maintenant dans les cabinets, et on pourra voir qu'elle offre une série géographique complète; non pas qu'elle renferme des médailles de toutes les villes connues, mais au moins de toutes les *contrées numismatiques*, et de toutes leurs villes principales. Une table alphabétique des *Peuples*, *Villes* et *Rois* facilitera beaucoup les recherches.

Pour donner une idée de l'importance de cette collection, nous ferons remarquer qu'elle renferme une *quarantaine* de villes nouvelles pour la géographie numismatique, soit que les médailles qui leur sont attribuées paraissent pour la première fois, et qu'elles soient absolument inédites, soit qu'une rectification motive leur attribution nouvelle. Quant aux médailles inédites de villes connues, elles forment à peu près le tiers de la collection.

Parmi les médailles que j'appelle *inédites*, il y en a plusieurs de *décrites* dans l'ouvrage numismatique de M. MIONNET ; mais elles ne se trouvent que dans la Collection de M. Allier de Hauteroche, qui, plein de zèle pour l'avancement de la science, permettait de les publier, pensant avec raison qu'un monument, connu et rendu utile, avait un double prix pour son possesseur.

D'après les estimations de M. Mionnet, on peut donner à cette collection une évaluation très-considérable. Elle renferme très-peu de médailles au-dessous du prix de 8 à 10 fr. Il y en a un tiers qui valent chacune de 50 à 60 fr., un autre tiers dans lequel il s'en trouve beaucoup de 100 à 150 et 200 fr., les deux médaillons de Syracuse en valent 800 chacun; il y a plus de quarante rois du Bosphore, dont plusieurs valent 200 et 400 fr., et deux sont estimés 800 fr. pièce. On trouve enfin parmi les pièces les plus rares, le Mithridate en or de 1,000 fr., le Nicomède II, de 1,500 fr., des statères de Cyzique et de *Parium*, de 600 et de 800 fr., d'autres de Clazomène, de 800 et 900 fr.; une médaille d'or de Rhode, de 500 fr., un Séleucus de 800 fr., des Dariques et des Creséïdes d'or, des médailles de rois d'Égypte, avec ΘΕΩΝ ΑΔΕΛΦΩΝ, trois Arsinoé d'or, le superbe Ptolémée III, *Évergètes*, estimé 2,500, et la Bérénice 2,000 fr., un superbe médaillon d'argent d'Hadrien de 600 fr., et une médaille de Domitien qui vaut autant.

Assurément, une collection où se trouvent tant de pièces importantes, dont la conservation est généralement très-remarquable, qui offre autant d'intérêt pour l'art que pour la science, et dont le bel ensemble a coûté trente années de travaux, de recherches et de dépenses; une telle collection, dis-je, mérite d'être placée dans un Musée royal, et pour parvenir à en former une semblable, outre le temps et les soins qu'il faudrait y mettre, on ne serait pas certain de retrouver les occasions favorables.

On trouvera, à la tête de notre description, une liste des abréviations que nous avons été obligés d'employer. Nous préviendrons seulement ici, que l'abréviation *Lég.*, qui signifie légende, n'a pas toujours été répétée, ce qui ne veut pas dire que les médailles où elle manque soient sans légende. Notre description est faite pour des personnes qui ne sont pas étrangères à la connaissance des médailles, et qui jugent d'un coup d'œil celles qui sont indiquées par leurs traits principaux. De même, l'abréviation *Lég.*, à la suite d'une description, signifie que la légende est commune, ou qu'elle est semblable aux précédentes.

Afin d'être aussi concis que possible, en désignant les symboles, pour les distinguer des types principaux, nous les avons toujours mis en lettres italiques.

A chaque description de médailles est jointe l'indication du métal, OR., EL., AR., BR., POT., PL., — *Or*, *électrum*, *argent*, *bronze*, *potin*, *plomb*. Le chiffre suivant désigne la grandeur d'après l'échelle de M. *Mionnet*, dont l'excellent ouvrage est dans les mains de tous les numismatistes. (*Voy. au bas de la pag. xij*).

Le bruit a circulé qu'il y avait, dans la Collection de M. Allier de Hauteroche, plusieurs pièces fausses. Depuis quelque temps, en effet, des faussaires établis dans le Levant, ont infesté divers cabinets de leurs imitations de médailles, et trompé beaucoup d'amateurs : mais ils sont dévoilés, et la plupart de leurs fausses médailles sont connues. Dernièrement encore, le savant et infatigable SESTINI a publié un petit ouvrage fort utile (*Sopra i moderni falsificatori*, etc., *firenze* 1826), dans lequel il en a décrit et gravé un grand nombre. Nous avons donc extrait du cabinet de M. Allier de Hauteroche *vingt-une* médailles qu'il y avait admises, et que sans doute il aurait bientôt répudiées lui-même. Parmi ces médailles, il y en a *quatre* que nous avions insérées de confiance dans notre description; mais, après un mûr examen et après avoir consulté des savans dont les connaissances pratiques devaient nous guider avec certitude, nous les avons rangées parmi les fausses, dont nous donnons une liste, en indiquant celles qui étaient déjà décrites. Cette détermination doit donner aux amateurs, et aux personnes qui désireraient traiter de cette collection avec les héritiers de M. Allier de Hauteroche, la confiance que nous avons tout fait pour leur inspirer, relativement à l'importance et à la *franchise* des médailles qui composent cette belle collection.

MÉDAILLES FAUSSES

EXTRAITES DE LA COLLECTION.

SICILE.

CATANA. Tête laurée d'Apollon à dr. ΚΑΤΑΝΑΙΩΝ. ℟. Quadrige. Victoire. ΚΑΤΑΝΑΙΩΝ. Poisson. . . . . AR. 7.

CHERSONÈSE TAURIQUE.

PANTICAPAEUM. Tête de Pan à g. ℟. Griffon sur un épi, tenant dans sa gueule un fer de lance. ΠΑΝ. . . . . OR. 4.

THRACE.

ABDERA. Griffon. Au-dessus, Diota. ℟. ΕΠΙ ΜΕΛΑΝΙΠΠΟ dans un carré creux, entourant un autre carré. . . . . AR. 7.

Décrite, page 21.

ILE DE THRACE.

Thasos. Tête de Bacchus à g. ℞. Hercule tirant de l'arc. Lyre. ΘΑΣΙΟΝ. . AR. 5.

MACÉDOINE.

Mende. Corbeau sur un âne. ΜΙΝΔ. ℞. Carré creux à ailes de moulin. . AR. 7.

PHOCIDE.

Delphi. Tête voilée et couronnée d'épis, à g. ℞. Apollon assis sur la cortine, le coude droit appuyé sur sa lyre, tenant de la gauche un long sceptre. ΑΜΦΙΚΤΙΟΝ. (*Sestini. Sopra. i moderni falsificatori.* Tab. I, n°. 11.) . . . . AR. 6.

Autre. Apollon tenant une branche de laurier, devant lui un trépied. ΑΜΦΙΚΤΙΟ. (*Sestini. mod. falsific. Tab.* I, n°. 12.) . . . . . AR. 6.

BOÉOTIE.

Boeotia. Tête de Jupiter laurée à dr. ℞. Neptune assis, tenant de la droite un dauphin, de la gauche le trident, sur son siége un bouclier. ΒΟΙΩΤΩΝ. Lettres très-maigres. . . . . AR. 7.

Tête de Bacchus, couronné de lierre à dr. ℞. Bouclier béotien. (*Sestini. mod. falsific.* Tab. II, n°. 6.) . . . . AR. 4 ½.

Thebae. Tête voilée de Junon à dr. ℞. Cadmus armé, sortant d'un vaisseau. ...ΒΑΙΩΝ. (*Sestini, mod. falsific.* Tab. II, n°. 3.) . . . AR. 3.

Décrite, page 46.

ATTIQUE.

Athenae. Tête casquée de Pallas à dr. ℞. Chouette, rameau d'olivier. Le Calathus renversé. ΑΘΕ. . . . . OR. 3 ½.

ACHAIE.

Tête nue d'Antinoüs. ΟCΤΙΛΙΟC. ΜΑΡΚΕΛΛΟC. Ο. ΙΕΡΕΥC. ΤΟΥ. ΑΝΤΙΝΟΟΥ. ℞. ΤΟΙC. ΑΧΑΙΟΙC. ΑΝΕΘΗΚΕΝ. Mercure retenant Pégase de la main dr. et portant le caducée de la g. . . . . BR. 12.

ARGOLIDE.

Argos. Tête de Junon, coiffée d'une espèce de tiare ornée de fleurs.

℞. Deux dauphins en sens contraire; au milieu, un carquois. ΑΡΓΕΙΩΝ. (*Sestini. modern. falsific.* Tab. II, n°. 9.) . . . . AR. 6.

ROI DU BOSPHORE.

Sauromate III. Tête à dr. ΒΑCΙΛΕѠC CΑΥΡΟΜΑΤΟΥ. Tête de Commode, une feuille de lierre. ΠΥ. (480.) . . . . OR. 4.

Décrite, page 65, et gravée pl. IX.

ROI DE BITHYNIE.

Nicomèdes II. Tête à dr. ceinte du bandeau. ℞. Jupiter debout, les bras élevés. Aigle. ΒΑΣΙΛΕΩΣ. ΕΠΙΦΑΝΟΥΣ ΝΙΚΟΜΗΔ. Monog. ΝΡ. (150.). AR. 9.

Décrite, page 71, et gravée pl. XI, n°. 16.

IONIE.

Colophon. Chien à g. sur une pélamide. ℞. Carré creux en quatre parties, dont le fond est plein d'inégalités. . . . . AR 4.

Décrite, page 83. Gravée, pl. XIV, n°. 12.

ILE D'IONIE.

Samos. Tête de Lion de face. ℞. Demi-bœuf à dr. ΣΑ. . . . . . . AR. 6.

ROI DE CARIE.

Maussolus. Tête d'Apollon de face. ℞. Jupiter Labradaeus. ΜΑΥΣΣΩΛΛΟ. AR. 5.

ILE DE CARIE.

Cos. Tête d'Hercule à dr. ℞. Crabe sur une massue. ΚΩΙΟΝ. ΔΙΩΝ. . . AR. 6 ½.

CILICIE.

Adana. Tête de Sérapis ℞. Fleuve à mi-corps. ΑΔΑΝΕΩΝ. . . . . PL. 3.

Plomb, probablement moulé sur le bronze antique. Décrit, page 96.

ROI DE SYRIE.

Seleucus I. Tête diadêmée, cornue à dr. ℞. Tête de cheval bridée et cornue à dr. et un monogr. Poids 188 gr. (*Sestini. modern. falsific.* Pl. III, n° 11.) . . . . OR. 4.

TABLE

DES VILLES INÉDITES

ET

DES NOUVELLES ATTRIBUTIONS.

Les héritiers de M. Allier de Hauteroche, n'étant pas dans l'intention de conserver cette Collection de médailles, dont le nombre total est de plus de CINQ MILLE *pièces, préviennent les personnes qui voudraient en traiter, qu'on pourra la voir chez M.* Midy d'Ermesnil, *rue de l'Échiquier, n°. 4, à Paris.*

Les seize planches gravées seront données avec la Collection de Médailles.

ABRÉVIATIONS

EMPLOYÉES DANS CETTE DESCRIPTION.

Aut. Auton.	Autonôme.
Anc.	Ancien.
Boustr. Boustroph.	Boustrophédon.
Car. Caract.	Caractère.
Col. Colon.	Coloniale.
Com.	Commune.
Cour.	Couronne.
Diff.	Différent.
Fig.	Figure.
Glob.	Globule. Globuleuse.
Imp. Imper.	Impériale.
Inéd.	Inédite.
Insc.	Inscription.
Laur.	Laurée. Laurier.
Magistr.	Magistrats.
Mun. Munic.	Municipe.
Méd.	Médaille.
R.	Rare.
Rétr. Rétrog.	Rétrograde.
℞.	Revers.
Symb.	Symbole.
T.	Tête.
à dr.	à droite.
à g.	à gauche.
de f.	de face.

ÉCHELLE NUMISMATIQUE.

1 2 3 4 5 6 7 8 9 10 11 12 13

DESCRIPTION

DES

MÉDAILLES ANTIQUES

DU CABINET

DE M. ALLIER DE HAUTEROCHE.

EUROPE.

ESPAGNE.

HISPANI. Tête de Pallas à gauche. *Tête de Bélier.* ℞. HISPANORVM. Cavalier. . . . . BR. 4.

LUSITANIE.

BALSA. *Municipium.* Tête nue imberbe à droite. M. BAL. F. rétrograde. ℞. Bœuf. M. Q. F. *Médaille inédite.* . . . . BR. 6.

FLORÈS *a placé aux incertaines cette médaille de Balsa, ville qui est dans la Lusitanie, selon* PTOLÉMÉE, *lib.* II, *c.* 5; PLINE, *lib.* IV, *c.* 12; POMPONIUS MÈLA, *lib.* III, *c.* I.

Autre semblable. . . . . BR. 4.

EBORA. *Municip.* Auguste. PERMISSV, etc. ℞. LIBERALITATIS IVLIAE EBOR. BR. 8.

EMERITA. *Colonia.* Auguste. ℞. Porte de la ville. . . . . AR. 5.

Deux autres. — Auguste. ℞. Colon menant deux bœufs. . . . . . . BR. 8.

BÉTIQUE.

ACINIPO. *Autonome.* Epi. ℞. Grappe. . . . . BR. 7.

AMBA ou AMPHATS. *Auton.* Tête imberbe diadémée. ℞. Sphinx mitré. AMBA en caractères turditains. . . . . BR. 7.

Tête *id.* ℞. Sanglier. Même légende. . . . . BR. 3.

Tête laurée. voc. st. f. ℞. Taureau. *Croissant*. cn. vec. n. f. A l'exerg. le nom de la ville en caractères turditains. . . . . br. 6.

Aria. *Autonome*. Tête jeune. ℞. Poisson. c. var. aria. . . . . . . br. 4.

Carbula. *Aut*. Tête imberbe. x. ℞. Lyre. carbvla. . . . . br. 9.

Carmo. *Aut*. Tête casquée. ℞. Deux épis. carmo. . . . . br. 10.

Carteja. *Aut*. Tête nue. ℞. Dauphin. — Deux autres. ℞. Neptune. Autre. ℞. Un pêcheur. c. vib. aid. . . . . br. 6.

Corduba. *Aut*. Tête de Vénus. ℞. Cupidon. cordvba. . . . . br. 5.

Gades. *Aut*. Tête d'Hercule. ℞. Poisson. Lég. phénic. . . . . ar. 3.

Autre. ℞. 2 poissons. . . . . br. 7.

Tête d'Hercule. ℞. balbvs. pont. Instrumens de sacrifice. . . . br. 11.

Ilipa. *Aut*. Epi. ℞. Poisson. ILIPENSE. Croissant. a. . . . . br. 9.

Italica. Alliance avec *Bilbilis*. Tête imberbe. bilbilis. ℞. Cavalier courant. italica.

Coloniales. Tibère. ℞. Autel de la providence. perm. divi avg. munic. italic. Deux médailles. . . . . br. 8.

Lastigi. *Aut*. Tête de Mars. ℞. lastigi entre deux épis. . . . . . br. 7.

Obulco. *Aut*. Tête imb. obulc. ℞. Aigle. *Id*. ℞. Lég. celtib. Poisson. . br. 4.

Tête de femme. obvlco. ℞. Charrue, épi. . . . . br. 10.

Orippo. *Aut*. Tête imberbe. orippo. ℞. Femme assise. . . . . br. 7.

Osca. *Coloniales*.

Tête d'Hercule osca. ℞. dom. cos. iter. imp. Instrum. pontificaux. ar. 4.

Caligula. ℞. Couronne de lauriers. osca. vrbs. vict. c. tarracina. p. prisco. ii. vir. . . . . br. 8.

Oset. *Auton*. Tête casquée. ℞. Corne d'abondance, outre, légende. . br. 5.

Patricia. *Colon*. Auguste, instrumens pontificaux, légende. . . . . . br. 5.

Romula. *Coloniales*. 6 méd.

Auguste. Foudre. ℞. Livie. ivlia avgvsta genitrix orbis. . . . . . br. 9.

Tibère. ℞. Drusus et Germanicus. Lég. . . . . br. 8.

Germanicus. ℞. Bouclier votif. . . . . br. 5.

Traducta (*Julia*). *Col*. Auguste. ℞. ivlia tradvcta dans une couronne. br. 6.

Ulia. *Auton*. Tête de femme, croissant. ℞. vlia. Lauriers. . . . . . br. 9.

Urso. *Auton*. Tête jeune. ℞. Sphinx mitré. *Astre*. Lég. . . . . br. 8.

TARRAGONAISE.

ACCI. *Colon.* 2 méd. d'Auguste. 1 de Tibère. . . . . BR. 9.
BERGISTANI. Tête jeune diadêmée. ℟. Bœuf. . . . . AR. 3.
BILBILIS. *Colon.* Auguste. ℟. Cavalier. . . . . BR. 8.
BURSADA. *Aut.* Tête barbue. *Symboles.* ℟. Cavalier. Caract. celtib. . . AR. 4.
CAESAR-AUGUSTA. 3 d'Auguste. 2 de Tibère. 1 de Caligula. Différens noms de magistrats. . . . . BR. 7-8.
CALAGURRIS. *Colon.* 3 d'Auguste. 2 de Tibère. . . . . BR. 8.
CARTHAGO NOVA. *Colon.* 1 d'Auguste. 1 de Tibère. ℟. Néron et Drusus. 1 de Caligula et Césonie. . . . . BR. 8.
CASCANTUM. *Col.* Tibère. ℟. Bœuf. . . . . BR. 8.
CELSA. *Auton.* Tête nue. Cavalier. Caractères espagnols. 2 méd. . . BR. 8.
—— *Colon.* Auguste. — Tibère. . . . . BR. 8.
CISSA. *Auton.* Tête jeune. Deux cavaliers. . . . . AR. 4
Idem. Un cavalier. Caractères celtibériens. . . . . AR. 4.
Idem. Caractères celtibériens. Un cavalier. 3 méd. . . . . BR. 7-8.
CLUNIA. *Colon.* Tibère. ℟. Bœuf. Légende. . . . . BR. 8.
DERTOSA et ILERCAVONIA. Tibère. ℟. Vaisseau DERT. ILERCAVONI. . . BR. 6.
EMPORIUM. *Auton.* Tête de Proserpine. ℟. Pégase volant. ΕΜΠΟΡΙΤΩΝ. . AR. 4.
Tête casquée. ℟. Pégase. . . . . BR. 8.
ERCAVICA. *Col.* Auguste, bœuf, Lég. . . . . BR. 8.
GRACCURRIS. *Col.* Tibère. Bœuf mitré. Lég. . . . . BR. 8.
HELMANTICA. *Auton.* Tête barbue. ℟. Cavalier. Caractères celtibériens. AR. 4.
Autre. . . . . BR. 7.
ILDUNI. *Auton.* Tête jeune. Cavalier. Lég. celtib. . . . . BR. 9.
ILERCAVONIA. *Auton.* Tête nue. ℟. Deux Cavaliers. ...ΛΑΟΝΙΚ.... . . AR. 4.
Vaisseau. MVN. HIBER. IVLIA. ℟. Canot avec un rameur. ILERCAVON. . BR. 6.
ILERDA. *Col.* Auguste. ℟. Sanglier. MVN. ILERDA. . . . . BR. 6.
ILICI. *Col.* Tibère. ℟. Autel. SAL. AUG., etc. . . . . BR. 7.
MEROBRIGA. *Aut.* Tête jeune, croissant. ℟. Cavalier. Caract. celtib. . AR. 4.
ORGIA et AESONA. *Auton.* Tête barbue. ℟. Cavalier. Lég. celtib. . . AR. 4.
OSCA. *Col.* Auguste. ℟. Cavalier. VRB. VIC... D. 2 méd. . . . . . . BR. 9.

OSICERDA. *Autonome*. Tête barbue. Cavalier. Caract. celtib. . . . . . BR. 6.
RHODA. *Auton*. Tête de femme. ℞. Rose. . . . . AR. 4.
SAGUNTUM. *Auton*. Tête nue. ℞. Vaisseau. . . . . BR. 9.
SEGOBRIGA. *Col*. Tibère. 2 méd. . . . . : BR. 6-9.
SESARAGA. Tête barbue, derrière étoile, caractère celtibérien. ℞. Cavalier courant. Le nom de la ville en caractères celtibériens. 2 méd. AR. 4.
SUISSATIUM. *Aut*. Tête jeune. ℞. Cavalier. Car. celtib. . . . . . . BR. 6.
TARRACO. Tibère et Auguste. . . . . BR. 7.
Drusus et Germanicus. . . . . BR. 6.
Drusus et Julie. . . . . BR. 6.
TOLETUM. *Auton*. Tête. ℞. Cavalier. TOLE. . . . . BR. 8.
TURIASO. *Colon*. Auguste, 2 méd. Tibère, 2 méd. . . . . BR. 8-4.
VALENTIA. *Autonome*. Tête casquée. Corne d'abond. Foudre. VALENTIA. BR. 8.
Incertaines. 2 méd. . . . . AR. 2.
Idem. 4 méd. . . . . BR. 6-9.

GAULES.

GAULE NARBONNAISE.

AVENIO. *Auton*. Tête d'Apollon. ℞. Sanglier. AOYE. . . . . AR. 3.
CABELLIO. *Col*. CABE. Tête de femme. ℞. LEPI. Corne d'abondance. . . AR. 1/2.
Têtes de femme. CABE. ℞. Tête casquée. COL. . . . . BR. 2.
MASSILIA. *Auton*. Tête de Flore. ℞. Lion. 12 médailles. . . . . . . AR. 1-4.
Tête de Flore. ℞. Même tête incuse. 2 méd. . . . . AR. 4.
Id. Tête de Pallas. ℞. Aigle. 2 méd. . . . . AR. 1.
Id. Tête d'Apollon. ℞. M. A. dans les rayons d'une roue. 6 méd. . . AR. 1.
Tête de Pallas. ℞. Trépied. . . . . BR. 5.
Guerrier armé. Tête de Flore. ℞. Bœuf. . . . . BR. 1.
NEMAUSUS. *Aut*. Tête de femme. ℞. Cavalier. NEMA.—Autre. ℞. NEM. COL. AR. 3-1.
Id. Tête casquée. ℞. Femme donnant à manger à 2 serpens. ...M. CO... BR. 3.
Id. Auguste et Agrippa. ℞. Crocodile. COL. NEM. 6 méd. . . . . BR. 8.
SEGUSIA. *Auton*. Tête casquée. SEGVSIA. ℞. Hercule. Figure sur une base. ARVS. 2 méd. AR. 2.
VIENNA. *Col*. César et Auguste. ℞. Vaisseau. C. I. V. 3 méd. . . . . BR. 9.

* Volcae Arecomici. *Auton.* Tête juvénile à dr. ℞. VOLC. dans les rayons d'une roue. Médaille unique, gravée pl. 1, n°. 1. . . . . . . AR. 1.

C'est la première fois que l'on trouve les quatre lettres initiales qui justifient l'attribution de Hunter. Ces peuples occupaient dans la Gaule, ce qu'on nomme à présent le Bas-Languedoc.

Id. Tête de femme. ℞. Figure en toge. AREC. . . . . BR. 1.

GAULE LYONNAISE.

Andecavi. *Aut.* Tête casquée. ANDEC. ℞. cheval. . . . . BR. 3.

Éburobriga (*aujourd'hui Saint-Florentin, près d'Auxerre*). *Aut.* Tête imberbe casquée. AMBILI. ℞. Cavalier. EBVRO. 2 méd. . . . . . AR. 3.

Catalodunum. *Aut.* Tête casquée. CATAL. ℞. Aigle. . . . . BR. 3.

Lugdunum. *Col.* Tête de la Victoire. ℞. Lion. LVGVDVNI. A. XL (an 40). AR. 2.

Lugdunensis. Copia. J. César et Auguste. . . . . BR. 9.

Remi. Tête. REMOS ATISIO. ℞. Cheval. 2 méd. . . . . BR. 4.

Idem. Trois têtes accollées. REMO. ℞. Char. 4 méd. . . . . BR. 3.

GAULE BELGIQUE.

* Mediomatrici. *Auton.* Tête à dr. ℞. Pégase. MEDIOMA. Médaille rare. Gravée, pl. 1, n° 2. . . . . BR. 3.

Autre. ℞. Cavalier. MEDIO. . . . . BR. 3.

Tornacum. *Aut.* Tête. DVRNACVM. ℞. Cavalier. AVSCR. . . . . . AR. 3.

Virodunum. *Aut.* Tête casquée. Lég. ℞. Cavalier. TVROCA. . . . . . AR. 3.

Chefs gaulois Avec divers noms. 34 méd. . . . . OR. 1-6.

* Tête jeune, à dr., avec la corne d'Ammon. ℞. Figure dans un bige. Légende barbare, imitation des médailles d'Alexandre. Gravée, pl. 1, n° 3. OR. 2.

Chefs gaulois en argent avec divers noms. 17 méd. . . . . AR. 2-6.

Idem. en bronze. 15 méd. . . . . BR. 4.

GERMANIE.

Abudiacum (*ville de Bavière*). Tête. ℞. ABVDO. Cheval. . . . . . . BR. 3.

Biates. Deux têtes imberbes à dr. ℞. Cavalier courant. BIATES. (Selon Eckhel; ce médaillon a été frappé dans la Dacie.). . . . . . . AR. 7.

*Busu. Buste. Grande palme. ℞. Femme ailée, se terminant en corps de cheval. BVSV. Médaillon d'argent, gravé pl. 1, n° 4. . . . . . . AR. 8.

Suicca. Bélier. ℞. Cavalier courant. SUICCA. . . . . AR. 6.

ITALIE SUPÉRIEURE.

Ravenna. Femme tourrelée. ℞. Le monogr. de la ville. 3 méd. . . . BR. 3.

ÉTRURIE.

Cosa ou Cosae (*près du lac Orbitello*). *Auton.* Tête de Mars. ℞. Buste de cheval. *Poisson.* CO. A. — Autre. . . . . BR. 4.

Populonia. *Aut.* Masque tirant la langue. XX. ℞. Point de type. . . . AR. 5.

Autre. X. ℞. Sans type. — Tête de profil à gauche. A. ℞. *Id.* . . AR. 4-3.

Volaterrae. Tête double j. ℞. Massue, croissant, lég. étrusq. *Sextans.* BR. 15.

UMBRIE.

Ariminum. *Aut.* Tête de Vulcain. ℞. Guerrier. ARIM. . . . . BR. 5.

Tuder. *Aut.* T. de Silène. ℞. Aigle. Lég. osque. TVTEDE rétrogr. 2 méd. BR. 3.

Animal couché. TVTERE. Rétrogr. ℞. Lyre. *Semis.* . . . . . BR. 9.

PICENUM.

Ancona. *Auton.* Tête de femme. ℞. Bras tenant une palme. ΑΓΚΩΝ. . . BR. 5.

Hadria. *Auton.* Tête de Pallas. ℞. H. — Autre, *id.*, avec trois globules.

Pied humain. HAT. Rétrogr. ℞. Coq. 2 glob. *Sextans.* . . . . . BR. 11.

Grenouille. ℞. Ancre, 3 glob. VΓ. *Quadrans.* . . . . BR. 6.

Alliance avec Asculum. H. ℞. ΑΣ. . . . . BR. 7.

MARUCCINI.

Teate. *Auton.* Tête d'Hercule. ℞. Lion, massue. TIATI. Astre. 4 globul. BR. 7.

Tête de Pallas. ℞. Chouette. *Couronne de laurier.* 3 glob. TIATI. . . BR. 1.

LATIUM.

Aquinum. *Aut.* Pallas. ℞. Coq. Astre. AQVINO. . . . . BR. 4.

SAMNIUM.

AEsernia. *Aut.* Tête de Vulcain. volcanom. *Tenailles.* ℞. Bige. . . br. 4.
Autre. ℞. *Id.* aisernino. . . . . br. 5.
Italia ou Corfinium. *Aut.* Lég. Osque. Tête de femme. ℞. Guerrier. Bœuf. r. ar. 4.

FRENTANI.

Larinum. *Aut.* Tête casquée. Cavalier. ladinod. . . . . br. 6.
Tête de femme. ℞. Dauphin. Lég. *Id.* a. . . . . br. 5.

CAMPANIE.

* Campania. *Aut.* Tête de Cérès. καμπανων. ℞. Pégase volant à gauche. Au-dessus, a.; au-dessous, un casque. Méd. uniq. Grav. pl. 1, n°. 6. br. 5.
Alliba. *Aut.* Tête barbue. ℞. Monstre marin. Coquillage. (*Millingen. Méd. inéd.*, p. 16). . . . . ar. 1/2.
Cales. *Aut.* Pallas ℞. Bige. caleno. 2 méd. . . . . ar. 6.
Pallas. ℞. Coq. — Jupiter. ℞. Bœuf. . . . . br. 4.
Capua. *Aut.* 4 variétés : char, victoire, épi, lyre. Légende osque. . . br. 3-7.
Cumae. *Aut.* Tête de sybille. ℞. Coquille, épi. κυμαιον rétrogr. 2 méd. . ar. 5.
* Neapolis. *Auton.* Tête de Parthénope de face. ℞. Bœuf à tête humaine ΝΕΟΠΟΥ ΖΣΤΙ, médaille fourée, gravée pl. 1, n. 7. (*La terminaison est conforme au dialecte ionien ; mais avant l'introduction de la lettre longue* н. ; *ce qui ajoute aux autres caractères d'une antiquité reculée*). . . . . ar. 5.
Tête de Diane. ℞. Bœuf à tête humaine, couronné par la victoire. Diverses initiales de noms de magistrats. 11 méd. . . . . . ar. 5.
Idem. . . . . br. 4.
Tête d'Apollon. ℞. Partie antérieure de bœuf à tête humaine. . . br. 4.
Id. ℞. La cortine et la lyre. . . . . br. 4.
Autres. ℞. Le trépied Lég. . . . . br. 3.
Nola. *Aut.* Tête de Pallas. ℞. Bœuf à tête humaine. . . . . . ar. 4.
Une semblable fourrée. . . . . ar. 4.

NUCERIA. *Aut.* Tête jeune avec la corne de belier. Légende osque. ℞. Un Dioscure. . . . . AR. 4.

Id. Tête d'Apollon. ℞. Cheval, astre ou pentagone pithagoricien. ΝΩΥΚΡΙΝΩΝ. . . . . BR. 5.

PHISTELIA. *Aut.* Tête Juvenile de face. ℞. Coquille, grain d'orge, dauphin, lég. rétrogr. . . . . AR. 1.

STABIA. *Aut.* Tête jeune, laurée. ℞. partie antérieure de bœuf à tête humaine. ΣΤΑ. . . . . AR. 2.

SUESSA. *Aut.* Tête d'Apollon, triquètre. ℞. Caval., deux chev. SVESANO. AR. 6.

Pallas. ℞. Coq. — Apollon. ℞. Bœuf à tête humaine. . . . . . . BR. 2.

* TEANUM. *Aut.* Tête d'Hercule jeune. ℞. Victoire dans un char à trois chevaux. Légende osque. Gravée pl. 1, n°. 8. . . . . AR. 5.

Tête d'Apollon. ℞. Bœuf à tête hum., victoire, légende osque. . BR. 5.

Tête de Pallas. ℞. Coq, astre. TIANO. . . . . BR. 4.

Incertaines de la Campanie.

Denier d'or. Tête de Mars. V. X. ℞. Aigle sur le foudre. ROMA. . OR. 2.

* Autre différente. Gravée, pl. 1, n° 5. . . . . OR. 3.

Une pièce de 40 sesterces et une de 20 sesterces, *idem*. . . . . OR. 1-2.

Autres avec la tête de Mars, de Janus, d'Hercule, le buste de cheval. ROMA et ROMANO. 6 méd. . . . . AR. 5-6.

Mercure. ℞. Vaisseau. — Pallas. ℞. Cheval. . . . . BR. 4-3.

APULIE.

ARPI. *Aut.* Cheval courant. A. ℞. Une faulx ou crochet. A. . . . . . AR. 1/2.

Tête de Cérès, épi. ℞. cheval, astre. ΔΑΞΟΥ. . . . . AR. 6.

Tête de Jupiter. ℞. Sanglier. —Pallas. ℞. Aigle. — Pallas. ℞. Grappe de raisin. — Bœuf. ℞. Cheval courant. ΟΥΡΑ. . . . . BR. 2-5.

BARIUM. *Aut.* Tête de Jupit. ℞. Amour sur un vaiss. Dauphin. ΒΑΡΙΝΩΝ. BR. 4.

* CAELIUM. *Aut.* Tête de Pallas. ℞. Trophée. ΚΑΙΛΙΝΩΝ. — Tête de Jupiter. ℞. Pallas. — Foudre. Lég. . . . . BR. 2-4.

CANUSIUM. *Aut.* Tête virile. ℞. Cavalier. ΚΑΝΥΣΙΝΩ. . . . . BR. 6.

HYRIUM. *Aut.* Tête de face de Junon *Lacinia*. ℞. ΥΔΙΝΑ retrogr. Bœuf à tête humaine. . . . . AR. 4.

Tête de Pallas. ℞. Bœuf à tête humaine. *Inscript. diverses.* 4 méd. AR. 4.

Autre. ℞. Gouvernail et dauphin. ΥΡΙΑΤ. . . . . BR. 2.

LUCERIA. *Aut.* Tête de Pallas. 4 glob. ℞. LOVCERI dans une roue. . . BR. 7.

Id. Hercule. ℞. Arc, carquois, massue. — Tête de Jupiter. ℞. Dauphin. Lég. . . . . BR. 6.

NEAPOLIS. *Aut.* Tête de Bacchus. ℞. Grappe de raisin. NEAΠ. . . . BR. 4.

RUBASTINI. *Aut.* Tête de Pallas. ℞. Epi. ΡΥ. . . . . AR. 2.

SALAPIA. *Aut.* Tête d'Apollon. ℞. Cheval. . . . . BR. 5.

TEATE? *Aut.* Tête diadêmée. ℞. Cavalier. *Dauphin.* TIA. . . . . AR. 4.

(*On a mis jusqu'à présent la ville de* TEATE *dans le territoire des* MARRUCINI. *Voyez* TITE-LIVE, *liv.* IX, *ch.* 20.

CALABRE.

AZETINI. *Aut.* Tête de Pallas. ℞. Chouette. AΞETINΩN. . . . . . . BR. 5.

Id. Aigle sur le foudre. ℞. Epi. Lég. . . . . BR. 3.

BRUNDUSIUM. *Aut.* Tête de Neptune. ℞. Arion sur le dauphin. Lég. . BR. 4.

BUTUNTUM. *Aut.* Tête de Pallas. ℞. Epi. BRUN. . . . . BR. 4.

ORRA (aujourd'hui *Uria*, près de *Mandurium* et de *Bari*). *Aut.* Tête casquée. ℞. ORRA. Aigle. . . . . BR. 2.

Id. T. d'Hercule. ℞. Foudre. ORRA. FOR. — T. d'Apollon. ℞. L'Amour jouant de la lyre. ORRA. . . . . BR. 3-4.

TARENTUM. *Aut.* Tête d'Apollon. ℞. Aigle sur le foudre. Fer de lance. Monogr. . . . . OR. 1.

Id. Tête d'Apollon. Dauphin. ℞. Hercule assommant le lion. Arc, carquois. Ι. Η. OR. 1.

* *Id.* Roue. ℞. Taras sur un dauphin, *pétoncle.* TAPAΣ. Gr. pl. 1, n°. 9. AR. 4.

* *Id.* Taras sur le dauphin, tenant un oiseau. *Ecrevisse.* ℞. Taras nu, assis sur un siége, tenant de la dr. un oiseau. Gr. pl. 1, n°. 10. AR. 6.

35 variétés de Tarente, en argent : Taras sur le dauphin, le Cavalier, Pallas et la chouette, lég.; noms de magistrats, symboles divers. Toutes bien conservées, mais connues. . . . . AR. 1-6.

Buste de cheval. ℞. *id.* K. O. 2 méd.. — Diota. ℞. *id.* 1 méd. . . . AR. 1.

* UXENTUM. *Aut.* T. de Jupiter. ℞. Tête de Pallas OΞAN. Gr. pl. 1, n° 11. BR. 2.

Tête de Pallas. ℞. Hercule. . . . . BR. 3.

LUCANIE.

LUCANI. *Aut.* Tête d'Hercule. ℞. Pallas combattant. — ΛΥΚΙΑΝΩΝ. *Tête de loup.* λυκος. Allusion au nom de la province. . . . . BR. 6.

Tête de Jupiter. ℞. Aigle. ΛΟΥΚΑΝΟΜ. . . . . BR. 6.

HERACLEA. *Aut.* Tête de Pallas. Lég. ℞. Hercule. Vase. Légende. . . AR. 4.

Tête de Pallas. ℞. Hercule étouffant le lion. . . . . AR. 1.

Tête d'Hercule. ℞. Lion courant. ΗΕ. . . . . AR. 1.

Tête de Pallas. ℞. Hercule ΕΡΑΚΛΕΙΩ. . . . . BR. 1.

LAUS. *Aut.* Bœuf à tête hum. se retournant. ΛΑΣ. ℞. Bœuf à tête hum. ΝΟΜ. AR. 4.

METAPONTUM. *Aut.* Épi en relief. ΜΕΤΑ. ℞. Épi en creux. . . . . . AR. 9.

* Autre. ΜΕΤΑΠ. Gravée pl. 1, n°. 12. . . . . AR. 8.

Autre ΜΕΤΑ. . . . . AR. 8.

Deux autres ΜΕΤΑ. . . . . AR. 3.

Épi en relief. ΜΕΤΑ. ℞. Tête de bœuf en creux. . . . . AR. 2.

Tête de Pallas. ℞. Épi. . . . . AR. 1.

Têtes de Mars, de Cérès. ℞. Épi. Lég. Dix variétés. . . . . . AR. 6.

Tête de femme les cheveux retroussés. ℞. Épi, palmette. . . . . AR. 5.

* Tête de Mercure. ℞. Trois grains d'orge. Gr. pl. 1, n°. 13. . . . BR. 1.

Têtes d'Apollon, d'Hercule. ℞. Épi. Lég. . . . . BR. 2-3.

POSIDONIA. *Aut.* Neptune tenant le trident. ΠΟΜ. ℞. même type en creux. 3 méd. AR. 9-4.

Neptune. ℞. Bœuf. Lég. retrogr. Gravée pl. 1, n°. 14. . . . . AR. 6.

Six variétés de la même ville. . . . . AR. 1-4.

PAESTUM. *Aut.* Trois variétés, sanglier, palme, bouclier. . . . . BR. 3.

SIRIS. *Aut.* Tête de Mercure. ℞. ΣΕΙ. Aigle et serpent. . . . . . BR. 5.

SYBARIS. *Aut.* Bœuf tournant la tête. ΥΜ. ℞. Bœuf en creux. Médaillon. AR. 8.

Idem. . . . . AR. 4.

Tête de Pallas. ℞. Bœuf. ΣΥΒΑ. . . . . AR. 2.

Alliance de Sybaris et de Posidonia.

Neptune. ℞. Taureau. ΙΥΜ. . . . . AR. 1.

THURIUM. *Aut.* Tête de Pallas. ΘΟΥΡΙΩΝ. ℞. Taureau, deux poissons. . . AR. 7.

Huit variétés moins grandes. . . . . AR. 5.

Deux *idem* plus petites. . . . . AR. 2.

Tête d'Apollon. ℞. Diane. — Tête de Diane. ℞. Figure virile. . . BR. 5-3.

VELIA. *Aut.* Tête de Pallas. Lion marchant, avec les symboles suivans : chouette, dauphin, caducée, épi, trident, triquètra, cigale. 9 méd. AR. 5.

Lion dévorant une tête de bélier. 2 méd. . . . . AR. 5.

Lion dévorant un cerf. . . . . AR. 5.

Tête de Pallas. ℞. Chouette. — Tête de femme. ℞. Chouette. Lég. AR. 3.

Têtes d'Apollon, de Jupiter, de Pallas. ℞. Chouette. 3 méd. . . . BR. 1-3-4.

BRUTTIUM.

BRUTTIUM. *Aut.* Tête de Neptune, trident. ℞. Vénus sur un hippocampe. L'Amour. ΒΡΕΤΤΙΩΝ. Trident. . . . . OR. 4.

Tête d'Hercule. Massue. ℞. Bige, serpent. ΒΡΕΤΤΙΩΝ. . . . . . . OR. 2.

Têtes des Dioscures. Corne d'abond. ℞. Les Dioscures à chev. Lég. . AR. 5.

Tête de la Victoire. ℞. Guerrier se couronnant. Lég. — Tête de Junon, ℞. Neptune. Lég. . . . . AR. 5.

Tête de Pallas. ℞. Aigle. . . . . AR. 3.

Quinze variétés connues en bronze. . . . . BR. 2-7.

CAULONIA. *Aut.* Figure virile tenant un rameau, petite figure sur son bras droit. Cerf. ΚΑΥΛ. ℞. Creux. . . . . AR. 8.

Sept variétés décrites dans Mionnet, nos 830 à 837, avec de lég. diff. AR. 1-3-5.

CROTON. *Aut.* Trépied en relief. ℞. En creux, l'inscription de Mionnet, no. 844. . . . . AR. 8.

Quatre variétés plus petites. . . . . AR. 4-6.

Trépied. Lég. ℞. Aigle en creux. 2 méd. . . . . AR. 4-3.

Trépied. Lég. ℞. Lièvre courant. . . . . AR. 1.

Aigle. ℞. Trépied. *Laurier, grain d'orge, feuille.* 5 méd. . . . AR. 5.

Trépied. ℞. Pégase, le Koph. . . . . AR. 2.

Pégase est un type d'Achaïe, d'où était originaire *Miscellus*, fondateur de Crotone, et compagnon d'*Archias* de Corinthe, qui alla fonder une colonie à Syracuse : c'est pourquoi on trouve le Pégase sur les médailles de ces deux villes, ainsi que le Koph phénicien, nommé koppa par les anciens grecs, et qui devint le kappa.

Tête d'Apollon. ℞. Hercule enfant, étouffe les serpens. . . . . . AR. 4.

Tête de face de Junon. ℞. Hercule Bibax, assis sur la dépouille du lion. Arc, massue. ΚΡΟΤΩΝΙΑΤΑ. . . . . AR. 5.

Tête d'Apollon. ℞. ΚΡΟ. Trépied, branche de laurier. . . . . . AR. 5.

Tête imberbe. ℞. Trois croissans. ΚΡΟ. . . . . BR. 4.

HIPPONIUM. Tête de Minerve. ℞. Pallas. ...ΑΔΝΑΙΝΑ. . . . . BR. 3.

Autre. ΙΠΩΝΙΕΩΝ. ΑΔΝΑΙΝΑ. . . . . BR. 3.

LOCRI EPIZEPHIRII. *Aut.*

Aigle dévorant un lièvre. ℞. ΛΟΚΡΩΝ. Foudre, caducée. . . . . . AR. 5.

Tête de Jupiter. ℞. Aigle. dévorant un lièvre. 2 méd. . . . . . AR. 5.

Tête de Jupiter. ℞. La fidélité des Locriens couronnée. Rome assise. ΡΩΜΑ ΠΙΣΤΙΣ ΛΟΚΡΩΝ. *Barthelemy, mem. de l'Acad. des Inscript.* p. 197, pl. 3.. . . . . AR. 5.

Tête de Pallas. ℞. Vénus. — Aigle. — Foudre. . . . . BR. 4-8.

PETELIA. *Aut.* Tête d'Apollon. 2 glob. ℞. Diane. *Lyre.* ΠΕΤΗΛΙΝΩΝ. . . BR. 3.

Tête de Jupiter. ℞. Jupiter tonnant. *Scorpion.* Lég. . . . . . BR. 3.

RHEGIUM. *Aut.* Muffle de lion vu de face. ℞. Jupiter assis tient un long sceptre et le foudre. Autour du champ, couronne de laur. ƆΟΝΙƆƎЯ. Ancien style. . . . . AR. 8.

* Autre ΡΕCΙΝΟS. *Grav.* pl. 1, n°. 15. AR. 7. — Autre. . . . . . AR. 4.

Autre. Char avec un seul cheval. Poisson. ℞. Lièvre. Lég. . ΙƆƎЯ NOM . . AR. 7.

Trois petites. Muffle de lion. ℞. ΡΗ et ΡΗCΙ dans une cour. de laurier. AR. 3.

Cinq communes en bronze : Pallas, Mercure, les Dioscures, Trépied, Lyre. . . . . BR. 1.

* TERINA. *Aut.* Tête de femme. ℞. Victoire. Τ. Grav. pl. 1, n°. 16. . . AR. 1.

Tête de femme. ΤΕΡΙΝΑΙΟΝ. ℞. Victoire assise tenant un oiseau. — Autre tenant une couronne. — Autre assise sur une amphore. . AR. 6.

Deux *id.* plus petites. . . . . AR. 3.

Une *id.* ℞. Crabe. . . . . BR. 4.

VALENTIA (Hipponium). Tête de Jupiter. ℞. Foudre. — Tête d'Hercule. ℞. Massue. — Tête de femme. Corne d'abondance. Tête d'Apollon. ℞. Lyre. — Tête de Pallas. ℞. Chouette. . . . . BR. 3-7.

SICILE.

ABACAENUM. *Aut.* Tête barbue. ℟. Truie. *Gland.* ΑΒΑ. . . . . AR. 2.

AETNAEI. *Aut.* Tête du Soleil. ℟. Mars. ΑΙΤΝΑΙΩΝ. . . . . BR. 4.

Id. Cheval. — Corne d'abondance. . . . . BR. 3.

* AGRIGENTUM. *Aut.* Aigle sur le chapiteau. ΑΚΡΑΣ ΣΟΤΝΑ. ℟. Crabe, dessous un enroulement. Gravée pl. 1, n°. 17. . . . . AR. 6.

Deux variétés. Champ concave. . . . . AR. 7.

Neuf variétés. . . . . AR. 6-4.

Quatre variétés. . . . . AR. 1-4.

Id. Aigle dévorant un lièvre. ℟. Crabe. *Thon.* ΑΚΡΑ. . . . . AR. 3.

Id. Crabe. *Dragon dévorant un serpent.* . . . . AR. 3.

Tête de Jupiter. ℟. Aigle. . . . . AR. 2.

Aigle sur le chapiteau. ΑΚΡΑ. ℟. Crabe. *Fleur de pavôt.* . . . . . AR. 1/2.

T. du fleuve Acragas. ℟. Aigle sur le chapit. Crabe. 6 glob. (*semis*). BR. 7.

Deux variétés : Jupiter, aigle éployé ; aigle et lièvre. . . . . . . BR. 7.

ALAESA. *Aut.* Tête de Jupiter. ℟. Aigle. ΑΛΑΙΣΑ. . . . . BR. 4.

ASSORUS. *Aut.* Tête d'Apollon. ASSORV. ℟. Homme nu tenant un vase et une corne d'abondance. CRYSAS. . . . . BR. 5.

* ATINATES. *Aut.* Tête d'Apollon. ℟. Caducée. Instr. de labourage. ATI. AR. 2.

M. Allier de Hauteroche attribuait cette médaille au peuple dont parle Cicéron, *Atinates* dans la Sicile. Il y a un peuple du même nom dans la *Lucanie*, et une ville nommée *Atinum* dans la Campanie.

CALACTE. Tête de Pallas. ℟. Chouette sur le diota. ΚΑΛΑΚΤΙΝΩΝ. . . . BR. 4.

CAMARINA. *Aut.*

Pallas. ΚΑΜΑΡΙΝΑΙΟΝ. ℟. Victoire, *cygne*. . . . . AR. 2.

Tête d'Hercule (surfrappée). Même lég. ℟. Quadrige, victoire, *cygne*. AR. 6.

Tête de Pallas. ℟. Chouette et lézard. ΚΑΜΑ. . . . . BR. 1 ½.

Id. ℟. Cerf. . . . . BR. 3.

Tête d'Apollon. . . . . ΡΙΝΑΙΩΝ. ℟. Griffon, épée. . . . . BR. 4.

* Masque de face tirant la Langue. ℟. 4 globules. *Inédite*. . . . BR. 7.

CATANA. Bœuf à face humaine. Victoire, serpent. ℟. Victoire tenant une bandelette. ΚΑΤΑΝΑΙΟΝ. . . . . AR. 7.

Tête d'Apollon. ℞. Bige. Lég. . . . . AR. 7.

Tête diadêmée. Lég. ℞. Quadrige. . . . . AR. 7.

Tête de Silène. ℞. Foudre ailé. . . . . AR. 2.

Sept variétés en br. Amphinome et Anapis, l'Abondance, Bacchus, Apollon. ℞. Bonnets des Dioscures, chouette. Lég. . . . . . BR. 2-6.

CENTURIPAE. *Aut.* Tête de Jupiter. ℞. Foudre.—Tête d'Apollon. ℞. Lyre. —Tête d'Hercule. ℞. Massue.—Tête de Diane. ℞. Trépied.—Tête de Cérès. ℞. Charrue. . . . . BR. 2-6.

CEPHALOEDIUM. *Aut.* T. d'Hercule. ℞. Massue, carq., peau de lion. . KEΦA. BR. 4.

Tête de Mercure. ℞. Caducée. KEΦA. . . . . BR. 2.

ENNA. *Aut.* Hercule? ℞. Charrue attelée de deux serpens. ENNAI. . . BR. 5.

ENTELLA. *Aut.* Bœuf à tête humaine. Lég. ℞. Femme sacrifiant. . . AR. 2.

Tête de Bacchus indien. ℞. Pégase. . . . . BR. 5.

ERYX. *Aut.* Tête de Vénus Erycine (surfrappée). ℞. Hercule. ΕΡΥΚΙΝΩΝ. BR. 5.

GELAS. *Aut.* Cinq médaillons d'argent. Buste de taureau à face humaine. ΓΕΛΑΣ. ℞. Bige. *Victoire. Couronne.* . . . . AR. 6.

Même type. ΓΕΛΑΣ. ℞. Cavalier. . . . . AR. 5.

Même type. Légende effacée. . . . . AR. 5.

Id. ℞. Cheval. —Cavalier. . . . . AR. 2.

Tête cornue. ℞. Bœuf, branche de laurier. . . . . BR. 3.

Tête jeune. Contremarque. ℞. Guerrier saisissant un bélier. ΓΕΛΩΙΩΝ. BR. 4.

HIMERA. *Aut.* Coq. ℞. Carré creux. . . . . AR. 5.

Coq à droite. V. ℞. Coq à droite au milieu d'un carré creux. V. V. . AR. 4.

Coq à gauche. HIMERA. ℞. Crabe. . . . . AR. 4.

Buste ailé dont la tête est barbue et cornue. ℞. Mercure sur un bouc. AR. 2.

Victoire volant. ℞. Mercure sur un bouc. . . . . AR. 2.

Coq. ℞. 6 glob.—Victoire, 6 glob. ℞. Homme sur un bouc. . . BR. 6-4.

HYBLA MAGNA. *Aut.* Tête voilée, modius. *Abeille.* ℞. Bacchus vêtu. Panthère. ΥΒΛΑ ΜΕΓΑΛΑΣ. . . . . BR. 5.

IAETA. *Aut.* Tête barbue laurée. ℞. Hercule ΙΑΙΤΟΥ. ΡΕΙ. . . . . BR. 5.

LEONTINI. *Aut.* Tête de lion. ℞. Epi, 6 glob. ΕΥ. . . . . AR. 1.

Id. ΛΕΟΝ. ℞. Figure devant un autel. Grain d'orge. . . . . . AR. 2.

Tête de lion. 4 grains d'orge. ΛΕΟΝΤΙΝΟΝ. ℟. Cavalier. . . . . . . AR. 5.

Tête laurée d'Apollon. ℟. Tête de lion. 4 grains d'orge. . . . . AR. 7.

* *Id.* ℟. *id.* Trépied. —*Inédite.* . . . . AR. 7.

LILYBAEUM. *Aut.* Tête voilée. ΛΙΛΥΒΑΙΤΑΝ. ℟. Trépied, serpent. ΑΤΡΑΤΙΝ. ΠΥΘΙΩ. . . . . BR. 7.

MENAENUM. *Aut.* Tête de Cérès. ℟. 2 torches. . . . . BR. 3.

ZANCLES. *Aut.* Dauphin. *Croissant.* ΔΑΝΚΛΕ. . . . . AR. 6.

MESSANA. *Aut.* Lièvre courant. Lég. ℟. Bige. . . . . AR. 7.

Lièvre, *coquille.* ℟. Couronne de laurier. ΜΕΣ. . . . . AR. 2.

* Tête de Cérès. Deux dauphins. ΠΕΛΩΡΙΑΣ. ℟. Guerrier combattant. ΜΕΣΣΑΝΙΩΝ. Gravée, pl. 1, n°. 18. . . . . BR. 6.

MAMERTINI. *Aut.* Tête de Jupiter. ℟. Guerrier. ΜΑΜΕΡΤΙΝΩΝ. . . . . BR. 7.

Tête d'Apollon. ℟. Guerrier en repos. — Guerrier combattant. — Homme tenant un cheval. — Aigle. . . . . BR. 6.

Tête d'Hercule. ℟. Pallas. . . . . BR. 5.

MORGANTIA. *Aut.* Tête de Pallas. ΜΟΡΓΑΝΤΙΝΩΝ. Lég. ℟. Lion. . . . BR. 7.

Tête de Diane. ℟. Trépied. Lég. . . . . BR. 2½.

NAXOS. *Aut.* Tête de Bacchus indien. ℟. Silène tenant le thyrse et le canthare. Vigne. ΝΑΞΙΩΝ. (1) . . . . AR. 7.

Autre. AR. 4. — Tête de Bacchus indien. ℟. Grappe. Lég. . . . AR. 1.

PANORMUS. *Aut.* Tête de Cérès. ℟. Cheval. 11 méd. d'or de div. grand. OR. 1-5.

* Tête de Cérès. ℟. Cheval. Très-beau travail. *Caract. phéniciens.* Gravée pl. 1, n°. 19. . . . . OR. 4.

Autre. ℟. Buste de cheval. . . . . OR. 1.

Buste de cheval. ℟. Palmier. . . . . OR. 1/2.

Tête de Cérès. ℟. Quadrige. 2 méd. — Buste de cheval. 3 méd. — Cheval, Palmier, astre. Dix variétés. . . . . AR. 1-7.

Tête de Cérès. ℟. Tête virile, imberbe, casquée. Lég. . . . . . BR. 8.

Tête de Jupiter. ℟. Figure les bras étendus. Massue. ΠΑΝΟΡΜΙΤΑΣ. — Huit variétés communes. . . . . BR. 3-7.

SEGESTA. *Aut.* Homme, chien, Hermès. ℟. Quadrige. ΣΕΓΕΣΤΑΣ. *Sauterelle.* . . . . AR. 7.

Tête de femme, ancien style. ΣΑΓΕΣΤΑΤΙΒ. ℟. Chien. . . . . . . AR. 5.

(1) [illegible]

Tête de femme, style moins ancien. ℞. Chien. — Chien et tête de femme. — Chien et épis. . . . . AR. 6.

Id. ℞. Chien, 2 globules. Ornement. . . . . BR. 5.

SELINUS. *Aut.* Feuille. ℞. Carré creux. . . . . AR. 5.

Hercule domptant un taureau. ΣΕΛΙΝΟΝΤΙΩΝ. ℞. Homme sacrifiant. *Cigogne. Feuille d'ache.* . . . . AR. 6.

Figure sacrifiant, temple, coq, bœuf. Feuille d'ache. ℞. Apollon et Diane dans un bige. ΣΕΛΙΝ. . . . . AR. 7.

Femme assise, serpent. ℞. Bœuf à tête humaine. Lég. . . . . AR. 2.

SOLUS. *Aut.* Guerrier combattant ℞. ΣΟΛΟΝΤΙΝΩΝ dans une couronne de laurier. . . . . BR. 4.

* STILPAE. *Aut.* Tête laurée d'Apollon. *Epi.* ℞. ΣΤΙ. Partie antérieure de bœuf à face humaine, tournée vers la gauche. — Cette *médaille unique* est attribuée par M. Allier à la ville de *Stilpa*, dont le géographe Etienne de Byzance parle seul : elle est gravée pl. 1, n° 20. AR. 2.

SYRACUSAE. *Aut.* Tête d'Hercule coiffée de la peau du lion. ΣΥΡΑ. ℞. Carré creux. Tête de femme dans une aire creuse. . . . . OR. 1 ½.

Id. Au revers, les lettres ΣΥΡΑ. — Tête d'Apollon. ΣΥΡΑΚΟΣΙΩΝ. — Tête laurée d'Apollon, à dr. ℞. Tête de Diane avec le carq. ΣΩΤΕΙΡΑ. Trépied. OR. 5.

Tête d'Apollon. ℞. Le trépied. Lég. . . . . OR. 2 ½.

Id. ℞. Bige. *Triquètra.* Lég. . . . . OR. 3.

* Tête de Pallas. ℞. Diane chasseresse. Chien. ΣΥΡΑΚΟΣΙΩΝ. ΣΩ. . . OR. 2.

Tête d'Apollon. ℞. Lyre. — Tête de Cérès. ℞. Taureau. Lég. . . OR. 2.

Tête imberbe. Deux poissons. Lég. ℞. Bige. *Anc. style.* . . . . AR. 7.

Tête de Proserpine. Quatre poissons. Lég. Bige, victoire. *Anc. style.* AR. 7.

Tête de Cérès. 4 poissons. NK. ℞. Quadrige, triquètre, inscr. A. . . AR. 7.

Id. sans les monogr. . . . . AR. 7.

* Tête de Proserpine. 4 poissons. Sur le bandeau inférieur, ΕΥΚΛΕΙ. ℞. Quadrige couronné par la victoire; à l'exergue, une roue. *Inédite.* Gravée, pl. 1, n°. 21. . . . . AR. 7.

Tête de Proserpine. ℞. Quadrige. 4 variétés connues, une avec le monstre Sylla tenant un trident et le thon. . . . . A. 7.

Tête avec une coiffure différente. ℞. Bige. . . . . AR. 7.

* Tête jeune, les cheveux flottans, couronnée d'épis, caractère d'Apollon. Derrière, une mouche. ℞. Quadrige, astre, lég. . . AR. 7.

Tête de Pallas. ℞. Diane chasseresse. Lég. — *Id.* Foudre. . . . . . AR. 6.

Id. ℞. Pégase. 4 méd. . . . . AR. 4-5.

* Tête de Cérès ou de Proserpine. 4 poissons. ℞. Quadrige, victoire. *Exerg.*, casque, cuirasse, cnémides. 2 Médaillons. . . . . AR. 10-11.

Tête de Pallas casquée de f. 4 poissons. ℞. Trige, victoire, 2 poissons. AR. 4.

Tête de femme, *anc. style.* ℞. ΣΥΡΑ dans les rayons d'une roue. . . AR. 1.

Id. ΣΥΡΑ. ℞. Polype. . . . . AR. 1.

Tête de Cérès. ℞. Polype. — Demi Pégase. . . . . AR. 2.

19 variétés communes en bronze : têtes d'Apollon, de Cérès, de Proserpine, de Pallas. ℞. Pallas, aigle, taureau, foudre, quadrige, victoire, massue. . . . . BR. 2-8.

TAUROMENIUM. *Aut.*

* Tête d'Apollon laurée. ℞. Trépied. ΤΑΥΡΩΜΕΝΙΤΑΝ. . . . . . . OR. 1.

* Tête d'Apollon, *astre.* ℞. *Id.* dans le champ. ΞΩ. . . . . OR. 1.

* Tête de bœuf de face. ℞. Grappe de raisin. ΤΑΥΡΩ. . . . . . . AR. 1.

* Tête d'Apollon à droite. *Astre.* ℞. Trépied, lég. Monogr. . . . AR. 4.

Tête d'Apollon. ℞. Lyre. — Trépied. — Guerrier. 6 méd. . . . BR. 5.

ROIS DE SICILE.

GELO. Tête de Gélon à gauche. ℞. Aigle. ΓΕΛΩΝΟΣ ΣΥΡΑΚΩΣΙΟΙ. Ε. ΒΑ. . . AR. 4.

Id. ℞. Lég. — *Id.* Bige. ΑΦ. ΒΑ. . . . . AR. 6.

HIÉRO I. Tête d'Hiéron. ℞. Hiéron à cheval. ΙΕΡΩΝΟΣ. Α. 3 méd. . . . BR. 7.

AGATHOCLES. Tête de Pallas à dr. ℞. Foudre ailé. ΑΓΑΘΟΚΛΕΟΣ ΒΑΣΙΛΕΟΣ. OR. 4.

Id. Tête de Cérès à dr. ℞. Victoire érigeant un trophée. ΑΓΑΘΟΚΛΕΙΟΣ. *Triquètra.* . . . . AR. 6.

Id. Tête de Diane. ΣΩΤΕΙΡΑ. ℞. Foudre ailé. Lég. 3 méd. . . . . BR. 6.

HICETAS. Tête de Cérès. ΣΥΡΑΚΟΣΙΩΝ. ℞. Bige, victoire. ΕΠΙ ΙΚΕΤΑ. . . . OR. 3.

HIERO II. Tête de Cérès. ℞. Bige. ΙΕΡΩΝΟΣ. 4 méd. Α, Δ, Ε, Φ. . . . . OR. 3.

Id. Tête de Pallas. ℞. Pégase. Lég. . . . . AR. 5.

Id. T. de Jupiter. ℞. Trident. Lég. 4 méd. — T. de Cérès. ℞. Pégase. BR. 4-6.

Hieronymus. Tête diadêmée. ℞. Foudre. ΙΕΡΩΝΥΜΟΥ. 2 méd. . . . . . br. 5.

* Philistis. Tête diadêmée. Astre. ℞. Victoire dans un quadrige. *Astre*. ΒΑΣΙΛΙΣΣΑΣ ΦΙΛΙΣΤΙΔΟΣ. Κ. . . . . ar. 7.

Autre. . . . . ar. 7.

Autre. Derrière la tête, une coupe. . . . . ar. 7.

Autre plus petite dans le champ Κ. Grav. pl. II, n°. 1. . . . . . ar. 4.

Phintias. Tête d'Apollon. ℞. Sanglier. ΒΑΣΙΛΕΟΣ ΦΙΝΤΙΑ. — Autre avec la tête de Diane . . . . br. 4.

ILES VOISINES DE LA SICILE.

Caene. *Aut.* Cheval courant ΚΑΙΝΩΝ. ℞. Griffon. . . . . br. 5.

Cossura. *Aut.* Tête de femme. Victoire. ℞. COSSVRA. Monogr. dans une couronne. . . . . br. 7.

Id. Tête de femme. ℞. Lég. phénic. dans une couronne. 2 méd. . br. 7.

Id. Le dieu Typhon. ℞. Bœuf cornup. *Neumann, Pop. et reg.* p. 256. br. 4.

Gaulos. *Aut.* Tête de Pallas, croissant. ℞. Guerrier. *Astre*. ΓΑΥΛΙΤΩΝ. br. 4.

Id. Tête barbue, caducée. ℞. Apex ou bonnet des Flamines dans une couronne de laurier. . . . . br. 6.

Id. Tête de femme voilée, style grec. ℞. Trois divinités égyptiennes. br. 8.

Id. ℞. Tête de bélier. Caractères phénic. . . . . br. 3.

* Lipara. *Aut.* T. de Vulcain. ℞. ΛΙΠΑ rétrog. 2 globules. Gr. pl. II, n°. 2. br. 8.

Tête d'Apollon. ℞. Trident. Lég. . . . . br. 6.

Melita. *Aut.* T. de femme égypt. ΜΕΛΙΤΑΙΩΝ. ℞. Fig. ailée et mitr. 2 m. br. 7.

Id. Tête de femme. ℞. Trépied. Lég. 3 méd. . . . . br. 7.

— Chaise curule. C. ARRVNTANUS. BALB. PRO. PR. . . . . br. 5.

* Corsica? Tête laurée de femme. ℞. Trois épis, 2 glob. Q. *Neumann, Pop. et reg.*, p. 118. . . . . br. 5.

Attribution de M. Allier de Hauteroche.

Sardinia. Tête de Sardus. SARD. PATER. ℞. M. ATIVS BALBVS. Tête de ce Préteur, oncle d'Auguste. . . . . br. 5.

CHERSONÈSE TAURIQUE.

* Chersonesus. *Aut.* Tête de Diane. ℞. Arc et carq. ΧΕΡ. ΕΥΡΥΔΑΜ. Grav. pl. II, n°. 3. ar. 3.

* Tête de Diane entourée de globules. ℞. Bœuf cornupète. XHP. ΞΑΝΘΟΥ. *Inéd.* Grav., pl. II, n°. 4. . . . . AR. 3.

* *Id.* Taureau sur une massue. ΧΕΡ. ℞. Diane assise, un cerf. Gravée, pl. II, n°. 6. . . . . BR. 6.

* *Id.* Griffon. ΧΟΡΕΙΟ. ΧΕΡ. ℞. Diane accroupie. Grav., pl. II, n°. 7. . BR. 5.

* *Id.* Diane terrassant un cerf. ℞. Taureau, massue. ΔΙΑΓΟΡΑΣ. Grav., pl. II, n°. 5. . . . . BR. 5.

* Diane arrêtant un cerf. ℞. ΧΕΡ. Rameau, travail barbare. Grav., pl. II, n°. 8. . . . . BR. 4.

* *Id.* Tête de la liberté ΕΛΕΥΘΕΡΑΣ. ℞. Diane, cerf. ΧΗΡΣΟΝΗΣΟΥ. . . BR. 6.

* *Id.* ℞. Diane à dr. Grav., pl. II, n°. 9. . . . . BR. 5.

* HERACLEUM. *Aut.* Tête d'Hercule. ℞. Massue, arc, lég. ΗΡΑΚΛ... 2 méd. pl. II, n°. 10. . . . . BR. 5.

* PANTICAPAEUM. Tête de Pan. ℞ Tête de bélier. Grav., pl. II, n°. 11. . AR. 2.

Tête de Pan. ℞. Griffon. ΠΑΝ. *Poisson.* . . . . BR. 5.

Id. ℞. Arc et flèche. ΠΑΝ. . . . . BR. 2-4.

Tête cornue de Pan. ℞. Corne d'abondance. Bonnets des Dioscures. ΠΑΝΤΙ. . . . . BR. 3.

* Tête de Pan, surfrappée d'une roue. ℞. Tête de lion, surfrappée d'un carquois. ΠΑΝ. . . . . BR. 3.

SARMATIE EUROPÉENNE.

OLBIOPOLIS. *Aut.* Tête barbue du fleuve Hypanis à g. ℞. Hache et carq. 3 méd. . . . . BR. 5.

Id. ℞. Massue. Lég. . . . . BR. 5.

* *Imp.* Alex. Sévère. ℞. Aigle. Lég. Grav., pl. II, n°. 13. . . . . BR. 5.

TYRA. *Imper.* Tête de Caracalla. ℞. ΤΥΡΑΝΩΝ. L'empereur à cheval. Grav., pl. II, n°. 14. . . . . BR. 5.

DACIE.

DACIA. Philippe. ℞. Femme tenant une enseigne. Lion, aigle. 2 méd. . BR. 5-8.

Imper. Octacilia Severa. ℞. Femme tenant deux enseignes. Lion, aigle. PROVINCIA DACIA. AN. II. . . . . BR. 8.

MOÉSIE SUPÉRIEURE.

DARDANIA. *Imp.* Trajan. ℞. DARDANICI. Femme tenant des épis et des pavots. . . . . BR. 4.
NORICUM. *Imp.* Hadrien. ℞. MET. NORICUM. . . . . BR. 3.
PINCVM. *Imp.* Tête d'Hadrien. ℞. AELIANA. PINCENSIA. . . . . BR. 3.
VIMINACIUM. *Imp.* Herennius Etruscus. ℞. Femme entre un lion et un bœuf. P. M. S. COL. VIM. . . . . BR. 7.
Hostilien. ℞. *Id.* 3 Philippe; 2 Traj. Dece; 1 Trebonien. . . . . . BR. 7.

MOÉSIE INFÉRIEURE.

CALLATIA. *Aut.* Tête d'Hercule. ℞. Massue, arc et carquois. ΚΑΛΛΑ. Σ. AR. 3.
* *Id.* Tête de Bacchus. ℞. ΚΑΛΛΑ. Dans une courronne de lierre, ΠΟΛΥ. *Inéd.* Grav., pl. 2, n°. 15. . . . . BR. 5.
CALLATIA. *Imp.* Gordien. ℞. Bacchus sur un lion. . . . . BR. 4.
* DIONYSOPOLIS. *Imp.* Commode. ℞. Cérès. Lég. r. Grav., pl. II, n° 16. BR. 6.
ISTRUS. Deux têtes accolées en sens contraire. ℞. Aigle sur un dauphin. ΙΣΤΡΙΗ. 5 méd. AR. 4.
MARCIANOPOLIS *Imp.* Septime Sévère. ℞. ΦΑΥΣΤΙΝΙΑΝΟΥ. ΜΑΡΚΙΑΝΟΠΟΛΕΙΤΩΝ. 2 méd. . . . . BR. 7.
Caracalla. ΚΥΝΤΙΛΙΑΝΟΥ. Bacchus. — Autre. Jupiter. . . . . BR. 7.
Id. Génie de la mort. . . . . BR. 3.
Macrin et Diaduménien. ΠΟΝΤΙΑΝΟΥ. Femme sacrifiant. Ε. . . . . . BR. 7.
* *Id.* ΑΥ.Κ.ΟΠΠΕΛ. ΣΕΥ. ΜΑΚΡΕΙΝΟΣ. ΚΜ. Têtes opposées de Macrin et Diaduménien. Sous les deux têtes, en trois lignes : ΟΠΠΕ. ΑΝΤΩΝΙΝΟΣ. ΔΙΑΔΟΥΜΗΝ. ℞. ΥΠ. ΠΟΝΤΙΑΝΟΥ ΜΑΡΚΙΑΝΟΠΟΛΙΤΩΝ. Grav. pl. 11, n°. 17. BR. 7.
Id. Elagabale. ℞. La Justice. Grappe, serpent, Cérès, Esculape. 4 méd. BR. 7.
Id. Alexandre Sévère. ℞. L'Abondance. Hygiée. 3 méd. . . . . BR. 7.
Id. Gordien et Sérapis. ℞. Cérès. . . . . BR. 8.
* NICOPOLIS *ad Istrum.* *Aut.* Tête casquée. ΝΕΙΚΟΠΟΛΕΙ. ℞ ΠΡΟΣ. ΙΣΤΡΩΝ. Grappe de raisin. . . . . BR. 2 ½.
Imp. ΑΥ. ΚΑΙ. ΣΕΥΗΡΟΣ. ℞. ΝΙΚΟΠΟΛΙ. ΠΡΟΣ. ΙΣ. Rétrog. Priape soulevant sa tunique. . . . . BR. 4.
Id. Septime Sévère. ℞. Mercure. — Esculape, Hygiée et Telesphore. — L'Abondance. — Hercule étouffant le lion de Némée. . . . BR. 7.

Id. Mercure. — Femme tutulée tenant une patère. . . . . BR. 4.

Id. Caracalla. ℞. Aigle. — Serpent radié. — Mercure. — Esculape. — Bonus eventus. . . . . BR. 7.

Geta. ℞. Croissant, astres. . . . . BR. 3.

Macrin. ℞. Jupiter assis. 2 méd. — Higiée. . . . . BR. 7.

Diaduménien. ℞. Le fleuve Ister tenant un gouvernail et un roseau. — Esculape. — Diane. . . . . BR. 7.

Id. L'Abondance. . . . . BR. 5.

Elagabale. ℞. Serpent. — Le génie de la mort. . . . . BR. 7-6.

Gordien. ℞. Jupiter; l'aigle. — Deux personnages en toge se donnant la main. BR. 7.

TOMI. *Aut.* ΚΤΙΣΤΗΣ. ΤΟΜΟΣ. Tête du fondateur de la ville. ℞. Tête d'Hercule. ΤΟΜΙΤΩΝ. . . . . BR. 4.

Imper. Caracalla. ℞. Jupiter nicéphore. . . . . BR. 7.

* *Id.* Alexandre Sévère. Tête laurée à droite. ℞. L'empereur à cheval. ΜΗΤΡΟΠ ΠΟΝΤΟΥ ΤΟΜΕΩΣ. Grav., pl. II, n°. 20. . . . . BR. 7.

Id. Gordien et Tranquilline. ℞. Jupiter debout. . . . . BR. 7.

Id. Tranquilline. ℞. Victoire. . . . . BR. 6.

THRACE.

* ABDERA *Aut.* Griffon. *Vase.* ℞. Carré creux. ΕΠΙ ΜΕΛΑΝΙΠΠΟ. . . . . . AR. 7.

* ΑΒΔΗΡΙΤΕΩΝ. Tête d'Apollon. ℞. Griffon. ΕΠΙ ΠΑΥΣΑΝΙΩ. . . . . . AR. 7.

Id. ΕΠΙ. ΑΡ.... . . . . AR. 3.

Id. Griffon. ℞. Tête de chèvre dans un carré. ΑΝΑΞΙΔΙΚΟΣ. . . . . AR. 3.

* *Id.* Vase à deux anses. ΕΠΙ ΡΩΜΝΗΜΗΝΟΣ. *Méd. inéd.* . . . . . . AR. 3.

* AENOS. T. de Mercure. ℞. Antilope. *Hermès.* ΑΙΝΙ. Gr., pl. III, n°. 1. AR. 7.

* Autre semblable. Grav., pl. III, n°. 4. . . . . AR. 1.

* Tête de Mercure de face. ℞. Antilope. *Serpent.* ΑΙΝΙΟΝ. Gr., pl. III, n°. 2. . . . . AR. 7.

* Tête de Mercure de face. ℞. Une machine semblable à un pressoir. ΑΙΝΙΟΝ. *Epi.* pl. III, n°. 3. . . . . AR. 3.

Ce que l'on a pris pour un pressoir pourrait bien être un moulin à broyer le grain. On se sert dans la Thrace, la Pologne et la petite Russie, de machines semblables. L'épi qui se trouve auprès semble indiquer sa destination. (Note de feu M. Allier de Hauteroche.)

Tête de Jupiter. ℞. Mercure debout. AINIΩN. . . . . BR. 6.

Tête de Mercure. ℞. Chèvre. — Caducée. . . . . BR. 5.

ANCHIALUS. *Imper.* Antonin. ℞. Diane. Lég. . . . . BR. 5.

Sept. Sévère. ℞. Cybèle. Lég. . . . . BR. 5.

* Julia Domna. ℞. Cérès assise. AΓXIAΛEΩN. Grav, pl. III, n°. 5. . . . BR. 7.

Gordien. ℞. Dauphin, deux thons. Lég. . . . . BR. 7.

Tranquilline. ℞. La Justice ou Némésis. Lég. . . . . BR. 5.

BIZYA. *Imper.* Hadrien. ℞. Porte flanquée de deux tours. BIZVHNΩN. . . BR. 8.

Sept. Sévère. ℞. Porte. — Caracalla. ℞. L'Empereur à cheval. Lég. BR. 8.

Philippe. ℞. La Fortune. Lég. . . . . BR. 7.

* Philippe jeune. ℞. Homme nu portant sur ses épaules une outre : à ses pieds un vase. Lég. *Inéd.* . . . . BR. 4.

BYZANTIUM. *Aut.* Tête de Diane. ℞. Astre, croissant. BYZANTIΩN. 2 méd. . BR. 5.

Tête de Mercure. ℞. Caducée. Lég. — Tête de Bacchante. ℞. Grappe de raisin. Lég. EΠ ΦPONTΩNOC. . . . . BR. 5.

Tête d'Apollon. ℞. Trépied. BYZANT. KAΛXA. (Alliance entre Byzance et Chalcédoine.). . . . . BR. 6.

* *Imper.* Tête de Sabine. Lég. ℞. Deux thons. BYZANTIΩN EΠI ΔHMHTPOC. Dans le champ TO. Grav., pl. III, n°. 6. . . . . BR. 6½.

La configuration de l'A dans le mot *Byzantiōn* est remarquable. C'est un Λ sur un Y. Je regarde cette singularité comme une faute de monétaire.

* Commode et Crispine. ℞. Casque. Lég. . . . . BR. 7.

Julia Domna. ℞. Cérès. Lég. — Vase. Lég. . . . . BR. 5.

Caracalla. ℞. Deux instrumens de pêche. Pavot dans un vase. EΠI. AI. ΠONTIKOY. — Dauphin, deux thons. . . . . BR. 8-7.

*Diaduménien. ℞. Vaisseau. EΠI. NE. TO. Z. BYZANTIΩN. Grav., pl. III, n°. 7. BR. 6.

Autre. ℞. Étoile. Croissant. . . . . BR. 4.

Alexandre Sévère. ℞. Victoire. Lég. . . . . BR. 1.

* Tête de Macrien. ΘOY IOY MAKPIANOC CE. ℞. Deux instrumens de pêche. BYZANTIΩN NEIKAIEΩN OMONOIA. *Inéd.* Gr. pl. III, n°. 8. . . . . . BR. 6.

* Tête de Gordien. ℞. Quatre instrumens de pêche. Autel. EΠI AΠP. ΔIONYCIOY B. K. H. AΛEΞANΔPAC. BYZANTIΩN. TO. Γ. . . . . BR. 9.

Gordien. ℞. Victoire. Lég. . . . . BR. 6.

* DEULTUM. *Col.* Tête de Trajan. Lég. ℞. Tête de bœuf à dr. C. F. P. D. *Colonia Flavia Pacensis Deultum.* Grav., pl. III, n°. 9. . . . . . BR. 3.

Tête de Julia Mamaea. Lég. ℞. Némésis. COL. FLA. DEVLT. — L'Abondance. C. F. P. D. . . . . BR. 4.

* Tête de Tranquilline. ℞. Persée délivrant Andromède : à ses pieds le dragon. Grav., pl. III, n°. 10. . . . . BR. 6.

Tête de Maximus. ℞. La Justice. Lég. . . . . BR. 6.

Tête d'Alexandre Sévère. ℞. Génie tutulé, tenant la corne d'abondance, et une patère devant un autel. . . . . BR. 6.

Tête de Philippe. ℞. Cérès. — Diane. — Minerve. — Lég. . . . . . BR. 5.

Philippe fils. ℞. Esculape. . . . . BR. 3 ½.

HADRIANOPOLIS. *Imper.* Faustine jeune. ℞. La Fortune. ΑΔΡΙΑΝΟΠΟΛΙΤΩΝ. . BR. 6.

L. Verus. ℞. Figure nue tendant un arc. ΑΔΡΙΑΝΟΠΟΛΕΙΤΩΝ. . . . . BR. 4.

Caracalla. ℞. Jupiter Lég. . . . . BR. 8.

Gordien. ℞. Cérès. Lég. — Esculape dans un temple. — Bonus eventus. BR. 7.

* MARONEA. *Aut.* Partie antérieure d'un cheval à dr. ℞. Double carré creux. Le grand renferme une espèce de fleur épanouie. Méd. globuleuse. . . . . AR. 5.

* Partie antérieure d'un cheval à g. ΜΑΡ. ℞. Carré creux divisé en quatre parties par un ornement ressemblant à une fleur. Grav., pl. III, n°. 11. . . . . AR. 3.

Partie antérieure de cheval à g. Κ. Α. ℞. Grappe de raisin. *Diota.* dans un carré creux. . . . . AR. 2.

Id. ΕΥ. ℞. *Id.* ΜΑ. . . . . AR. 3.

Partie antérieure de cheval à dr. ΜΑ. ℞. Grappe de raisin dans un grennetis carré. ΕΠΙ. ΑΡΙΣ. . . . . AR. 4.

Cheval galoppant à g. *Foudre.* ℞. Cep de vigne. ΕΠΙ ΑΤΡΟΚΛΕΟΣ. . . AR. 6.

Id. Foudre. ℞. *id.* ΕΠΙ ΜΑΡΩΝΟΣ. . . . . AR. 7.

Tête de Bacchus. ℞. Bacchus. ΔΙΟΝΥΣΟΥ ΣΟΤΗΡΟΣ ΜΑΡΩΝΙΤΩΝ. Monogr. AR. 8.

Idem. 2 méd. . . . . BR. 7.

Cheval courant. Monogr. ℞. Cep. Lég. Monogr. . . . . BR. 3.

* Mesembria. *Aut.* Casque vu de face. ℞. META dans les rayons d'une roue. Grav., pl. III, n°. 12. . . . . . AR. 1.

Deux autres semblables. . . . . BR. 4.

Tête de femme diadêmée. ℞. Minerve combattant. METAMBPIANΩN. — Autre. MEΣAMBPIANΩN. . . . . BR. 5.

Tête de Bacchus ℞. Grappe de raisin. Lég. . . . . BR. 6.

Imper. Caracalla. ℞. Apollon vêtu de la stola, tenant la lyre et le plectrum. Lég. . . . . BR. 7.

Philippe et Otacilia. ℞. Némésis. Lég. . . . . BR. 7.

Philippe fils et Sérapis. ℞. Cérès. Lég. . . . . BR. 7.

Nicopolis. *Imper.* Caracalla. ℞. Mars. Lég. OYA. NIKOΠOΛEΩC. ΠP. MECTΩ. BR. 9.

* Odessus. *Aut.* Tête d'Apollon. ℞. Fleuve. OΔHΣIT. . . . . BR. 4.

* Tête de Mercure. ℞. Corne d'abondance OΔHΣI. EΛΛH. Grav., pl. III, n°. 13. . . . . BR. 3.

Imper. Hadrien. L'Empereur à cheval. Lég. . . . . BR. 5.

Alexandre Sévère. ℞. Sérapis. Lég. . . . . BR. 7.

* Gordien le pieux. ℞. L'Empereur sacrifiant devant un trépied. OΔHCCEITΩN. *Médaillon. Inéd.* Grav., pl. III, n°. 14. . . . . . BR. 10.

Id. ℞. Hercule. . . . . BR. 3.

Gordien pieux et Sérapis. ℞. Hygiée. E. Lég. . . . . BR. 7 ½.

Gordien et Tranquilline. ℞. Pallas. Lég. . . . . BR. 8.

* Pautalia. *Imper.* Marc-Aurèle. ℞. Temple tètrastyle. Au milieu, Esculape et Hygiée. HΓE. M. TOYΛΛIOY. MAΞIMOY. ΠAYTAΛIΩTΩN. *Inédite.* Grav., pl. III, n°. 15. . . . . BR. 9.

Julia Domna. ℞. La Fortune. Lég. . . . . BR. 6.

Caracalla. ℞. Esculape. Lég. . . . . BR. 8.

Geta. ℞. Génie de la mort. Lég. . . . . BR. 4.

* Perinthus. *Aut.* Tête barbue et tête de femme conjuguées, surmontées du lotus. ℞. Bœuf. Deux chevaux à mi-corps entre ses jambes. ΠEPINΘIΩN. Monogr. Grav., pl. III, n°. 16. . . . . BR. 6.

Tête d'Hercule. TON KTICTHN IΩNΩN. ℞. Massue. Lég. . . . . . . BR. 5.

Tête de Cérès. ℞. Ciste mystique. Lég. . . . . BR. 4.

Tête de Bacchus. ℞. Cérès. Lég. . . . . BR. 6.

Tête de Claude. ℟. ΠΕΡΙΝΘΙΩΝ dans une couronne de laurier. . . . BR. 9.

Domitien. ℟. Jupiter assis. Lég. . . . . BR. 8.

Marc-Aurèle. ℟. Marc-Aurèle et Verus. ΟΜΟΝΟΙΑ ΑΥΤΟΚΡΑΤΟΡΩΝ. ΠΗΡΙΝΘΙΩΝ. BR. 9.

Septime Sévère. ℟. Mercure assis. Lég. . . . . BR. 6.

Caracalla. ℟. Bacchus. Panthère. Lég. . . . . BR. 7.

Tête *id.* à dr. ℟. ΠΕΡΙΝΘΙΩΝ ΝΕΩΚΟΡΩΝ. ΑΚΤΙΑ. ΠΥΘΙΑ. Table carrée, urnes. palmes. *Médaillon*. . . . . BR. 10.

Id. ℟. Athlète. Lég. . . . . BR. 5.

Géta. ℟. Cérès portant deux flambeaux. Lég. . . . . BR. 8.

* *Id.* ℟. Temple octostyle. Lég. Grav., pl. III, n°. 17. . . . . . BR. 4.

Tranquilline. ℟. Cérès. ΑΙΕ. ΝΕΩΚΟΡ. . . . . BR. 7.

PHILIPPOPOLIS. *Imperiales.*

Antonin. ℟. Bacchus portant le thyrse; le panthère. ΦΙΛΙΠΠΟΠΟΛΕΙΤΩΝ. BR. 4.

Id. ℟. Mars. Lég. — Commode. ℟. Diota. Lég. . . . . BR. 4.

Septime Sévère. ℟. Bonus eventus. Lég. . . . . BR. 9.

Caracalla. ℟. Athlète tenant une palme. ΚΟΙΝΟΝ ΘΡΑΚΩΝ ΑΛΕΞΑΝΔΡΙΑ ΕΝ ΦΙΛΙΠΠΟ ΠΥΘΙΑ. . . . . BR. 9.

PLOTINOPOLIS. *Imper.* Faustine jeune. ℟. Cérès. Lég. . . . . . . BR. 6.

* SALA. *Auton.* Hermès barbu de face, entre un épi et un caducée. ℟. Diota. ΣΑ. . . . . BR. 2 ½.

Unique et inédite; gr. pl. III, n°. 18. (M. Allier de Hauteroche a cru pouvoir, par l'analogie des types, placer cette ville près d'Ænos en Thrace; elle était située, selon Hérodote, liv. 7, à l'embouchure de l'Ebre, dans le canton nommé Dorisque.)

SERDICA. *Imper.* Julia Domna. ℟. ΟΥΛΠΙΑ ΣΕΡΔΙΚΗ. Tête tourrelée. . . . BR. 6.

Caracalla. ℟. Mercure. Lég. — Serpent replié. Lég. . . . . . . BR. 8.

* *Id.* Deux génies ailés, jouant; l'un tient par la jambe, l'autre qui marche sur ses mains. ΣΕΡΔΩΝ. Grav., pl. III, n°. 2. . . . . . BR. 4.

TOPIRUS. *Imper.* Caracalla. ℟. Aigle. Lég. . . . . BR. 4.

* *Id.* Geta. ℟. Hercule assis, une femme lui présente un fruit (peut-être une pomme des Hespérides). Grav., pl. III, n°. 21. . . . BR. 5.

TRAIANOPOLIS. *Imper.* 9 médailles.

Marc-Aurèle. ℟. Femme tenant corne d'abondance et patère. . . BR. 6.

Faustine. ℞. Cérès. Lég. BR. 7.
Septime Sévère. ℞. Lion marchant. AYΓOYCTHC. TPAIANHC. . . . . . BR. 4.
Julia Domna. ℞. La Fortune. Lég. HΓ. CTATI BAPBAPOY. . . . . . . BR. 7.
Caracalla. ℞. Bacchus. Lég. — Femme debout, ciste. . . . . . . BR. 9.
Id. ℞. Bacchus. Lég. — Cupidon sur un dauphin. Lég. . . . . . BR. 4.
Id. ℞. Autel. Lég. BR. 4.

CHERSONÈSE DE THRACE.

Aegospotamos. *Aut.* Tête de femme. ℞. Chèvre. AIΓOΣΠO. . . . . . . BR. 5.

* Alopeconnesos. *Aut.* Tête barbue laurée. ℞. Hellé traversant l'Hellespont sur un bélier. AΛΩ. Grav., pl. IV, n°. 1. . . . . BR. 2.

Cardia. *Aut.* Tête barbue. ℞. Un cœur. . . . . AR. 1.
Tête de Cérès. ℞. Lion. *Grain d'orge.* . . . . BR. 4.
Bœuf marchant. ℞. Fer de lance KAPΔIA dans un carré. Gr. pl. IV, n°. 2. BR. 2.

* Cherronèsus. *Aut.* Tête de Pallas, d'ancien style. XEP. ℞. Lion debout à dr. regardant derrière lui, la patte gauche antérieure élevée. Médaillon unique. Grav., pl. IV, n°. 5. . . . . AR. 6.

Ce médaillon, jadis attribué à la Chersonèse taurique, a depuis été restitué à la Chersonèse de Thrace, et à la ville de Cherronesos : il a donné lieu de rendre à la même ville les médailles suivantes, jadis attribuées aux Léontins de Sicile.

* Partie antérieure de lion regardant derrière lui. ℞. Carré creux divisé en quatre parties. — *Id.* Grav., pl. IV, n°. 3. . . . . AR. 1.

Id. ℞. Carré divisé en quatre parties, deux creuses, deux en relief. A. Tête de bélier. Grav., pl. IV, n°. 4. — *Id.* Amphore. — Charrue. Epi. Poisson. Lézard. . . . . AR. 2.

* Guerrier un genou en terre, derrière son bouclier, tenant une lance. XEP. ℞. Quadrige. Grav., pl. IV, n°. 6. . . . . BR. 4 ½.

Décrite anciennement à la Chersonèse taurique.

Coela. *Imper.* Commode. ℞. Proue de vaisseau. *Corne* d'abondance. AIL. MVNIC. COILA. . . . . BR. 5.
Maxime. *Id.* Gordien. *Id.* Philippus. *Id.* . . . .
Gallien. ℞. Diane *lucifera.* *Id.* ℞. Figure tenant un vase et une corne d'abondance. . . . . BR. 6.

COSSEA. *Aut.* Figure togée entre deux licteurs. ΚΟΣΩΝ. ℞. Aigle. — Autre semblable. . . . . OR. 5.

Attribuées jadis à Cosa d'Etrurie.

CRITHOTE. *Auton.*

* Tête de Pallas à gauche. ℞. Grain d'orge. ΚΡΙ. . . . . BR. 3.

* Tête de face d'Apollon. ℞. Grain d'orge. ΚΡΙ. Grav., pl. IV, n°. 7. BR. 2 ½.

* Même tête. ℞. Grain dans une couronne d'épis. ΚΡΙΘΟΥΣΙΩΝ. Grav., pl. IV, n°. 8. 2 méd. . . . . BR. 5.

Le nom de cette ville est écrit différemment par Scyllax, Etienne de Byzance, Ptolémée et Strabon. On y lit *Crithote*, *Crethote* et *Crithéa*. Notre médaille donne la véritable leçon. Cette médaille est unique jusqu'à présent. Sestini et Mionnet, qui l'ont publiée, ont omis dans la légende l'upsilon. On doit lire ΚΡΙΘΟΥΣΙΩΝ et non pas ΚΡΙΘΟΣΙΩΝ.

* LYSIMACHIA. *Aut.* Tête de Pallas à dr. ℞. Tête de lion à dr. . . . . AR. 2.

Tête de lion à dr. ℞. Epi. ΛΥΣΙ. . . . . BR. 3.

* Tête d'Hercule. ℞. Partie antérieure de lion. ΛΥΣΙΜΑ. *Inéd.* . . . . RR. 2.

Tête de Pallas. ℞. Lion courant. ΛΥΣΙΜΑΧΕΩΝ. Deux monogr. . . . . BR. 5.

Tête d'Hercule. ℞. Victoire. Lég. Monogr. . . . . BR. 3.

Tête d'Hercule. ℞. Victoire. Lég. Deux monogr. (N°. 41 et 96 du recueil de Mionnet.). . . . . BR. 7.

Tête d'Hercule. ℞. Diane lucifera. Lég. . . . . BR. 7.

SESTOS. *Aut.* Tête de femme. ℞. Cérès assise tenant des épis. *Terme de Priape.* ΣΕΣ. . . . . BR. 5.

Tête de Mercure. ℞. Lyre. ΣΗ. — Tête d'Apollon. ℞. Trépied. . . . . BR. 3.

SESTOS. *Imper.* Tête de Néron. ℞. Lyre. CHCTΩN. . . . . BR. 5.

Tête de Trajan. ℞. Lyre. CHCTIωN. Rétrogr. . . . . BR. 3.

ILES DE THRACE.

* HEPHAESTIA. *Auton.* Tête de Pallas. ℞. Chouette de f. Palme. ΗΦΑ. Grav., pl. IV, n°. 9. . . . . BR. 3.

* IMBROS. Tête de Pallas. ℞. Chouette. ΙΝΒΡΙΩΝ (sic). *Inéd.* Grav., pl. IV, n°. 10. . . . . BR. 6.

Id. ℞. La Fortune. ΙΜΒΡΙΩΝ. . . . . BR. 6.

SAMOTRACIA. *Aut.*

Tête de Pallas. ℞. Cybèle assise. . . . . BR. 4.

Tête de femme. ℞. Femme assise devant un terme. . . . . BR. 5.

THASOS. *Aut.* Deux poissons au-dessus l'un de l'autre en sens contraire. ℞. Carré creux très-profond. . . . . AR. 5.

Un homme barbu, à genoux, soulevant une femme qu'il tient dans ses bras, et dans une attitude lascive. ℞. Carré creux. 3 *méd. d'ancien style.* . . . . AR. 5.

Même sujet, dans le champ A. *Beau style.* . . . . AR. 6.

* Même sujet, dans le champ. Dauphin. Grav., pl. IV, n°. 11. . . AR. 5.

Autre plus petite, *d'ancien style.* . . . . AR. 3.

Autre. Faune seul, dans une attitude lascive. . . . . AR. 1.

Autre. Faune seul, accroupi. . . . . AR. ½.

Tête de Bacchus indien. ℞. ΘΑΣΙΩΝ dans une couronne de laurier. . . AR. 1.

Femme à genoux, tenant un vase. ℞. Diota. Lég. . . . . AR. 1.

Vase. ℞. Poisson. . . . . AR. 1.

Tête de Bacchus indien. ℞. Hercule à genoux tirant de l'arc. ΘΑΣΙΩΝ. AR. 3.

Id. Lyre. . . . . AR. 6.

Tête de Bacchus jeune. ℞. Hercule tyrien. ΗΡΑΚΛΕΟΥΣ ΣΩΤΗΡΟΣ. Monog. —*Id.* . . . . AR. 9.

ROIS DE THRACE.

SEUTHÈS. III. Tête barbue. ℞. Cavalier à dr. ΣΕΥΘΟΥ. . . . . BR. 5.

LYSIMAQUE. Tête avec la corne d'Ammon. ℞. Pallas nicéphore assise. ΒΑΣΙΛΕΩΣ ΛΥΣΙΜΑΧΟΥ. *Caducée.* . . . . OR. 5.

Trois autres d'un style barbare avec différentes lettres dans le champ. -Φ:-ΠΡΟ.-ΔΙΟ. OR. 4½.

* Tête d'Hercule jeune. ℞. Jupiter aétophore. ΒΑΣΙΛΕΩΣ ΛΥΣΙΜΑΧΟΥ. Partie antérieure de lion. Monogr. dans une couronne de laurier. Sous le siége, Σ. *Médaillon inédit.* . . . . AR. 8.

Id. Pour symboles, demi-sphinx. —Φ, astre. . . . . AR. 4.

Dix-huit autres frappées dans diverses villes. — Tête diadêmée avec la corne d'Ammon. ℞. Pallas nicéphore. Monogr. différens. . . AR. 9.

L'une de ces médailles porte les lettres ΚΑΛ, initiales de *Callatia*.

Trois autres, *idem.* . . . . AR. 4.

Tête casquée. ℞. Lion courant, caducée, monogr. Lég. . . . . . . BR. 5.

Tête casquée. ℞. Trophée. ΛΥΣΙΜΑΧΟΥ (sic). ΒΑΣΙΛΕΩΣ. . . . . . . BR. 6.

Tête *id.* ℞. Partie antérieure de lion. Fer de lance. Lég. . . . . . . BR. 5.

* CAVARUS. Tête d'Apollon. ℞. Victoire. ΒΑΣΙΛΕΩΣ ΚΑΥΑΡΟΥ. . . . . BR. 5.

* COTYS III et SADALES II. Tête barbue. ℞. ΒΑ. ΚΑΔΑΛΟ.. dans les rayons d'une roue. . . . . BR. 5.

RHOEMETHALCES. Sceptre sur une chaise curule. ΒΑ en monogr. ΡΟΙΜΗΤΑΛΚΟΥ. ℞. Haste et Acrostolium. ΣΕΒΑΣΤΟΥ. . . . . BR. 3.

RHOEMETALCES et AUGUSTE. Têtes accolées du roi et de sa femme. ℞. Tête d'Auguste. ΚΑΙΣΑΡΟΣ ΣΕΒΑΣΤΟΥ. — Autre semblable. . . . . BR. 7.

Quatre autres de Rhoemetalces seul au ℞. d'Auguste. . . . . . . BR. 4 ½.

COTYS V et RHESCUPORIS. Tête de Cotys. ΒΑΣΙΛΕΥΣ ΚΟΤΥΣ. ℞. ΒΑΣΙΛ ΡΑΙΣΚ... Victoire marchant. . . . . BR. 4.

ROIS DE PAEONIE.

AUDOLEON. *Rex*. Tête jeune, casquée, de face. ℞. Cheval ΑΥΔΟΛΕΟΝΤΟΣ. Α.

Autre semblable. AR. 6.

Autre. . . . . AR. 2.

PATRAÜS. Tête d'Apollon. ℞. Guerrier à cheval terrassant un ennemi. 4 méd. . . . . AR. 6.

Tête imberbe laurée. ℞. Partie antérieure de sanglier. Lég. . . . AR. 3.

MACÉDOINE.

MACEDONIENSES. Bouclier macédonien. ℞. Proue de navire. ΜΑΚΕΔΟΝΩΝ. Μ. . . . . AR. 2.

Massue, dans un bouclier macédonien. ΜΑΚΕ. ℞. Casque. *Trépied.* Trois monogr. AR. 2.

Tête de femme couronnée de pampre. ℞. Proue de navire. . . . . AR. 2.

Tête de Diane dans le bouclier. ℞. Massue. ΜΑΚΡΕΔΟΝΩΝ ΠΡΩΤΗΣ dans une couronne de chêne. 3 monogr. . . . . AR. 9.

* Cheval à dr. ℞. ΜΑΚΕΔΟΝΩΝ. autour d'un bouclier. Grav., pl. IV, n°. 12. BR. 2.

Tête d'Apollon. ℞. Trépied. Lég. Monogr. . . . . BR. 4.

Tête de Bacchante. ℞. Chèvre. ΤΑΜΙ. ΓΑΙΟΥ. ΠΟΠΛΙΛΙ. . . . . BR. 5.

Tête de Jupiter. ℞. Foudre ailé. ΜΑΚΕΔΟΝΩΝ. . . . . BR. 6.

Tête de Silène de face. ℟. D. ΜΑΚΕΔΟΝΩΝ dans une couronne de laurier. BR. 6.

Tête de Jupiter. ℟. *Id.* Massue. 2 monogr. . . . . BR. 6.

Tête d'Apollon. ℟. *Id.* Lyre, arc, monogr. . . . . BR. 6.

Tête d'Hercule. ℟. Cavalier courant. ΚΟΙΝΩΝ ΜΑΚΕΔΟΝΩΝ Β. ΝΕΟ. . . . BR. 7.

Tête imberbe à corne d'Ammon probablement Alexandre. ΜΑΚΕΔΟΝΩΝ. L'initiale Θ indiquant probablement la ville de Thessalonique. ℟. Ciste, massue, table. AESILLAS. Q. dans une couronne de laur. AR. 9.

Tête de Claude. ℟. Bouclier. ΣΕΒΑΣΤΟΣ ΜΑΚΕΔΟΝΩΝ. . . . . BR. 6.

Tête de Néron. ℟. *Id.* . . . . BR. 8.

Tête de Domitien ℟. *Id.* . . . . BR. 6.

Tête de Marc-Aurèle. ℟. *Id.* . . . . BR. 8.

ACANTHUS. *Aut.* Lion dévorant un taureau. Θ. *Exerg.* Chapeau macéd. AR. 7 ½.

* *Id.* Feuille de lierre. Symbole inédit. ℟. ΑΚΑΝΘΙΩΝ dans un carré creux, autour d'un carré plat divisé en quatre parties. Grav., pl. IV, n°. 13. . . . . AR. 9.

Il n'existe plus de lions en Europe. Au temps d'Alexandre, selon Aristote et Pline, liv. VIII, ch. 16, il y avait en Macédoine des lions plus grands et plus forts que ceux de Syrie et d'Afrique.

* Autre. ℟. *Id.* Le carré rempli par des élévations pyramidales. Grav. pl. IV, n°. 14. . . . . AR. 8.

* Partie antérieure d'un taureau retournant la tête. ℟. Carré creux. AR. 3.

* *Idem.* A. ℟. *Id. Inéd.* . . . . AR. 2.

Partie antér. de lion, paraiss[t]. dévorer une proie. ℟. Creux informe. AR. 3.

Tête de Pallas. ℟. ΑΚΑΝ dans une roue. . . . . BR. 3.

Id. ℟. ΑΚΑΝ dans les quatre parties d'un carré. . . . . BR. 1.

* AMPHIPOLIS. *Aut.* Tête d'Apollon diadêmée. ℟. Poisson dans un carré. ΑΜ ΙΦ. Grav., pl. IV, n°. 15. . . . . AR. 1 ½.

Neuf médailles de bronze d'Amphipolis : Tête de Jupiter. ℟. Diane tauropole. — Massue. — Tête d'Apollon. ℟. Torche. — Tête de Méduse. ℟. Pallas nicéphore. — Tête casquée. ℟. Aigle. — *Id.* Taureau bossu paissant. — Tête d'Hercule. ℟. Lion. Les deux premières ont pour légende ΑΜΦΙ ; les autres, ΑΜΦΙΠΟΛΙΤΩΝ. . . BR. 2-6.

AMPHIPOLIS. *Impér.* Tête d'Auguste. ℟. Diane tauropole. . . . . . . BR. 6.

Id. Tête de Diane. ℞. L'Empereur sur une estrade, couronné par un génie. . . . . BR. 8.

Tête Trajan. ℞. Diane tauropole. — Antonin. ℞. Pallas. — Alexandre Sévère. Femme tourrelée assise. . . . . BR. 4-7.

APHYTIS. *Aut.* Tête d'Ammon à dr. ℞. Aigle. ΑΦΥΤΑΙ. . . . . BR. 5.

BOTTIAEA. *Aut.* Bouclier macédonien. ℞. Proue de vaisseau. ΒΟΤΤΕΑΤΩΝ. AR. 2.

Tête d'Apollon. ℞. Lyre. Lég. . . . . BR. 3.

CASSANDREA. *Impér.* CASSANDRE dans une couronne. ℞. Enseignes milit.

Claude, Néron, Vespasien, Domitien. ℞. Tête d'Ammon. Lég. . . BR. 6-8.

CHALCIS. *Aut.* Tête laurée d'Apollon à dr. ℞. Lyre. . . . . AR. 7.

* *Id.* ℞. *Id.* ΕΠΙ ΑΡΙΣΤΩΝΟΣ. Grav., pl. IV, n°. 16. . . . . AR. 7.

Id. ℞. Sans nom de magistr. Carré creux. . . . . AR. 2.

Idem. . . . . BR. 1.

DIUM. *Imper.* Julia Soemias. IVL. SVEMIS. AVG. (*sic*). ℞. Pallas debout. COL. IVL. DIENSIS. D. D.. . . . . BR. 6.

*EDESSA. *Imper.* Hadrien. ℞. Fig. casquée, portant de la droite une figurine, de la gauche la haste; à ses pieds, une chèvre. Gravée, pl. IV, n°. 17. . . . . BR. 6.

Id. Tranquilline. ℞. Rome couronnée par une figure virile tenant un sceptre. . . . . BR. 7.

*EION. Cygne tournant la tête. Lézard. Η. ℞. Carré creux. 3 méd. . . AR. 2.

Nouvelle attribution des médailles, placées jadis à Héraclea Sintica.

ADAEUS. Tyran d'Héraclée. Tête d'Hercule. ℞. Massue. ΑΔΑΙΟΥ. ΑΕ. Σ. . BR. 4.

Cette légende distincte détruit l'opinion de Pellerin, qui plaçait ces médailles à Héraclea Sintica, parce qu'il y avait lu : ΗΡ. Σ.

Tête laurée d'Apollon. ℞. Trépied. ΑΔΑΙΟΥ. Monogr. N°. 168 et 98 du recueil de Mionnet. 2 méd. . . . . BR. 5.

LETE. *Aut.* Homme nu et barbu arrêtant une femme qui veut fuir.

Médaille jadis attribuée à Lesbos.

3 glob. ℞. Carré creux. . . . . AR. 4.

Id. Meilleur travail.. . . . . AR. 6.

* *Id.* ΛΕΤΑΙΝΙΟΝ rétrogr. Grav., pl. IV, n°. 18. . . . . AR. 6.

Centaure enlevant une femme. ℞. Carré creux. . . . . AR. 6.

* MENDE. *Aut.* Silène sur un âne, et tenant le canthare. ℟. Diota dans un carré creux. ΜΕΝΔΑΙΕ. *Inéd.* Grav., pl. IV, n°. 19. . . . . AR. 3.

* NEAPOLIS. *Aut.* Masque tirant la langue. ℟. Carré creux. Gr., pl. IV, n°. 20. . . . . AR. 4.

* Masque de Gorgone tirant la langue, et le front hérissé de serpens. ℟. Tête de panthère vue de face avec ses deux pattes de devant. Grav., pl. IV, n°. 21. . . . . AR. 7.

Cette médaille doit être mise à Athènes, dont Neapolis était une colonie.

Masque tirant la langue. Tête de femme élégamment coiffée, les cheveux retroussés. 4 méd. de divers styles. . . . . AR. 2-3.

ORTHAGORIA. *Aut.* Tête de Diane. Carquois. ℟. *Apex* bonnet pontific. ou casque avec deux fanons et deux aigrettes surmonté d'une étoile, ΟΡΘΑΓΟΡΕΩΝ. ΗΓ réunis en monogr. . . . . AR. 7.

Tête d'Apollon. ℟. *Apex* surmonté d'une étoile. . . . . BR. 2.

PELLA. Tête d'Apollon. ℟. Lyre ΠΕΛΛΗΣ. ΑΚ.Φ. . . . . BR. 4.

Trois autres *id.* ℟. Lyre, trépied, bœuf paissant. Lég. . . . . . BR. 3-4.

Tête de Jupiter ℟. Bœuf paissant. 2 monogr. . . . . BR. 4.

Imper. Hadrien, Philippe. ℟. Pan assis. . . . . BR. 7.

PHILIPPI. Tête d'Hercule. ℟. Trépied. ΦΙΛΙΠΠ. . . . . BR. 3.

Id. Col. Victoire sur une base. ℟. Trois enseignes COHOR. PRAE. PHIL. BR. 4.

Claude. ℟. L'Empereur couronné par le génie de la ville. COL. AVG. IVL. PHILIP. . . . . BR. 8.

PYDNA. *Aut.* Tête d'Hercule. ℟. Aigle déchirant un serpent. ΠΥΔΝΑΙΩΝ. . BR. 2.

STOBI. *Col.* Julia Domna. 1 méd. Caracalla. 3 méd. ℟. La Victoire. *Une roue.* MUNICIP. STOBEN. BR. 5.

Trajan. ℟. Fig. dans un templ. . IBI STOBENSIUM. . . . . BR. 5.

THESSALONICA. Tête de Neptune. ℟. Proue. ΘΕΣΣΑΛΟΝΙ. . . . . . . BR. 4.

Tête de Bacchus. ℟. Chèvre. Lég. Monogr. — Grappe de raisin. Lég. Monogr. . . . . BR. 5-6.

Tête de Diane. ℟. Carquois. Lég. . . . . BR. 3.

Tête tourrelée et voilée. ℟. Cabire. ΚΑΒΕΙΡΟΣ.—Lég. dans une couronne. BR. 4.

THESSALONICA. *Imper.* Tête de Jules-César. ΘΕΟΣ. ℟. Auguste. Lég. . . . BR. 5.

Tête de Jules-César laurée. Sans lég. ℟. Tête d'Auguste. Lég. . . . . BR. 5.

* Tête d'Octavie. ΕΛΕΥΘΕΡΙΑΣ. Θ... ℞. Victoire. . . . . BR. 8.

Tibère. ℞. Livie. . . . . BR. 6.

* Caligula et Antonia. Grav., pl. V, n°. 1. . . . . BR. 4.

La pomme de pin sur la tête d'Antonia est le symbole de Cybèle. Caligula honorait ainsi son aïeule sous le titre de mère des Dieux.

Trente médailles en bronze : 1 Tibère, 2 Claude, 1 Néron, 1 Vespasien, 1 Domitien, 2 Trajan. ℞. Lég. dans une couronne. 1 Marc-Aurèle, 1 Commode, 1 Septime Sévère, 4 Julia Domna. 1 Géta, 2 Alexandre Sévère, * 1 Mamea. ℞. Cabire entre deux autels, pl. 5, n°. 2, Elagabale. ℞. Victoire. — Cabires. 4 Gordien pieux. ℞. Trépied. — Cabire. ΠΥΘΙΑ. — Urne des jeux. — Temple; 3 Philippe. ℞. Table des jeux; sur l'une d'elles on remarque ΑΓ, initiales du mot ΑΓΩΝ, *certamen*, jeu. — Trépied. — Victoire. . BR. 5-8.

TRAELIUM. *Aut.* Tête de Mercure. ℞. Fleur du balaustium. ΤΡΑΙΛ. . . BR. 2.

Tête de Mercure. ℞. $\frac{\text{ΤΡ}}{\text{ΙΛ}}$ dans une aire en quatre parties. . . . . BR. ½.

URANOPOLIS. *Aut.* Etoile à 8 rayons. ℞. Uranie assise. ΟΥΡΑΝΙΔΩ.. ΠΟΛΕΩΣ. BR. 3.

ROIS DE MACÉDOINE.

Roi incertain. Chèvre couchée. ℞. Carré creux en quatre parties. . . AR. 1.

ALEXANDER I. Cavalier macédonien. ℞. Carré creux. . . . . . . AR. 3.

ARCHELAUS. Cavalier macédonien. ℞. Demi-chèvre couchée. Α.. . . . . AR. 7.

Id. ℞. Partie antérieure de lion dans le carré. . . . . AR. 2.

Cheval marchant. ℞. Casque dans le carré. . . . . AR. 2.

Tête imberbe diadêmée. ℞. Cheval. ΑΡΧΕΛΑΟ. — *Id.* surfrappée. . . AR. 5.

AEROPUS. Tête imberbe. Chapeau macédonien. ℞. Partie antérieure de lion dévorant une proie. ΑΕΡΟΠΟ. . . . . BR. 2.

Id. ℞. Cheval marchant. (Très-fruste). . . . . BR. 1 ½.

AMYNTAS III. Tête d'Hercule. ℞. Cheval. ΑΜΥΝΤΑ. . . . . AR. 5.

Tête d'Hercule. ℞. Aigle dévorant un serpent. ΑΜΥΝΤΑ. . . . . . BR. 2.

* ARCHELAUS II. Tête d'Hercule à droite. ℞. Massue, arc, carquois. ΑΡΧΕ. Gr. pl. V, n°. 6. . . . . BR. 3 ½.

* ALEXANDER. II. Tête imberbe diadêmée. ℞. Cavalier. ΑΛΕΞΑΝΔΡΟ. Grav. pl. V, n°. 3. . . . . BR. 3.

Id. Tête d'Hercule. ℞. Char à deux chevaux. ΑΛΕΞΑΝΔΡΟΥ. Pl. v, n°. 4. BR. 4.

PERDICCAS III. Tête d'Hercule à dr. ℞. Lion mordant un fer de lance. ΠΕΡΔΙΚΚΑ. . . . . BR. 4.

* Autre semblable frappée sur un coin d'Amyntas. Grav., pl. v, n°. 5. BR. 4.

PHILIPPUS II (52 médailles). Tête d'Apollon. ℞. Figure dans un bige. ΦΙΛΙΠΠΟΥ. 14 pièces différant par les symboles suivans : *victoire, bouclier, abeille, diota, caducée, trident, tête d'Apollon de face, raisin, foudre, foudre et épi, trépied. Monogramme.* . . . . OR. 4.

Tête d'Hercule. ℞. Arc, massue, *trident.* 2 méd. . . . . OR. 1.

Id. ℞. Foudre. ΦΙΛΙΠΠΟΥ en deux lignes. . . . . OR. ¼.

Tête d'Apollon. ℞. Foudre. ΦΙΛΙΠΠΟΥ. . . . . OR. ¼.

Tête de Jupiter. ℞. Cavalier. ΦΙΛΙΠΠΟΥ. Dix pièces différant par les symboles suivans : *épi, proue, diota, tête tourellée, arc, trident,* monogr. . . . . AR. 7.

Deux semblables; barbares. Symboles : *couronne, tête d'animal.* . AR. 7.

Tête d'Hercule. ℞. Jupiter aëtophore, assis. ΦΙΛΙΠΠΟΥ. 9 pièces différant par les symboles suivans : *flambeau, thyrse, lyre,* monogr. AR. 3.

Tête d'Apollon. ℞. Cavalier. ΦΙΛΙΠΠΟΥ. Douze pièces différant par les symboles suivans : *arc, foudre, fer de lance, dauphin,* monogr. BR. 4.

Tête d'Hercule. ℞. Massue. ΦΙΛΙΠΠΟΥ. - Π. - Μ. - croissant. . . . . BR. 1.

ALEXANDER III *magnus.* (61 médailles d'or).

Nous ne décrirons de ces soixante-une médailles que celles qui sont très-remarquables et les trois gravées dans les planches de cette description.

Ces médailles portent toutes d'un côté la tête de Pallas, et de l'autre la Victoire, avec la légende ΑΛΕΞΑΝΔΡΟΥ. On y remarque les symboles suivans qui peuvent se rapporter aux villes où elles ont été frappées : *Massue, astre, serpent, diota, harpé, foudre, griffon, demi Pégase, double cheval, trident, fleur du balaustium, palme, coquille, bucrâne, caducée* et divers monogrammes.

Tête casquée à dr. ℞. Victoire tenant une couronne et une espèce d'enseigne. Foudre. Monog. — *Idem.* Trident. Double statère. Poids, 324 grains. . . . . OR. 5.

Id. ℞. *Id. Massue.* Poids, 2 gros 18 grains. Statère. . . . . OR. 4.

Autre, sur le casque de Minerve, Ε. . . . . OR. 4.

Autres avec divers symboles. . . . . OR. 4.

Autres avec le nom de ACE, ville de Palestine, en caract. phénic. OR. 4.

* Autre avec le nom d'ARADVS en caractères phéniciens. Pl. V, n°. 8. OR. 4.

C'est la première connue en or, frappée dans cette ville, pour Alexandre.

* Autre. La Victoire, au lieu d'une enseigne ou d'un trident, porte une palme. Pl. V, n°. 7. . . . . OR. 4.

Autre, du poids de 81 grains, demi statère. . . . . OR. 2.

Autre. ℟. Massue, arc, foudre. ΑΛΕΞΑΝΔΡΟΥ. . . . . OR. 1.

Autre. ℟. *Id.* ΑΡΟΥ. ΑΛΕΞΑΝ. . . . . OR. 1.

Trente-trois médailles d'argent de grand module. Tête d'Hercule, coiffée de la peau du lion. ℟. Jupiter aëtophore assis, appuyé sur la haste. ΑΛΕΞΑΝΔΡΟΥ. Partie antérieure de bélier. ΔΑ. . . AR. 7-10.

* Sur l'une de ces médailles, on lit le nom du magistrat. ΠΕΙΣΙΣΤΡΑΤΟΣ. Symboles : *Pomme de pin, foudre, palladium, apex, flambeau, couronne de laurier, proue, gouvernail, arc et carquois, caducée. sphinx sur l'amphore, lyre, lion, amphore et raisins, fleur du balaustium.* Elles portent divers monogrammes de villes. AR. 6-10.

* Autre (*vase entouré de deux branches de vigne*), frappée à Myrhina. AR. 12.

Deux autres avec le mot ΒΑΣΙΛΕΩΣ. . . . . AR. 8.

Cinquante-cinq médailles d'argent de moyen module. Même tête et même revers que les précédentes; on y remarque les symboles suivans : *grappe de raisin, lion, souris, amphore, abeille, lyre, Pégase, foudre,* et divers monogrammes connus de villes. . . AR. 3-4.

Autre semblable. . . . . AR. 2.

Tête d'Hercule. ℟. Lion passant. ΑΛΕΞΑΝΔΡΟΥ. (Très-fruste). . . . AR. 1.

Vingt-une médailles de bronze. Tête d'Hercule ℟. Arc et carquois, massue, *flambeau.* ΒΑΣΙΛΕΩΣ. . . . . BR. 4.

Autre semblable. ΒΑ. . . . . BR. 4.

Autre semblable. ΑΛΕΞΑΝΔΡΟΥ. ΑΛ. . . . . BR. 4.

Autre. Symbole : *caducée.* . . . . BR. 4.

Trois autres avec divers monogrammes. . . . . BR. 4.

Quatre autres. ℟. Cavalier. Lég. . . . . BR. 4.

Foudre au milieu du bouclier macédonien. ℟. Casque à 2 aigrettes. ΒΑ. BR. 3.

Tête d'Alexandre à g. ΑΛΕΞΑΝΔΡΟΥ. ℟. Alexandre domptant Bucéphale. Lég. . . . . BR. 7.

Même tête. ℞. Deux temples. ΚΟΙΝΟΝ ΜΑΚΕΔΟΝΩΝ. Β. ΝΕ. — Pallas assise. Lég. . . . . BR. 7.

Même tête. Cheval courant. . . . . BR. 2.

* Tête diadêmée d'Alexandre. ΑΛΕΞΑΝΔΡΟϹ. Alexandre à cheval. Lég. Monogr. . . . . BR. 8.

Philippus Aridaeus. Quatorze médailles en or, dont les treize premières sont : Tête casquée à dr. de Pallas. ℞. La Victoire. ΦΙΛΙΠΠΟΥ. Symboles divers : *Serpent, flambeau, fleur du balaustium.* Diverses lettres et monogr. . . . . OR. 4.

Autre. Tête d'Hercule. ℞. Diota. ΦΙΛΙΠΠΟΥ. . . . . OR. ½.

Quatre médailles d'argent de grand module. Tête d'Hercule. ℞. Jupiter aëtophore assis. ΦΙΛΙΠΠΟΥ ΒΑΣΙΛΕΩΣ. Monogr. . . . . AR. 7.

Autre. Même tête et revers. . . . . AR. 2.

Neuf médailles d'argent de petit module. Tête jeune diadêmée à dr. ℞. Cavalier ΦΙΛΙΠΠΟΥ. Divers monogr. . . . . AR. 2.

Bouclier macédonien. ℞. Cavalier. ΦΙ. Caducée en contremarque. . BR. 4.

Autre. ℞. Massue. ΦΙ. ΒΑ. . . . . BR. 4.

Cassander. Cinq médailles.

Tête d'Hercule. ℞. Cavalier. ΒΑΣΙΛΕΩΣ ΚΑΣΣΑΝΔΡΟΥ. 2 monogr. — Lion marchant. — Lion couché. . . . . BR. 3-5.

Tête d'Apollon. ℞. Trépied. . . . . BR. 4.

* Antigonus *rex Asiæ.* Tête de Neptune barbue, à droite, couronnée d'une plante marine. ℞. Apollon assis sur une proue. ΒΑΣΙΛΕΩΣ ΑΝΤΙΓΟΝΟΥ. Monogr. 489 de Mionnet. . . . . AR. 9.

Demetrius I. *Poliorcetes.* 5 méd. d'argent, 1 de bronze. Victoire sonnant de la trompette et tenant un trident, sur une proue de vaisseau. ℞. Neptune, le bras gauche enveloppé de son manteau, lançant de la droite son trident. *Bipenne.* ΒΑΣΙΛΕΩΣ ΔΗΜΗΤΡΙΟΥ. 1 monog. composé de ΗΡ. . . . . AR. 8.

Autre semblable. . . . . AR. 3.

Tête de Pallas. ℞. Proue, monogr. . . . . BR. 3.

Antigonus *Gonatas.* 3 médaillons d'argent, 5 méd. de bronze. Tête de Pan sur le bouclier macédonien. ℞. Pallas d'*Itone* lançant la foudre. *Casque.* Monogr. comp. de Ε.Ρ. ΒΑΣΙΛΕΩΣ ΑΝΤΙΓΟΝΟΥ. . . . AR. 9.

Monogr. composé des lettres AN dans un bouclier macéd. ℟. Casque à deux aigrettes. BA. 3 monogr. . . . . BR. 4.

Tête d'Hercule. ℟. Cavalier. BA monogr. d'ANT. . . . . BR. 3.

Tête de Pallas. ℟. Faune érigeant un trophée. . . . . BR. 4.

DEMETRIUS II. Selon M. de Hauteroche et M. Cousinery, tête jeune laurée et cornue de Démétrius. ℟. Neptune tenant le trident, le pied dr. sur un rocher. ΒΑΣΙΛΕΩΣ ΔΗΜΗΤΡΙΟΥ. Deux monogr. . . . . . . AR. 8.

Deux autres. Monogr. differ. . . . . AR. 9.

Eckhel donne toutes les médailles avec le nom de Démétrius, au 1er, et n'en donne point au 2e. Selon M. Cousinery, les médailles de Démétrius 1er ne portent point l'image du roi; en effet, à l'époque où il régna, ainsi qu'Antigone son père, les rois n'avaient pas encore commencé à se faire représenter sur les monnaies; d'ailleurs il ne régna que six ans. Quant à Démétrius II, qui en régna douze, ce fut Doson son tuteur qui le fit représenter ainsi que nous le voyons; mais il avait passé l'âge de la tutèle. Il est à remarquer que les rois de Syrie se donnèrent le droit d'image plus tôt que les rois de Macédoine.

DEMETRIUS. II. 6 méd. de bronze. Monogr. composé des lettres ΔΗΜΤΡ dans un bouclier macédonien. ℟. Casque à deux aigrettes ΒΑΣ. Monogr. — Autre avec un flambeau dans le bouclier macédonien. . BR. 2.

Tête de face dans un bouclier macéd. ℟. Casque, caducée. Monogr. BR. 3.

ALEXANDER IV. Tête imberbe diadêmée. ℟. Cheval courant. ΑΛΕΞΑΝΔΡΟΥ. BR. 3.

Tête d'Hercule. ℟. Massue, carquois. Lég. . . . . BR. 4.

PHILIPPUS V. 2 médaillons d'argent, 1 médaille; 10 de bronze. . .

Tête imberbe casquée, la *harpè*, dans un bouclier macéd. ℟. Massue. ΒΑΣΙΛΕΩΣ ΦΙΛΙΠΠΟΥ dans une couronne de chêne. . . . . . . AR. 9.

Tête diadêmée de Philippe V. ℟. semblable. Monogr. . . . . . AR. 3.

Tête d'Hercule. ℟. *Harpè* dans une couronne de chêne. Légende. Monogr. ΔΙ. BR. 5.

Tête radiée d'Apollon. ℟. Foudre dans une couronne de chêne. Lég. Monogr. . . . . BR. 7.

PERSEUS (3 médaillons d'argent, 2 méd. de bronze. . . . . . .

La médaille d'or, gravée, pl. V, no. 10, ne fait plus partie de la collection; elle a été léguée, par M. Allier de Hauteroche, au cabinet du roi de France.

Tête diadêmée de Persée à dr. ℟. Aigle sur le foudre ΒΑΣΙΛΕΩΣ ΠΕΡΣΕΩΣ dans une couronne de chêne. *Astre*. . . . . AR. 9.

* Autre. *Charrue*. Pl. v, n°. 2. . . . . AR. 9.

Autre. Sous la tête ΞΟΙΛΟΥ. . . . . AR. 9.

Tête du héros Persée. ℞. Aigle sur une charrue. Lég. Monogr. . . BR. 6.

Autre la harpè devant la tête. ℞. Aigle sur le foudre. . . . . BR. 4.

THESSALIE.

THESSALIA *in genere*. 8 méd. d'argent, 7 de bronze.

Tête de Jupiter. ℞. Pallas combattant. ΘΕΣΣΑΛΩΝ. 5 semblables. Divers noms de magistrats. . . . . AR. 6.

Tête d'Apollon. ℞. Pallas. 3 méd. . . . . AR. 4.

ΑΧΙΛΛΕΥΣ. Tête d'Achille casquée, à dr. ℞. ΝΙΚΟΜΑΧΟΥ. Cheval marchant à dr. Monog. (*Voyez Hunter, incert.*, pl. 68, n°. 5.). . . . BR. 4.

Il est probable que malgré ses caractères d'Autonomie, cette médaille a été frappée dans la Phtiotide, sous la magistrature de Nicomaque, dont on retrouve le nom sous le règne d'Hadrien.

Id. Imper. Auguste. ℞. Pallas Tibère. ℞. Esculape. . . . . . BR. 6.

Id. Imper. Caracalla. ℞. Victoire dans un trige. ΚΟΙΝΟΝ ΘΕΣΣΑΛΩΝ. Γ. — Valérien, *idem*. . . . . BR. 6.

AINIANES. *Aut.* Tête laurée de Jupiter à g. ΤΟΛΜΑΙΟΣ. ℞. Homme nu, tenant de la droite une lance, de la gauche un bouclier. ΑΙΝΙΑΝΩΝ. *Astre*. Monogr. Pl. v, n°. 14. . . . . AR. 3.

Tête de Pallas. ℞. Homme marchant couvert du Pallium. 2 *lances, palme*. . . . . AR. 3.

Tête de Pallas, casque très-orné. ℞. Homme à genoux, combattant. 2 lances. ΘΟΜΥΡ. . . . . AR. 7.

ATRAX. Tête imberbe. ℞. Cheval. ΑΤΡΑΓΙ. . . . . BR. 3.

* CIERIUM. *Aut.* Tête de femme à dr. ℞. Femme agenouillée se baissant pour ramasser un flambeau. ΚΙΕΡΙΕΙΩΝ. Pl. v, n°. 12. . . . AR. 3.

Etienne de Byzance est le seul auteur qui parle de cette ville, qui était une colonie des Béotiens, connue aussi sous le nom d'Arné.

* CRANNON. *Aut.* Cavalier à droite. ℞. Diota entre deux roues. ΚΡΑ. ΑΤΑΑ. Pl. v, n°. 13. . . . . BR. 3.

GYRTON. *Aut.* Tête de Jupiter. ℞. Cheval. *Grappe de raisin*. ΓΥΡΤΩΝΙΩΝ. BR. 4.

* Homolium. *Aut.* T. de Vulcain. Serpent. ΟΜΟΛΙ rétrogr. Pl. v, n°. 13. (Voyez *Mionnet, incert.*, t. vi, n°. 227.) . . . . br. 3.

Descendunt Centauri, Homolem Otrym que nivalem
Linquentes cursu rapido. (Eneid., lib vij.)

Lamia. *Aut.* 2 méd. d'argent, 1 de bronze. Tête de Bacchus. ℞. Diota, aiguière, feuille de lierre. ΛΑΜΙΕΩΝ. . . . . ar. 1-3.

Tête de femme. ℞. Hercule tuant un des oiseaux de Stymphale. Lég. br. 3.

Larissa. *Aut.* 8 méd. en argent, 2 en br.

Homme arrêtant par les cornes un taureau. *Pileus, arbrisseau, fleur.* ΤΟ. ℞. Cheval courant dans un carré creux. ΛΑΡΙΣΑ. *Boustroph.* . ar. 4.

Autre. ΛΑΡΙΣΑΙ. — Autre d'un travail moins ancien. — Autre, le taureau à droite. — Autre. Tête de femme à dr. ℞. Cheval. ΛΑΡΙΣΑΙΑ. *Boustrophedon.* — Autre. Tête de femme à gauche. ℞. *Idem.* — Tête de Junon de face. ℞. Cheval paissant. — Autre. ℞. Jument avec son poulain. . . . . ar. 4.

Tête de Junon de face. ℞. Cheval. *Epi.* ΛΑΡΙΣΑΙΩΝ. *Boustroph.* . . . br. 5.

Tête de femme à droite. ℞. Cheval paissant. ΛΑΡΙ. . . . . . . br. 3.

Magnesia. *Aut.* Tête de Jupiter. ℞. Centaure. ΜΑΓΝΗΤΩΝ. . . . . . br. 7.

Oetaei. *Aut.* Tête de lion ten. un fer de lance dans la gueule. ℞. Hercule la tête couronnée, portant sa massue horizontalement. ΟΙΤΑΩΝ. Rétrogr. . . . . ar. 3.

Autre. La légende en deux lignes. . . . . ar. 3.

Pelinna. Tête d'Apollon. ℞ ΠΕΛ dans une couronne de laurier. . . . ar. 2.

Perhaebia. Cavalier coiffé du pileus. 2 lances. Cippe. ℞. Femme assise tenant un casque. ΠΕΡΑ rétrog. . . . . ar. 2.

Phalanna. Tête d'Apollon. ℞. Tête de femme à droite. ΦΑΛΑΝΝΑΙΩΝ. . br. 3-4.

Pharsalus. *Aut.* 4 méd. d'argent, 2 de bronze.

Tête de Pallas. ℞. Buste de cheval ΦΑΡ. — Autre. ΦΑΡ. — Autre ΦΑΡΣΑ. ar. 3.

Tête de Pallas, casque très-orné. ℞. Cavalier lançant un javelot. ΦΑΡ. ar. 4.

Autre, *idem.* . . . . br. 2.

Tête de Pallas de trois quarts. ℞. Cavalier, *idem.* Lég. . . . . br. 5.

Pherae? *Aut.* Tête d'Hercule. ℞. Arc, massue. ΣΑ. ΦΕΡΙ. sic. (Voyez Mionnet, Supl., t. iii, p. 306, n°. 256. . . . .

SCOTUSSA. *Aut.* Tête de Méduse de face. ℞. Grappes de raisin et feuilles de vigne. ΣΚΟΤΟΥΣΣΑΙΩΝ. . . . . BR. 5.

TRICCA. *Aut.* 2 méd. d'argent. Homme arrêtant un bœuf dont on ne voit que la partie antérieure. ℞. Partie antér. de cheval. ΤΡΙΚΚΑΙΩΝ. *Boustr.* . . . . AR. 2-3.

ILES VOISINES DE LA MACEDOINE.

PEPARETHUS. *Aut.* Tête de Bacchus. ℞. Diota. ΠΕΠΑ. . . . . BR. 3.

Tête d'Apollon. ℞. Tête de bélier. ΠΕ dans une couronne de laurier. BR. 3.

ILLYRIE.

AMANTIA. *Aut.* Tête de Jupiter. ℞. Foudre. ΑΜΑΝΤΩΝ. . . . . BR. 4.

APOLLONIA. *Aut.* 12 méd. d'argent, 7 de bronze.

Aire carrée, ornée de compartimens égaux, vulgairement appelée Jardins d'Alcinoüs. ΑΠΟΛ. ΑΡΙΣΤΩΝΟΣ. ℞. Vache allaitant son veau. ΑΡΙΣΤΩΝ. *Caducée.* . . . . AR. 4.

Neuf autres avec divers noms de magistrats. . . . . AR. 4.

* Tête laurée d'Apollon. ΦΙΛΩΝΟΣ. ℞. Trois jeunes filles dansant autour d'un volcan. ΑΠΟΛΛΩΝΙΑΤΑΝ. ΑΜΙΑΝΤΟΣ ΧΟΣΙΛΟΧΟΥ. *Inéd.* . . . . . AR. 4.

ΑΓΩΝΙΠΠΟΥ. Tête laurée d'Apollon. ℞. *Id.* ΑΠΟΛ. ΔΙΝΟΚΡΑΤΗΣ ΕΡΙΜΝΑΣΤΟΥ. . AR. 4.

Tête laurée. ΕΥΠΟΛΕΜΟΣΧΟΥ. ℞. Lyre. ΑΠΟΛΛΩΝΙΑΤΑΝ. . . . . . . BR. 3.

Deux autres. ℞. Obélisque. — Fer de lance. . . . . BR. 5-4.

Impériales. Marc Aurèle. ℞. L'Empereur à cheval. — Un trépied. . . BR. 7-6.

DYRRACHIUM. *Aut.* Carré creux orné. ℞. Vache et son veau. Globuleuse. AR. 4.

Autre. *Id.* ΔΥΡ. Massue. ℞. *Id.* 2 méd. . . . . AR. 5.

Tête de Pallas. Dauphin, massue, Δ. ℞. Pégase. . . . . BR. 5.

Tête d'Hercule. ℞. Pégase. Δ. . . . . AR. 2.

Tête de Jupiter. ℞. Trépied. ΔΥΡ. Noms de magistrats. 4 méd. . . BR. 4.

* Tête de Cérès. ℞. Massue. ΔΥΡ. ΑΣΚΛΑΠΟΥ. *Inéd.* . . . . BR. 2 ½.

BALLAEUS *rex Illyriæ.* Tête nue à dr. ℞. Diane portant deux flambeaux. ΒΑΣΙΛ. ΒΑΛΛΑ. . . . . BR. 3.

Autre. Tête à g. ℞. Diane portant un flambeau. ΒΑΛΛΑΙΟΥ. *Boustr.* . BR. 2 ½.

ISSA. *Insula Illyriæ. Aut.* Tête de Pallas. ℞. Bouc. ΙΣ. 3 méd. . . . BR. 4-5.

Autre. ℞. Vase. ΙΣ. BR. 5.

PHAROS. *Insula. Aut.* Tête imberbe, laurée. ℞. Diota. ΦΑ. . . . . . BR. 5.

Tête barbue, laurée, à g. ℞. Bouc, serpent ΦΑΡΙΩ. 2 méd. . . . . . BR. 6.

ÉPIRE.

* Têtes de Jupiter dodonéen et de Junon. ℞. Taureau cornupète. ΑΠΕΙΡΩΤΑΝ. dans une couronne de chêne. *Massue.* Pl. v, n°. 18. . . . AR. 8.

Têtes *id.* ℞. Foudre., lég., couronne. 2 méd. . . . . AR. 4.

Tête de Jupiter. ℞. Aigle sur le foudre. Lég. Couronne. 5 méd. . . AR. 5.

Tête de Jupiter. ℞. Foudre. Lég. Monogr. 3 méd. . . . . BR. 4-5.

Autre. ℞. *Id.* Corne d'Abondance. Monogramme différent. . . . BR. 6.

Tête de Diane. Monogr. ℞. Fer de lance. Lég. . . . . BR. 3.

AMBRACIA. Tête de Pallas. AM. *Tête de lion.* ℞. Pégase. AM. *Inéd.* . . AR. 5.

Tête de Pallas. Sur le devant du casque, tête de cygne. A. *Masque.* ℞. Pégase. A. . . . . AR. 4.

Tête de Pallas, chouette dans le champ. ℞. Pégase. A. . . . . . . AR. 5.

* Tête de Pallas. A. ℞. Pégase debout. Un petit Faune à genoux semble soigner un de ses pieds de devant. Pl. VI, n°. 15. . . . . AR. 5.

Tête de femme laurée et voilée. ℞. Obélisque. ΑΜΒΡ. dans une couronne. BR. 4.

CASSOPE. *Aut.* Tête tourrelée de femme. ℞. Serpent..... ΟΠΑΙΩ. . . . BR. 4.

Même tête. ℞. Colombe volant. . . . . BR. 5.

MOLOSSI. *Aut.* Foudre sur un bouclier. ΜΟΛΟΣΣΩΝ. ℞. Foudre dans une couronne de laurier. . . . . BR. 4.

NICOPOLIS. *Imper.* Auguste. ℞. La Victoire. Julia Domna. ℞. La Fortune. —L'Abondance.—Navire.—Caracalla. ℞. Victoire, buste tourellé. —Pallas.—Victoire dans un bige.—Géta. ℞. Victoire. . . . , BR. 4-6.

PHOENICE. *Imper.* Trajan. ℞. Aigle tenant au bec une couronne de laurier. *Inéd.* . . . . BR. 4.

ROIS D'ÉPIRE.

* ALEXANDER I. *Neoptolemi filius* Tête radiée de face. ℞. Foudre ΑΛ/ΕΞ. Pl. v, n°. 19. . . . . OR. 1.

Foudre. ΑΛΕΞ. ΤΟΥ. ΝΕ. dans une couronne de laurier. ℞. Aigle. *Trépied, laurier.* . . . . BR. 4.

Phthias *regina, Pyrrhi mater.* Tête laurée et voilée à g. ΦΘΙΑΣ. Foudre. ΒΑΣΙΛΕΩΣ. ΠΥΡΡΟΥ. . . . . br. 6.

* Pyrrhus. Tête de Diane à dr. Carquois. ℞. Victoire tenant un trophée et une couronne. Lég. ΧΟ. *Astre.* Π. . . . . or. 3.

Tête de Cérès. *Torche.* ℞. Minerve d'Ithone. *Astre, foudre,* lég. . . ar. 5.

Même tête. ℞. Femme assise, tenant un long flambeau et un épi. 2 méd. Lég.. . . . . br. 5.

Alexander ii. Tête imberbe d'Alexandre coiffée de la peau d'éléphant. ℞. Minerve d'Itone. ΑΛΕΞΑΝΔΡΟΥ. . . . . ar. 3.

* Tête d'Hercule. ℞. Aigle sur le foudre. Lég. *Inéd.* . . . . . ar. 2.

La même. . . . . br. 3.

CORCYRE, ile.

Ornemens, dits Jardins d'Alcinoüs. Κ. ℞. Vache allaitant son veau. . . ar. 5.

Autre semblable. ΚΟΡ. Θ. — Autre. Thyrse. . . . . ar. 5.

* Tête de Pallas *amphore.* ΚΟΡ. ℞. Pégase. Pl. v, n°. 20.. . . . . ar. 5.

Ornemens. *Grappe. Feuille de lierre.* ΣΩ. ℞. Demi-bœuf. ΚΟΡΚΥΡΑΙΩΝ. ar. 3.

Tête de Bacchus. ℞. Pégase. 2 monogr., l'un de Κ. Ρ. . . . . . . ar. 4.

Astre. ΚΟΡ. dans les rayons. *Grappe.* ℞. Vase. Cep de vigne. . . . ar. 3.

Id. ΚΟΡΚΥΡΑΙ. dans les rayons. ℞. Vase. Κ. Ι. *Canthare, aiguière.* . . ar. 3.

Tête d'Apollon. ℞. Pégase. 2 monogr., l'un de Κ. Ρ. . . . . . ar. 3.

Tête de femme. Monogr. de Κ. Ο. Ρ. ℞. Pégase. . . . . ar. 2.

Seize médailles communes en bronze. Têtes d'Apollon, de Neptune. Jupiter *Agraeus,* Jupiter *Casius,* grappe de raisin. Vases. Monog. Demi-bœuf, Faune portant une outre, bacchante sur une panthère. Vaisseau. Légendes communes. . . . . br. 3-5

Imper. 3 Septime Sévère, 6 Julia Domna. ℞. Vaisseau, Pégase. Lég. br. 7.

ACARNANIE.

Tête imberbe avec des cornes et un col de taureau. ΛΥΚΟΥΡΓΟΣ. ℞. Apollon assis. ΑΚΑΡΝΑΝΩΝ. Monogr. . . . . br. 6.

Autre. Monogr. de ΑΡ. . . . . ar. 4.

Tête de Jupiter. ℞. Tête de fleuve barbue. . . . . br. 6.

*ALYZIA. *Aut.* Tête de Pallas. ΑΛΥ. *Massue.* ℞. Pégase. . . . . . . AR. 4.

Autre. *Arc.* A. ℞. Pégase. Monogr. de A. A. Υ. . . . . AR. 4.

ARGOS-AMPHILOCHIUM. *Aut.* Tête de Pallas. ΑΡΓΕΙ. *Casque.* ℞. Pégase. A. AR. 4.

AMPHILOCHIUM. *Aut.* Tête de Pallas. ΑΜΦΙΛ. ΑΒΥ. *Lance.* ℞. Pégase. 2 méd. AR. 4.

AMBRACIA. Tête de Pallas. Bouclier. ΑΙ. ℞. Pégase. A. . . . . AR. 4.

ANACTORIUM. Tête de Pallas. ΑΚΤΙΟ. Lyre. ℞. Pégase. ΑΝΑ. . . . . . . AR. 4.

Deux autres. Trépied. Monogr. de AN. — Autre avec la cortine. — Autre avec un autel. — Autre avec une couronne de laurier. . AR. 4.

Tête d'Apollon. ℞. Demi-Pégase — Autre. Pégase volant. *Le Koph.* ℞. Pégase marchant. A. . . . . AR. 2.

LEUCAS. *Aut.* Proue de vaisseau. ΛΕΥΚΑΔΙΩΝ. ΠΕΙΣΙΑΔΟΣ. *Poisson.* ℞. Diane *stolata* tenant l'acrostolium. Cerf. *Oiseau sur un sceptre*, dans une couronne de laurier. — Autre. ΔΑΜΥΛΟΣ. *Foudre.* Pl. V, n°. 21. . AR. 5.

Tête de Pallas. ΛΕΥΚΑΔΙΩΝ. ℞. Pégase A. Pl. V, n°. 22. . . . . . AR. 5.

* Tête de Pallas. ΛΕΥ. *Lézard.* ℞. Pégase à tête de bœuf. ΛΕ. *Inéd.* AR. 5.

Cinq autres. Symboles : *lituus, caducée, Pégase à queue de poisson, coq.* . . . . AR. 5.

Pégase volant. A. ℞. Pégase marchant, les ailes recoquillées. . . AR. 1.

Pégase. ℞. Chimère. ΛΕΥΚ. . . . . BR. 3.

Tête d'Hercule. ℞. Lyre. ΛΕΥΚΑΔΙΩΝ. Monogr. ΔΙΩΝ. . . . . . . BR. 5.

Tête d'Hercule. ℞. Massue. Lég. ΜΕΝΑΝΔΡΟΣ. . . . . BR. 3.

OENIADAE. *Aut.* Tête de Jupiter. ℞. Tête de fleuve. ΟΙΝΙΑΔΑΝ. . . . . BR. 5.

THYRREUM. Tête de Pallas. ΘΥ. *Bouclier.* ℞. Pégase ΘΥ. . . . . . AR. 5.

Autre. ΘΥ. ΛΟ. Foudre. ℞. Pégase. Θ. . . . . AR. 5.

AETOLIE.

Tête d'Atalante. ℞. Sanglier. ΑΙΤΩΛΩΝ. Monogr. *Fer de lance.* . . . AR. 3.

Tête d'Apollon. ℞. Machoire de sanglier. *Fer de lance. Grappe.* Lég. BR. 3.

Autre avec un astre. — Autre. — Autre. Tête de Pallas. ℞. Hercule. BR. 4.

NAUPACTUS. *Aut.* Tête de Pallas. *Trépied.* Monogr. de NA. *retrog.* ℞. Pégase. Monogr. — Autre ΕΠΙ. — Autre ΕΠΙ. ΛΩ. Bandelette. . AR. 5.

LOCRIDE.

LOCRI-OZOLAE. *Aut.* Tête de Pallas dans un carré creux. *Ancien style.* ℞. Pégase les ailes recoquillées. A. *Globuleuse.* . . . . AR. 4.

Tête de Pallas ΛΟΚΡΩΝ. ℞. Pégase. . . . . AR. 4.

AMPHISSA. *Aut.* Tête d'Apollon. ℞. Machoire de sanglier, *fer de lance.* astre ΑΜΦΙΣΣΕΩΝ. ΑΡ. . . . . BR. 4.

AXIA. *Aut.* Tête de Jupiter ℞. Foudre ailé ΑΞ. . . . . BR. 4.

LOCRI EPICNEMIDII. *Aut.* Tête de Pallas. ℞. Grappe ΛΟΚΡ. ΕΠΙΚΝΑ. . . . BR. 2.

LOCRI OPUNTII. Tête de Cérès. ℞. Ajax, fils d'Oïlée. Entre ses jambes un serpent. Bouclier orné d'un griffon. ΟΠΟΝΤΙΩΝ. . . . . AR. 6.

Homère dit qu'un serpent accompagnait toujours Ajax.

Autre à peu près semblable. Serpent dans le bouclier. *Aplustre.* . AR. 4.

Trois autres id. *Diota, trident,* monogr. . . . . AR. 3.

Tête de Pallas. ℞. Astre. — Diota. ℞. Astre. Lég. . . . . AR. 2.

Tête de femme. Monogr. des Locriens. ℞. Pégase. . . . . AR. 3.

Tête de Pallas. Trois méd. Symboles : *Enseigne, diota et grappe, caducée.* A. ℞. Pégase. . . . . AR. 5.

Tête de Minerve. ℞. Grappe de raisin. ΛΟΚΡΩΝ. *Inédite.* . . . . . BR. 2.

Deux autres à peu près semblables. ΟΠΟΝ. . . . . BR. 2.

Tête imberbe. ℞. Guerrier combattant. *Inédite.* . . . . BR. 1.

PHOCIDE.

Tête de bœuf. ℞. Tête de sanglier dans un carré creux. . . . . . AR. 1.

Tête de bœuf de face. ℞. Tête de femme, *anc. style.* ΦΟΚΙ. — 3 autres. AR. 3.

Tête de bœuf de face. ℞. Tête d'Apollon. Lyre. ΦΩ. . . . . AR. 3.

Tête casquée de face. ℞. Φ. dans une couronne de laurier. . . . BR. 2.

Trois têtes de taureau. ℞. Φ. dans une couronne de laurier. . . . BR. 5.

DELPHI. Tête de Cérès voilée. ℞. Apollon assis sur la cortine. *Lyre, trépied.* ΑΜΦΙΚΤΙΟ. . . . . AR. 6.

Il existe un grand nombre de coins faux de cette médaille. Voyez SESTINI, *di alcuni falsi*, etc. *Florence*, 1828.

Imper. Hadrien. ℞. Lyre. ΔΕΛΦΩΝ. . . . . BR. 4.

Faustine. ℞. ΠΥΘΙ. dans une couronne de laurier. . . . . BR. 5.

BÉOTIE.

Bouclier béotien. ℞. Carré creux divisé en huit parties dont quatre creuses. Médailles globuleuses anciennes. . . . . AR. 1-3.

Bouclier béotien orné d'une bordure. ℞. *Id.*. . . . . AR. 4.

Bouclier béotien. ℞. Carré creux, vase. Ancienne fabrique. . . . AR. ½.

Autre semblable très-globuleuse. . . . . AR. 4.

Bouclier béotien. ℞. Vase élégant. Différens noms : ΒΩΙΣ. ΑΠΑΑ. ΚΑΙΩ. ΔΑΜΟ. ΕΥΕ. ΑΒΙ. ΑΠΟΔ. ΚΑΙΩΝ. ΓΑΣΤ. 11 médailles. . . . . . . AR. 5.

Bouclier. ℞. Canthare. *Massue*. ΒΟΙ. Tête de Jupiter. ℞. Victoire tenant une couronne. Monog. . . . . AR. 4.

* Tête de Cérès de face. ℞. Neptune portant le trident et un dauphin. *Bouclier*. Monog. de Mionnet, 543. Pl. VI, n°. 1. . . . . AR. 4.

Tête de Pallas. ℞. Trophée. Lég. — Tête d'Hercule. Pallas combattant. Lég. . . . . BR. 4.

Tête de face. ℞. Neptune. Lég. — 2 méd. . . . . BR. 3.

Bouclier. ℞. Trident. Dauphin. 2 méd. . . . . BR. 2.

36. ASPLEDON. *Aut*. Partie antérieure de cheval. ΣΠ/Α. ℞. Aigle volant, tenant dans son bec un serpent. Carré creux. . . . . AR. 2. 100.

* CORONEA. *Aut*. Bouclier béotien. ℞. *Le Koph* dans un carré creux. Mionnet. Supl. Tom. III, p. 511. . . . . AR. ½.

37. DELIUM. *Aut*. Demi-cheval. ℞. Δ dans un carré creux. . . . . . . AR. ½. 50.

DIONYSIA. *Aut*. Bouclier. ℞. Diota. Δ. Dans un carré creux. . . . . AR. 3.

Mionnet décrit cette médaille à *Delium*, en disant ΔΙ pro ΔΕ. Voyez sur la ville de Dionysia, DIODOR., liv. IV, et ORTELLIUS.

38. * MYCALESSUS. *Aut*. Bouclier. ℞. Foudre. ΜΥ. . . . . AR. 1. 100.

* ORCHOMÉNUS. *Auton*. Bouclier. ℞. Diota, ΕΡΧ. dans le champ ΕΥDΟ. *Épi*. Pl. VI, n°. 2. . . . . AR. 5.

ΕΡΧ pour ΟΡΧ, par Archaïsme, comme ΤΕρονη pour ΤΟρονη. ΕΥDΟ... Le D latin n'était connu que sur les médailles de Zancle.

39. * PLATAEAE. *Auton*. Tête de femme. ℞. Bœuf. ΠΛΑ. Pl. VI, n°. 3. . . BR. 2. 60.

TANAGRA. Boucl. ℞. Demi-cheval. ΤΑ. Carré creux.—Autre plus petite. AR. 1-4.

40. * Demi-cheval ΤΑΝΑ. ℞. Aigle de face, dévorant un serpent. Travail barbare. Aire creuse. *Inéd*. . . . . AR. 1. 60.

Imper. Germanicus. ℞. Apollon. — Trajan. ℞. Mercure? — Antonin. ℞. Diane. . . . . BR. 4-6-5.

* Marc Aurèle. ℞. Bacchus dans un Temple, couronné par deux figures élevées sur des cippes. Panthère. ΤΑΝΑΓΡΑΙΩΝ. *Inéd.* Pl. VI, n°. 7. BR. 7.

THEBAE. *Aut.* Bouclier. ℞. Theta carré, au milieu d'une aire, divisée en huit parties. *Globul.* Pl. VI, n°. 4. . . . . AR. 3.

Autre. . . . . AR. 2.

Autre, avec le theta rond, et partagé en 4. . . . . AR. 2-3.

Bouclier. ℞. Diota. Theta. *Id.* . . . . AR. 2.

* Bouclier. ℞. Diota. Theta rond. Θ. Pl. VI, n° 5. . . . . AR. 5.

Bouclier. ℞. Diota. ΘΗ dans un carré creux. . . . . AR. 4.

* Diota et feuille de lierre. ΣΟ. ℞. Carré creux. Pl. VI, n°. 6. . . . AR. 1 ½.

Bouclier. ℞. Diota ΘΕ. 3 Var. *Grappe*, feuille de lierre. . . . . AR. 5.

Tête de Bacchus. ΘΕ. ℞. Bouclier. 2 var. . . . . AR. 4.

* Bouclier. ℞. Hercule enfant à genoux, étouffant les serpens, dont l'un est déjà mort. ΘΕΒΑΙΟΝ. Dans un carré creux. *Inéd.* . . . AR. 6.

Bouclier. ℞. Diota. *Massue*. ΘΕΒΗ. . . . . AR. 4.

Bouclier vu de côté. ℞. Diota lég. — Grappe de raisin. . . . . AR. 1.

* Tête voilée de Junon à dr. ℞. Cadmus armé sortant d'un vaisseau. ΘΕΒΑΙΩΝ . . . . AR. 3.

Ce type est connu en bronze. Mionnet, qui décrit cette médaille, Supl. Tom. III, p. 528, doute de son authenticité.

Tête d'Hercule. ℞. Thyrse et massue. ΘΗΒΑΙΩΝ. . . . . BR. 2.

Médailles avec noms de magistrats, sans noms de villes, attribuées à Thèbes, et données par M. Allier de Hauteroche à diverses villes.

Tête d'Hercule. ℞. Massue, bouclier ΠΥΡΡΙ. Attribuée à *Pyrrichos* de Laconie. (*Voy*. Pausanias.). . . . . BR. 3.

Tête d'Hercule. ℞. Arc, massue. Α. ΘΙΩΝ. Attr. à *Thea* de Laconie. (*Voy* Stephan. Byz.). . . . . BR. 3.

Tête d'Hercule. ΛΑΑΝ. ΘΕ. Attrib. à *Laan* de Laconie. . . . . . BR. 3.

Tête d'Hercule. ℞. ΟΛΥΜ. ΕΠΙ. Arc, massue. Attrib. à Olympium d'Achaïe. — 3 autres variétés. . . . . BR. 3.

THESPIAE. *Aut.* Bouclier. ℞. Croissant. ΘΕΣ. . . . . AR. 1.

Autre. ℞. Deux croissans. ΘΕΣΠΙ. . . . . AR. 1.

Tête voilée. ℞. Lyre. ΘΕΣΠΙΕΩΝ. 2 méd. . . . . BR. 2.

Imper. Domitien. ℞. Apollon assis, jouant de la lyre. Lég. — Femme debout. Lég. BR. 4.

Thisbe. *Aut.* Tête d'Hercule. ℞. Massue. ΘΕΙΣ. et ΔΑΙ.... en lettres fugitives. BR. 3.

ATTIQUE.

Athenae. *Auton.*

* Tête de Pallas casquée à dr. ℞. Chouette de face. Branche d'Olivier. Croissant. Monogr. . . . . OR. 4.

Tête de Pallas. ℞. Chouette et branche d'olivier dans un carré creux. Globuleuse. . . . . AR. 5.

Six autres semblables avec ΑΘΕ. Ancien style. . . . . AR. 5.

Quinze tétradrachmes du siècle de Périclès; tête de Pallas. ℞. La chouette sur le diota, divers noms de magistrats et les symboles suivans : *Epi*, *Esculape*, *Mars*, *Caducée ailé*, *Ancre*, *Mouche*, *Foudre*. . . . . AR. 7-9.

Deux drachmes. Mêmes têtes, mêmes revers. Ancien style. . . . AR. 3.

Deux *idem*, beau style, *la fortune, massue*. Triobole, diobole, quarts de drachme, obole, 3/4 d'obole, demi-obole, quart d'obole attiques. AR. .

* Tête de Pallas. ℞. Le Calathus. ΑΘΕ. Pl. VI. n° 9. . . . . . . AR. 1/3.

Le Calathus souvent représenté en symbole n'avait pas encore paru comme type unique. Il rappelle les corbeilles sacrées qui étaient portées par deux vierges (*canèphores*) aux fêtes de Minerve.

Tête de Pallas. ℞. Jupiter lançant la foudre. — Tête de Jupiter. ℞. Minerve combattant. — Tête de Bacchus indien. — Tête d'Apollon. — Tête de chouette. — Tête de Pallas. ℞. Apollon portant les trois grâces, *Scarabée*. — Apollon l'arc à la main. — Hercule. BR. 4-5.

Tête *id.* ℞. Thésée soulevant la pierre. — Thésée terrassant le Minotaure. — Thésée combattant. . . . . BR. 3-6.

* Autre. ℞. Thésée sur une galère, selon *Mionnet;* et Thémistocle, selon *M. de Hauteroche*. . . . . BR. 6.

Même tête. ℟. Deux chouettes. — Chouette sur un arbre et diota. Pallas debout. — Pallas dans un char. — Esculape. — Trépied. — Tête de Pallas et chouette sur une table. — Cérès dans un char traîné par deux serpens. . . . . BR. 2-5.

Pallas devant l'olivier. *Serpent.* — La Victoire. *Diota.* — Tête de femme. ℟. Diota. — Amphore. — Bucrane. — Tête d'Hercule, massue. ℟. Bucrane, *charrue*. ℟. Aviron et massue. AΘE. — Chouette. BR. 1-5.

Tête de femme. ℟. Lyre, AΘE. *Inéd.* . . . . BR. ½.

ÉLEUSIS. *Aut.* Cérès dans un char traîné par deux dragons. ℟. Truie. *Gland.* Autre. Truie entre deux épis. ΕΛΕΥΣΙ. . . . . BR. 4.

MEGARA. *Aut.*

Tête d'Apollon. ℟. Lyre. . . . . AR. 3.

Autre. ΜΕΓΑΡΕΩΝ. — Trépied. — ΜΕΓ dans une couronne de laurier. . BR. 3-5.

Proue. ℟. Trépied entre deux dauphins. — ΜΕΓ entre deux dauphins. BR. 2.

* Tête voilée d'Euclide, selon *Visconti*, Iconographie. ΜΕΓΑΡΕΩΝ. ℟. Diane portant deux flambeaux. ΕΠΙ.... Pl. VI, n°. 10. . . . BR. 5.

Impér. Commode. ℟. Jupiter assis. Septime sévère. ℟. Diane. — Cérès allumant des flambeaux. . . . . BR. 6.

AEGINE, ILE.

* Tête de bélier. ℟. Carré creux. Pl. VI, n°. 11. . . . . OR. ½.

Tortue de mer. ℟. Carré creux. 4 méd. globuleuses. . . . . AR. 4.

Quatre autres. . . . . AR. 1-3.

Tortue de terre, à écaille divisée. ℟. Carré creux. ΑΙΓ. Dauphin. . AR. 6.

Autre sans légende. . . . . AR. 4.

Six plus petites. . . . . AR. 1-2.

Deux dauphins. ℟. Carré creux. *Id.* ΝΟ. . . . . BR. 2.

Proue de vaisseau. ΑΙΓΙ. ℟. Tête de Bélier. ΑΙΓΙ. Autre. ΑΓΑ. . . . BR. 4.

SALAMIS. *Aut.* Tête de Diane. ℟. Bouclier sur lequel est une épée. Armes d'Achille. ΣΑΛΑ. — Autre sans épée. . . . . BR. 4

ACHAIE.

LIGUE ACHÉENNE. Tête de Jupiter. ℟. Monogr. de ΑΧ. dans une couronne de laurier. . . . . BR. 3.

Autre. ΔΙ. Trident. AR. 3.

Tête de femme. Le monogr. de ΑΧ. ℞. Pégase. Le Koph. . . . . AR. 3.

Tête de Jupiter. ΓΥΦΑ. ℞. Le monogr. . . . . BR. 3.

Autre. ℞. Le monogr. — Autres monogr. Dauphin. . . . . AR. 3.

ANTIGONIA. *Aut.* Autre. ΑΝ. ΕΥ. . . . . AR. 3.

AEGIUM. *Aut.* Autre. ΑΡΙϹΤΟΔΑΜΟϹ. . . . . AR. 3.

* *Imper.* M. Aurélie. ℞. Jupiter tenant d'une main l'aigle, de l'autre lançant la foudre. Lég. *Inéd.* . . . . BR. 6.

AEGIRA. *Aut.* Plautilla. ℞. Minerve debout, armée. ΑΙΓΕΙΡΑΤΩΝ. . . . BR. 5.

CORINTHUS. Demi-Pégase. ℞. Carré creux en 4 parties. . . . . . . AR. ½.

Pégase volant, le Koph. ℞. Carré creux en 4 parties. . . . . . . AR. 5.

Idem. ℞. Tête de Pallas dans un carré creux. Ancien style. Glob. . . AR. 4.

Autre plus petite. AR. 2.

* Pégase à g. ℞. Pégase de face, galoppant. Δ. Dans un carré creux. Pl. VI, n°. 12. . . . . AR. 2.

Tête de Pallas à g. ℞. Pégase paissant. . . . . AR. 5.

Tête de Pallas. *Dauphin.* ℞. Pégase volant, le *Koph.* . . . . . . AR. 5.

Trente-huit semblables, avec les divers symboles suivans : Trois dauphins. — Thon. — Trident. — Trépied. — Epi. — Diota. — Canthare. — Roue. — Thyrse. — Masque de Silène. — Cuirasse. — Chimère. — Coq sur une massue. — Terme. — Terme portant une palme. — Demi-cheval. — Sanglier. — Loup assis. — Abeille. — Chouette. — Aigle. — Triton. — Tête de Méduse. — Tête d'Apollon de face. — Pallas combattant. — Mars. — La Victoire. — Charrue. — Corne d'abondance. — Hercule tirant de l'arc. — Trident. — Carquois. . . . . AR. 5.

Tête de femme. ℞. Pégase le Koph. 5 méd. 2 avec monogr. . . . AR. 3.

Autre. . . . . AR. 2.

Tête de Pallas. ℞. Trident. Lég. . . . . BR. 4.

Pégase. ℞. Trident. Flambeau. — *Id.* Diota. 2 méd. . . . . . . BR. 2.

Coloniales. Dauphin, Pégase, têtes de femmes. Noms de Duumvirs. 7 méd. communes. . . . . BR. 2-4.

Tête de Lays. ℞. Lionne et bélier sur un chapiteau. . . . . . . BR. 6.

Autre *idem.* — Autre. ℟. Bellérophon sur Pégase, combattant la chimère. . . . . BR. 6.

Seize *Imperiales*, avec les têtes de J. César, Livie, Caius et Lucius, Claude et Messaline, Galba, Domitien, Hadrien, Marc-Aurèle, Commode. ℟. Venus tenant un bouclier. L. Verus. . . . . BR. 4-7.

PATRAS. *Aut.* Tête de Jupiter. ℟. Monogr. Ach. ΦΙ.ΠΑ. Dauphin. . . AR. 3.

Tête de Pallas. ℟. Neptune agitant son trident. . . . . AR. 5.

Tête d'Hercule. ℟. Pallas combattant. ΜΗΤΡΩΔΟΡΟΣ, etc. . . . . BR. 5.

Imper. Auguste. PATER. ℟. PATRIAE. Prêtre conduisant des bœufs. C. A. A. P. *Inéd.* — Autre d'Auguste. . . . . AR. 5-7.

Cinq autres de Othon, M. Aurèle, Antonin, Caracalla . . . . . BR. 4-7.

Julia Domna. ℟. Vulcain tenant de la dr. un marteau, de la g. des tenailles. . . . . BR. 6.

PELLENE. *Imper.* Geta. ℟. Esculape. ΠΕΛΛΗΝΑΙΩΝ. *Inéd.* . . . . . . BR. 5.

PHLIUS. *Aut.* Bœuf cornupète. ΦΛΕΙΑ. rétrogr. ℟. ΣΙΩΝ. Autour d'une roue, carré creux. . . . . AR. 4.

RHYPAE. *Aut.* Tête d'Hercule. ℟. Massue, arc, carquois, ΡΥΨ dans une couronne de laur. — Tête de Jupiter. ℟. Aigle. . . . . . . BR. 4.

* SICYONE. *Aut.* Chimère sur un thon. ℟. Carré creux. Pl. VI, n°. 14. . OR. 1.

Partie antér. de la chimère. ℟. Colombe volant ΟΣ. Carré creux. . . AR. 1.

Colombe volant. ℟. *Idem.* . . . . AR. 1.

Chimère. ℟. Colombe volant, dans une couronne de laurier ΣΕ. Deux méd. — Autre ΣΙ. — Autre sous la chimère, homme assis tirant une flèche. . . . . AR. 6.

Six autres. Chimère. ΣΙ. ℟. Colombe. . . . . AR. 3.

Colombe. ℟. Σ. Lettres fugitives. — Tête d'Apollon. ℟. Colombe. . . AR. 2.

Tête de Pallas. *Colombe dans la couronne.* ℟. Pegase, le Koph. — Autre. Tête. AR. 4.

Tête d'Apollon. ℟. Σ. dans la couronne. — Autre. ℟. La colombe. . . BR. 6.

Colombe. ΣΙ. ℟. Trépied. — Autre. — Autre. ΑΝΑΡΟΤΙΜΟΣ. . . . . BR. 3.

* Colombe. ΠΡΟΜΑΧΙΔΑ. ℟. ΣΙ. dans une couronne. 2 méd. *Inéd.* . . . BR. 3.

Colombe. ℟. Σ. dans la couronne. 4 méd. . . . . BR. 1.

Imper. Septime Sévère. ℟. Bacchus dans un temple Distyle. . . . BR. 7.

Julia Domna. ℟. Diane, lég. . . . . BR. 5.

Autre. ℟. Bacchus debout, tendant les bras. . . . . BR. 3.

* Plautilla. ℟. Petit temple sur un autel entre deux termes et deux peupliers. CIKYΩΝΙΩΝ. Pl. VI, n°. 15. . . . . BR. 6.

ÉLIDE.

* Aigle volant. ℟. Victoire courant, tenant une bandelette. FAΛΕ. Carré creux. *Inéd.* Pl. VI, n°. 16. . . . . AR. 7.

* Aigle dévorant un serpent. Coquille en creux et autre contremarque peu visible. ℟. Foudre ailé. F. A. *Inéd.* Pl. VI, n°. 16. . . . AR. 7.

Aigle emportant un lapin. ℟. Foudre ailé. FA. . . . . AR. 4.

Tête diadêmée de Junon. ℟. Foudre dans une couronne. FA. . . . AR. 6.

Même tête. ℟. Aigle dans une couronne. 2 méd. . . . . AR. 6.

Même tête. FA. ℟. Aigle à droite. . . . . AR. 6.

Tête de Jupiter. ℟. Foudre dans une couronne FA. — Autre. FA. AP. AR. 3.

Tête de Jupiter. ℟. Aigle sur un chapiteau. FAΛΕΙΩΝ. . . . . . . AR. 6.

Tête de Jupiter. ℟. Monogr. achéen. FA. Foudre. 2 autres différ. . . AR. 3.

Tête de Jupiter. ℟. FAΛΕΙΩΝ. en trois lignes dans une couronne. . . BR. 4.

Tête de Jupiter. ℟. H. Ξ et lettre effacée. . . . . BR. 3.

EURYDICIUM. *Aut.* Tête voilée. ℟. Trépied. . . . . BR. 3.

* MINTHE ou MINOE. *Imper.* Julia Maesa. ℟. Apollon en robe longue, jouant de la lyre. ΕΠΙ. Τ. Φ. Δ. ΤΕΡΩΝΟΥ. ΜΙΝΘΗΤΩΝ. *unique* et *inédite.* BR. 9.

CEPHALENIE, ILE.

CRANIUM. *Aut.* Bélier. ℟. Arc. *Globule.* Carré creux. . . . . . . AR. 1.

Deux autres semblables. . . . . BR. 3.

Homme nu, debout, appuyé sur la haste. ℟. Monogramme de ΚΡΑ. BR. 3.

PALLENSES. *Aut.* Dauphin sur les flots. ℟. Grain d'orge au milieu d'un grand Π. . . . . BR. 3.

Tête nue, imberbe. ℟. Monogr. de ΠΑ. Σ. . . . . BR. 3.

SAME. *Aut.* Tête casquée de face. ℟. Bélier. ΣΑΜΑ. . . . . AR. 2.

Tête nue, imberbe (de Céphale, selon M. de Hauteroche). ℟. Chien de chasse, courant. . . . . BR. 3.

60 Zacynthos. *Aut.* Tête d'Apollon. ℞. Trépied. ΖΑ. ΔΙΩΝΟΣ. . . . . . ar. 6. 25

61 Tête de femme. ℞. Mercure. *Diota.* ΤΑ. . . . . br. 5. 2

Ithaca. *Aut.* Tête d'Ulysse. ℞. Tête de Minerve. ΙΘΑΚΩΝ. . . . . . . br. 4.

MESSENIE.

Tête de Jupiter. ℞. Trépied. ΜΕΣ. en monog. 3 méd. . . . . . . ar. 3.

Tête de Cérès. ℞. Jupiter nu armé. Trépied. Monogr. de ΜΕ. Divers noms et symboles. 4 méd. . . . . br. 4-5.

Tête tourellée. ΜΕΣΣΗΝΙΩΝ. ℞. Jupiter debout. . . . . br. 4.

* Cyparissia. *Imper.* Tête de Géta. ℞. Esculape. ΚΥΠΑΡΙΣΣΙΕΩΝ. *Inéd.* — Autre. ℞. La fortune. Lég. *Inéd.* . . . . br. 5.

Mothone. *Imper.* Plautille. ℞. Pallas. *Autel.* ΜΟΘΩΝΑΙΩΝ. — Géta. ℞. Diane, et un chien. . . . . br. 5.

Pylus. *Auton.* Tête de Jupiter. ℞. Trident. Monog. de ΠΥ. ΕΠΙ ΔΙΟΣΚΟΥΡΟΣ.

* *Imper.* Julia Domna. ℞. Esculape. ΠΥΛΙΩΝ. *Inéd.* . . . . br. 5.

Géta. ℞. Cerf couché. Lég. . . . . br. 5.

* Thuria. *Aut.* Tête de Cérès. ℞. Jupiter portant l'aigle sur la g., lançant la foudre de la dr. ΘΟΥ. *Inéd.* Pl. VI, n°. 18. . . . . . . br. 6.

Imper. Buste de Géta. ℞. Femme casquée, tenant la haste et une patère. ΘΟΥΡΙΑΤΩΝ. Α. Α. *Inéd.* . . . . br. 5.

LACONIE.

Lacedaemon. *Aut.* Tête de Jupiter. ℞. Diota, bonnets des Dioscures. ΛΑ. ΤΑ. couronne de laurier. . . . . ar. 3.

Tête virile barbue. ℞. Massue terminée en caducée. ΛΑ. Div. monogr. Autre méd. — Autre avec ΛΥΚΟΥΡΓΟΣ. . . . . br. 6.

Tête imberbe diadêmée. ℞. Aigle. ΛΑ. Monogr. — Foudre. ℞. Aigle. — Tête d'Apollon. ℞. Diane *lucifera*. . . . . br. 6.

Imper. Claude. ℞. Aigle. — Hadrien. ℞. Les Dioscures. — Trajan. ℞. Bonnets des Dioscures. ΛΑΚΕΔΑΙΜΟΝΙΩΝ. . . . . br. 4-7.

Marc-Aurèle. ℞. Massue. Lég. en trois lignes. *Inéd.* . . . . . . br. 5.

Gythium. *Imper.* Septime Sévère. ℞. Apollon tenant l'arc et la haste. Griffon. ΓΥΘΕΑΘΩΝ. Autre. ℞. Mercure. . . . . br. 4.

Taletum. *Aut.* Tête virile. Caducée. ℟. Trépied. ΛΟΓΓΟΣ ΤΑΛΗΤΘΩΝ. . BR. 6.

ARGOLIDE.

Argos. Tête de loup. ℟. Α. dans un carré creux. . . . . AR. ½.

Deux autres. AR. 2. — Sept autres ayant pour symboles : *croissant, massue, oiseau sur la harpè.* (Une en bronze.). . . . . . AR. 2-½.

Autre. ΑΓΑΘΟΚΛΕΟΣ. La harpè. Autre ΤΡΥΗΙΣ. Bonnets des Dioscures. . AR. 3.

Tête de Junon, ΑΡΓ. sur la couronne. ℟. Minerve. . . . . . . BR. 3.

Tête d'Apollon. ℟. Loup marchant. Α. . . . . BR. 3.

*Tête de Persée. ℟. Loup couché. ΑΡΓΕΙΩΝ. Pl. VII, n°. 1. . . BR. 4.

Imper. Hadrien. ℟. Paon. Lég. — Luc. Verus. ℟. Jupiter assis. Lég. BR. 4-6.

Cleone. *Aut.* Tête d'Apollon. ΚΛ. ℟. Pégase. (*Lig. Ach.*). . . . . AR. 2.

Epidaurus. *Aut.* Tête d'Esculape. ℟. Monogr. de ΕΠ. Hygiée. *Vase.* . . BR. 3.

Thyrea. *Aut.* Tête de loup. ℟. Carquois, *casque*, *Tête de loup*. Theta carré. Monogr. . . . . BR. 3.

62. * Troezene. *Aut.* Tête d'Isis de face (selon M. de Hauteroche). ℟. Trident dans un carré creux. *Inéd.* Pl. VI, n°. 19. . . . . AR. 3. 300

Isis avait un temple à Troézène, fondée par son fils Orus. *Pausan. Cor.* p. 355.

ARCADIE.

Tête de femme dans un carré creux. Α. ℟. Jupiter aëtophore. Ancien style. AR. 1.

Tête de Pan. ℟. ΑΡ. en monogr. Syrinx. (*Id.* en bronze.) . . . . AR. 2.

Tête de Jupiter. ℟. Pan sur un rocher. ΑΡ. en monog.—Autre. ℟. *Id.* Aigle. Autre. Α. . . . . AR. 3.

63. * Caphyia *Aut.* Tête virile (peut-être celle de Céphée, fondateur de la ville). ℟. Femme debout. ΚΑΦΥ. *Inéd.* Pl. VI, n°. 21. . . . . . BR. 3. 30

Cleone. *Aut.* Tête du soleil de face. ℟. Taureau cornupète. *Feuille de lierre.* ΚΛΗ. . . . . AR. 3.

64. * Heraea. (Lig. ach.) Jupiter Nicéphore. ΘΕΟΞΕΝΟΣ. Τ. ℟. Femme assise. ΑΧΑΙΩΝ. ΗΡΑΙΕΩΝ. *Unique et inédite.* . . . . BR. 4. 100

65. Mantinea. *Aut.* Tête de Pallas. ℟. Trident. ΜΑΝ. . . . . BR. 3. 30

Impér. Géta. ℟. Esculape. ΜΑΝΤΙΝΕΩΝ. . . . . BR. 5.

Megalopolis. Tête de Jupiter. ℟. Pan. Aigle. ΜΕΓΑ. monogr. . . . . ar. 2.

Autre. ℟. Monog. de la lig. Ach. Ν. Φ. Μ. . . . . ar. 2.

Imper. Septime Sévère. ℟. Vénus pudique. Dauphin. . . . . . . br. 6.

Pheneus. *Aut*. Tête de Diane. ℟. Cheval. ΦΕΝΕΩΝ. Monog. de ΑΡΚ. . . br. 3.

*Phialea. *Imper*. Julia Domna. ℟. Cérès debout de face, tenant deux pavots et deux épis. *Inéd*. . . . . br. 5.

*Stymphalus. *Aut*. Hercule à genoux lançant une flèche. ℟. Un des oiseaux de Stymphale, avec les ongles crochus, dans un carré. *Inéd*. Pl. vi, n°. 22. . . . . ar. 6.

*Tegea. *Aut*. Tête de Pallas casquée. ℟. Un grand Τ dans un champ. concave. Pl. vi, n°. 20. . . . . br. 5.

*Tête de Pallas. ℟. Biche allaitant Télèphe. (Pellerin et Mionnet l'ont prise pour une louve.) ΤΕΓΕΑΤΑΝ. Pl. vii, n°. 2. . . . . . . br. 4.

Thelpusa. *Aut*. Tête radiée d'Apollon. ℟. ΘΕΑ dans une cour. de laur. br. 9.

CRÊTE.

Crêta *insula*. *Imper*. Tête radiée d'Auguste entre 7 étoiles. ℟. Tête de Caligula. Sceptre. Lég. . . . . ar. 4.

Claude. ℟. Drusus et Antonia. . . . . br. 8.

*Trajan. ℟. Diane *dictynna* tient Jupiter enfant, entre deux Curètes. ΔΙΚΤΥΝΝΑ. ΚΡΗΤ. . . . . ar. 4.

Autre. ΚΟΙΝΟΝ ΚΡΗΤΩΝ. ℟. Bacchus. Panthère. br. 8. — Autre. ℟. Jupiter assis. br. 6.

Aptera. *Aut*. Tête de femme. ΑΠΤΕΡΑΙΩΝ. ℟. Guerrier nu avec casque et bouclier. *Arbuste*. . . . . ar. 5.

Autre. ℟. Guerrier nu avec casque, bouclier et lance. Lég. . . . ar. 4.

Autre. br. 2. — Autre. ℟. Arc. ΑΠΤΑΡΑ. . . . . ar. 4.

Arsinoe. *Aut*. Tête de femme. ℟. Guerrier. ΑΡΣ. . . . . br. 4.

Axus. *Aut*. Tête de Jupiter. ℟. Trépied. Monog. . . . . br. 4.

Id. ℟. Trépied. Foudre. ΑΞΙΩΝ. . . . . br. 4.

Chersonesus. *Aut*. Tête de Diane. ℟. Apollon assis sur la cortine, tenant la lyre. ΧΕΡΟΝΑΣΙΟΝ (*sic*). Autre avec ΧΕΡΣΟΝΑΣΙΟΝ. . . . . . . ar. 6.

Cnossus. *Aut.* Tête à g. ℞. labyrinthe en croix. Ancien style. . . . ar. 6.
Tête de femme à dr. ℞. Labyrinthe en croix. 2 méd. . . . . . . ar. 6.
Tête de Junon. ℞. Labyrinthe. ΚΝΩΣΙΩΝ. *Fer de lance*, *foudre*. . . ar. 7.
Autre. ℞. ΚΝΟΣΙ. ΑΡ. . . . . ar. 4.
Tête de Jupiter. ℞. Labyrinthe. Lég. . . . . ar. 8.
Tête de femme. ℞. Tête de femme. ΚΝΩ. . . . . br. 2.
Labyrinthe. Lég. ℞. Europe sur le taureau. *Deux dauphins*. . . . br. 4.
*Cydonia. Tête de femme à dr. ΝΕΥΑΝΤΟΣ ΕΠ en caractères très-fugitifs. Contremarque. ℞. Homme tendant un arc. ΚΥΔΩΝ (*sic*). . . . ar. 6.
Tête de femme. ℞. Homme tendant un arc. Chien. Lég.—*Flambeau*. ar. 6.
Tête de Bacchus. Couronne de lierre. ℞. Louve allaitant Miletus. . ar. 6.
Tête de Jupiter. ℞. Aigle. ΚΥΔ. Α. — Tête de Bacchus. Croissant. ΚΥΔΩ. — Tête barbue. ℞. Chien assis. Lég. . . . . br. 8-3-1.
Impér. Tête d'Auguste. ΚΑΙCΑΡ. ℞. Louve allaitant Miletus. Lég. . . br. 4.
Eleutheranae. *Aut.* Tête imberbe. ℞. Apollon debout, de face, tenant un arc. Travail barbare. ΕΛΕΥΘ. Lettres fugitives. . . . . . . ar. 7.
Tête d'Apollon. ℞. Apollon, assis sur la cortine, tient une pomme. Lég. br. 4.
*Elyrus. *Aut.* Tête de chèvre à g.; derrière, un poisson. ℞. Carré creux profond. *Inéd.* . . . . or. 1.
Tête de chèvre, *fer de lance*. ΕΛΥΡΙΩΝ. ℞. Abeille. . . . . ar. 4.
Gortyna. *Aut.* Tête de Jupiter. ℞. Guerrier nu, casqué, de face, tenant la lance et le bouclier. *Couronne*. ΓΟΡΤΙΝΙΩΝ. . . . . ar. 4.
Europe assise sur le tronc du platane. ℞. Taureau regardant à g. 3 méd. Autre avec ΓΟΡΤΥΝΣΟΝ (*sic*). Retrogr. . . . . . . ar. 7-6.
Autre. L'aigle sur les genoux d'Europe. . . . . ar. 6.
Europe sur le platane, l'aigle sur une branche. ℞. Europe sur le taureau. ΓΟΡΤΙΝΙΩΝ dans une couronne. . . . . br. 4.
Tête de femme. ℞. Taureau cornupète. ΓΟΡ. . . . . br. 2.
Imper. Tête de Caligula. ℞. Tête de Germanicus. Lég. . . . . . br. 5.
Hierapytna. Tête tourellée. ℞. Aigle devant un palmier. ΙΕΡΑΠΥΤΝΑ ΜΕΝΕΣΘ. Monogr. . . . . ar. 6.

*Itanus. *Aut.* Triton tenant une espèce de harpon et un poisson. *Coquillage.* ℞. Deux dragons dressés sur leur queue et s'attaquant. Entre eux, ΙΤΑ. Carré pointillé. *Unique* et *inéd.* Pl. VII, n°. 3. . . . AR. 6.

Cette médaille rectifie l'attribution de celles que l'on avait mises jusqu'à présent à Corcyre, et qui étaient semblables, mais sans inscription.

Tête de Pallas. ℞. Aigle. Triton tenant un trident. Carré creux. 2 méd. AR. 4-3.
Lampa *ou* Lappa. *Aut.* Tête d'Apollon. ℞. Lyre. ΛΑΠ... . . . . . . BR. 5.
Lyttus. *Aut.* Aigle volant. ℞. Tête de sanglier dans un carré. ΛΥΤΤΣΩΝ. (*sic*). Six variétés. . . . . AR. 1-6.
Tête de Jupiter. ℞. Aigle. ΛΥΤΤΙΩΝ. . . . . BR. 4.
*Mycenae *ou* Myrina. *Aut.* Tête de bœuf. ℞. Tête de bœuf dans un creux. MY. *Inéd.* Pl. VII, n°. 4. . . . . AR. 4.

Acquise en Crète par M. Allier de Hauteroche.

Phaestus. *Aut.* Hercule debout. Arbre, serpent. ℞. Bœuf à tête humaine. dans une couronne de laurier, ancien style. . . . . AR. 5.
Hercule debout, portant l'arc, la peau de lion, la massue. Olivier. ℞. Bœuf dans une couronne de laurier. Hercule combattant l'Hydre. Lég. ℞. Bœuf. — Autre. ℞. Bœuf cornupète. ΦΑΙΣΤΙΩΝ. AR. 3.
Hercule assis, ses armes en trophée. Derrière lui, un grand canthare. Lég. ℞. Bœuf. ΦΑΙΣΤΙ. Rétrogr. . . . . AR. 7.
* *Icare* prêt à prendre son vol. ΤΑΛΩΝ. ℞. Bœuf cornupète. Pl. VII, n°. 5. AR. 7.
Autre. ℞. ΦΑΙΣΤΙΩΝ. . . . . AR. 7.
Tête juvénile. ℞. Tête de bœuf dans une couronne. ΦΑΙ. . . . . AR. 3.
*Bœuf cornupète. Ι. ℞. Φ entre quatre grappes de raisin, dans un carré creux. Pl. VII, n°. 6. — Autre. Φ entre quatre points. . . AR. 2.
Icare prenant son vol. ℞. Loup marchant ΦΑΙΣ. . . . . BR. 4.
Phalasarna. *Aut.* Tête de Diane. ℞. Trident. ΦΑ. 2 méd. . . . . AR. 5-6.
Polyrhenium. *Aut.* T. de Jupiter. ℞. T. de bœuf de face. *Caducée.* Lég. AR. 5.
Buste de Diane de face. ℞. Apollon tenant flèche et arc. Lég. . . AR. 3.
Tête de bœuf. Lég. ℞. Fer de lance. Lég. . . . . AR. 5.
Tête de bœuf. ℞. Fer de lance. Lég. . . . . BR. 4.
*Tête de bœuf sur un bouclier rond. ℞. Fer de lance. Lég. . . . BR. 5.

*Praesus. *Aut.* Tête de Cérès. ℞. Tête de bœuf de face. *fleur. Inéd.* Pl. vii, n°. 7. AR. 4.

Tête de Cérès. *Dauphin.* ℞. Tête de bœuf de face. Lettres fugitives. AR. 4.

* Jupiter aëtophore assis. ℞. Figure nue debout, un bras élevé. ΠΡΑΙΣΙΩΝ. *Inéd.* Pl. vii, n°. 8. . . . . AR. 5.

Priansus. Tête de bœuf. ℞. Polype dans un carré creux. . . . . . AR. 1.

Femme assise sous un palmier, un serpent devant elle. ℞. Neptune enveloppé du pallium, et tenant un trident. ΠΡΙΑΝΣΙΕΩΝ. — Autre Neptune tient un dauphin. . . . . AR. 6.

Tête de femme. ℞. Palmier, dauphin, gouvernail. Lég. . . . . . AR. 4.

Rhaucus. Tête de Jupiter. ℞. Trident entre deux dauphins. ΡΑΥΚΙΟΝ. AR. 4.

Autre. BR. 4.

Sybritia. Tête de Mercure. ℞. Dauphin, ΣΥΒΡΙΤΙΩΝ. . . . . BR. 2.

*Talassa. *Imper.* Domitien. ℞. Homme barbu assis, tenant des épis. ΕΠΙ ΝΕΟΚΥΔΟΥ ΘΑ. . . . . BR. 8.

Autre. ℞. Temple hexastyle. Lég. . . . . BR. 6.

EUBÉE.

Tête de femme. ℞. Tête de bœuf. ΕΥ. 2 méd. — 2 autres, la tête de bœuf ornée de bandelettes. . . . . AR. 3-4-5.

Tête de femme voilée. ℞. Bœuf cornupète. Arbre. ΕΥΒΟΙΕΩΝ. 2 méd. BR. 3.

Tête de femme de face. ℞. Proue. Lég. . . . . BR. 2.

Bœuf. ℞. Grappe de raisin. ΕΥΒΟ. . . . . BR. 3.

Carystus. *Aut.* Tête d'Hercule. ℞. Tête de bœuf. ΚΑ. . . . . . . BR. 4.

Imper. Tête de Trajan. ℞. Tête de Neptune. ΚΑΡΥϹΤΙωΝ. . . . . BR. 6.

* Cerinthus. Tête de face du soleil, radiée. ℞. Monog. de ΚΗ. (*Millingen, Rec. de méd.*, p. 57). Pl. vii, n°. 9. . . . . BR. 2.

Chalcis. *Aut.* Tête de femme. ℞. Aigle dévorant un serpent. ΧΑΛ. Sept médailles. Symboles : *Trophée, caducée, flambeau, feuille de lierre, foudre.* . . . . AR. 4.

* Autre. ℞. Aigle enlevant un lièvre. ΧΑ. Feuille ou grains d'orge. *Inéd.* Pl. vii, n°. 10. . . . . AR. 2.

* Tête de femme de face. ΧΑΛ. ℞. Aigle dévorant un serpent. ΦΙΛΙΣΘΑΝ. *Boustr. Inéd.* 2 méd. . . . . BR. 4.

* Aigle dévorant un serpent, sur un bouclier rond. ℞. Proue de navire. Monogr. de Chalcis. Pl. VII, n°. 11. . . . . BR. 3.

Tête de Neptune. ℞. Temple distyle; au milieu, simulacre cônique; sur la base, ΧΑΛΚΙΔΕΩΝ. . . . . BR. 4.

T. de femme. ℞. Aigle, etc. Lég. 2 méd.—T. de face. ℞. *Id.* 2 méd. BR. 3-2.

Imper. Néron. ℞. Tête tourellée de femme. ΣΤΡΑ. ΤΙ. ΚΛΑΥ. ΕΥΘΥΧΑΙ. ΧΑΛ. BR. 4.

Le titre de stratége est rare sur les médailles de la Grèce européenne.

Lucius Verus. ℞. *Idem.* Lég. . . . . BR. 4.

ERETRIA. Grain de blé. E. ℞. Carré creux. 3 méd. . . . . AR. 1.

Demi-grain de blé. ℞. Épi. . . . . AR. 1.

* Tête de femme. ℞. Deux grappes de raisin; pendantes à un cep. Pl. VII, n°. 12. . . . . AR. 4.

* HISTIAEA. *Aut.* Tête de bacchante. ℞. Bœuf, cep de vigne. ΙΣΤΙ. Monog. Pl. VII, n°. 13. . . . . AR. 4.

Tête de bacchante. ℞. Femme assise sur une proue de vaisseau dont la voile est enflée. ΙΣΤΙΑΙΕΩΝ. Trident. 5 méd.

Tête de bacchante. ℞. Partie antér. de bœuf. Epi. ΙΣΤΙ. Retrogr. . . BR. 1.

Autre. ℞. Tête de bœuf, épi, trident. — Autre, bœuf, foudre. — Trépied. — Bœuf couché. ℞. Deux grappes de raisin. Lég. . . BR. 3.

Tête de bacchante. ℞. Grappe de raisin. ΙΣΤΙΑΙΕΩΝ. *Inéd.* . . . . BR. 3.

ILES DE LA MER AEGÉE.

* AEGIALOS, ville de l'île d'Amorgos. *Aut.* Tête de Pallas. ℞. Chouette. ΑΙΓΙ. (Trouvée à Amorgos.). . . . . BR. 3.

* ANAPHE. *Aut.* Tête de face d'Apollon. ℞. Vase. ΑΝ. — Autre *idem.* Abeille. ΑΝΑ. Pl. VII, n°. 14. . . . . BR. 3.

ANDROS. *Aut.* Tête de Bacchus. ℞. Thyrse ornée de bandelettes. Grappe de raisin. ΑΝΔΡΙ. 2 méd. . . . . BR. 4.

Tête de Neptune. ℞. Trépied. ΑΝΔΡ. — Autre. ℞. Vase. ΑΝ. . . . BR. 1.

* CEOS *ou* CEA. *Aut.* Tête radiée et barbue d'Aristée, selon M. de Hauteroche. ℞. La constellation du taureau au milieu d'un cercle de rayons. ΚΕΙ. *Inéd.* Pl. VII, n°. 15. . . . . BR. 4.

Tête laurée et barbue. ℞. Partie antérieure d'un chien entouré de rayons. ΚΕ. 4 méd. . . . . BR. 4.

Autre. ℞. ΚΕ dans les rayons d'un astre. . . . . BR. 2.

* Tête de Bacchus, barbue. ℞. Diota. Thyrse, feuille de lierre. ΚΕ. ΤΡ. BR. 1.

Autre. ℞. ΚΕ ΤΡΙ. Pl. VII, n°. 16. . . . . BR. 1.

Ces médailles sont de Céos, selon M. Allier de Hauteroche, et il interprète ainsi la légende : ΚΕως ΤΡίπορις, Ceos aux trois ports.

Autre. ℞. *Idem.* ΚΕ ΤΡΙΠΟΡΙΟΣ. 2 méd. . . . . BR. 3.

CARTHEA. *Aut.* Vase à large panse. ℞. Carré creux. Globuleuse. . . AR. 4.

La médaille semblable, mise par Mionnet à Chalcédoine, porte ΚΑΡ, selon M. Brondstedt.

Tête laurée, barbue. ℞. ΚΑΡΘΑΙ. dans les rayons d'un astre. . . . BR. 2.

Tête *idem.* ℞. Grappe de raisin. ΚΑΡ. . . . . BR. 1.

Tête jeune laurée. ℞. Partie antérieure de chien entourée de rayons. ΚΑΡΘΑΙΕ. Τ. — Autre. ℞. *Id.* Abeille. ΣΜ. . . . . BR. 4.

CORESSIA. *Aut.* Tête laurée d'Apollon. ℞. Abeille. . . . . AR. 4.

* Tête d'Apollon. ℞. Grappe de raisin. *Abeille.* ΚΟΡΗ. Pl. VII, n°. 17. BR. 4.

Tête barbue. ℞. ΚΟΡΗ entre les rayons d'un astre. . . . . BR. 2.

CYTHNUS. *Aut.* Tête d'Apollon. ℞. Lyre ΚΥΘΝ. . . . . BR. 4.

DELOS. *Aut.* Tête d'Apollon. ℞. Lyre. ΔΗ. 4 méd. . . . . BR. 2-3.

* Tête d'Apollon. ℞. Lyre. *Cygne.* ΔΗ. *Inéd.* Pl. VII, n°. 18. . . BR. 2.

IOS. *Aut.* Tête de Neptune. ℞. Trident. ΙΗ. . . . . BR. 3.

Tête d'Homère à g. ΟΜΗΡΟϹ. ℞. Palmier. ΙΗΤ. . . . . BR. 3.

* Autre semblable. ℞. *Id.* ΙΗΤΩ. *Inéd.* . . . . BR. 1.

* *Imper.* Tête de Faustine jeune. ℞. Palmier. ΙΗΤΑΝ. Pl. VII, n°. 19.

IULIS. *Ceæ insulæ. Aut.* Tête de femme (de Ctésylla, selon M. de Hauteroche). ℞. Grappe de raisin. ΙΟΥΛΙ. . . . . BR. 3.

Autres. ℞. Abeille dans une couronne de laurier. Lég. 3 méd. . . BR. 2.

Tête de Neptune. ℞. Abeille. ΙΟΥΛΙΕ. — Autre diff. . . . . . . BR. 3.

Tête de Bacchus indien. ℞. Grappe de raisin. ΙΟΥ. . . . . BR. 1.

MELOS *Aut.* Tête de Pallas. ΜΑ (*Dorice*). ℞. Grenade. . . . . . . BR. 5.

Autre. Μ. . . . . BR. 3.

* Grenade. ℟. Corne d'abondance, bonnets des Dioscures dans une couronne de laurier. Pl. VII, n°. 20. . . . . BR. 5.

Tête de Pallas. ΔΡΑΧΜΗ. ℟, ΜΗΛΙΩΝ dans une couronne de laurier. . . BR. 7.

Tête de Pallas. ΜΗΛΙΩΝ. ℟. ΕΠΙ ΤΙ ΠΑΝΚΛΕΟΣ. ΤΟ. Γ. en 4 lignes. . . . BR. 4.

MYCONOS. *Aut.* Tête de Bacchus de face. ℟. Grappe de raisin, grain d'orge. ΜΥΚ. . . . . BR. 4.

* NAXOS. *Aut.* Tête jeune. ℟. Trois feuilles de lierre en triangle. ΝΑΞ. *Inéd.* Pl. VII, n°. 21. . . . . AR. 1.

Tête de Bacchus indien. ℟. Diota. *Grappe de raisin.* ΝΑΞΙ. . . . BR. 3.

Autre. ℟. Diota. ΝΑ. . . . . BR. 2.

Tête de Bacchus. ℟. Diota dans un temple distyle. ΝΑΞΙ. . . . . . BR. 4.

Impér. Julia Domna. ℟. Les trois grâces. ΝΑΞΙΩΝ. . . . . BR. 4.

PAROS. *Aut.* Bouc marchant. ℟. Carré creux. . . . . AR. 3.

Deux têtes de bouc se heurtant. ΜΕ. ℟. Panthère se retournant. ΠΑ. . AR. 2.

Tête de femme. ℟. Bouc. ΠΑΡΙ. — Autre *idem.* . . . . BR. 4.

SERIPHUS. *Aut.* Tête de Persée. ℟. Harpè. Lettres fugitives. ΣΕ. . . BR. 1.

* Autre. ΣΕΡΕΙΦΙΩΝ. *Inéd.* Pl. VII, n°. 22. . . . . BR. 3.

SIPHNOS. *Aut.* Tête de femme à dr. Ancien style. ℟. Oiseau volant à dr. ΖΙΦ. Rétrogr. dans un carré creux. . . . . AR. 6.

* Tête de femme. ℟. Oiseau devant un serpent. ΣΙΦ. *Inéd.* Pl. VII, n°. 23. BR. 2.

* *Imper.* Tête radiée de Gordien. ΚΑΙ. Μ. ΑΝΤ. ΓΟΡΔΙΑ. ℟. Apollon vêtu d'une longue robe, tenant la lyre. ΣΙΦΝΙΩΝ. Pl. VII, n°. 24. . . BR. 5.

SYROS. *Aut* Tête cornue de Pan. ℟. Chèvre. *Epis.* ΣΥΡ. 2 méd. . . . BR. 2.

Autre. ΣΥΡΙ. Contremarque. . . . . BR. 4.

* *Imper.* Domitien. ℟. Buste d'Isis coiffé du lotus. ΕΙΣΙΣ ΣΥΡΙΩΝ. *Inéd.* BR. 4.

* Trajan. ℟. Deux têtes en regard, un palmier entre elles. Travail barbare. (*Voy.* Sestini. *Classes générales*). *Inéd.* . . . . BR. 5.

* Hadrien. ℟. Isis. ΕΙΣΙΣ ΣΥΡΙΩΝ. Rétrogr. *Inéd.* . . . . BR. 3.

TENOS. *Aut.* Tête de Neptune. ℟. Trident. *Fleur de lotus.* ΤΗΝΙ. . . BR. 4

Tête jeune. ℟. Dauphin. ΤΗΝΙ. . . . . BR. 1.

Tête virile avec corne de bélier. ℟. Grappe de raisin. ΤΗΝΙ. 2 méd. . BR. 4.

Même tête ℟. Neptune. ΤΗΝΙΩ. — Autre. Rétrogr. . . . . . . BR. 5.

ASIE.

BOSPHORE CIMMÉRIEN.

GORGIPPIA. *Aut.* Tête d'Apollon. ℟. Partie antérieure de bœuf. Contremarque. ΓΟΡΓΙ. . . . . AR. 3.

PHANAGORIA. Tête d'Apollon. ℟. Proue de navire. ΦΑΝΑΓΟΡΙΤΩΝ. . . . AR. 4.

Autre. ℟. Trépied. Lég. Monogr. — Tête de Diane. ℟. Cerf couché. Légende. ΦΑΝΑΓΟΡΙΤ.. . . . . BR. 5.

COLCHIDE.

DIOSCURIAS. *Aut.* Colonne surmontée d'un globe. ℟. Bonnets des Dioscures. BR. 3.

PONT.

AMASIA. *Imper.* Septime Sévère. ℟. La Fortune. ΑΔΡ. ΣΕΥ. ΑΝΤ. ΑΜΑCΙΑC. ΜΗ. ΝΕ. ΠΟ. ΕΤ. CΘ. (An 209.) 2 méd. . . . . BR. 8.

Julia Domna. ℟. Bucher. Arbre. Lég. ΕΤ. CΗ. (An 208.). . . . . BR. 8.

Caracalla. ℟. Victoire. Lég. ΕΤ. CΗ. (An 208.). . . . . BR. 8.

Id. ℟. Aigle sur un bûcher. Même lég. . . . . BR. 8.

Id. ℟. Bûcher, arbre. Lég. ΕΤ. CΘ. (An 209.). . . . . BR. 8.

* AMERIA? *Aut.* Tête de Jupiter. ℟. Aigle sur un foudre. ΑΜΕ. Monogr. 1379, de Mionnet. Dans le champ, Ρ. Ι. Médaille unique. (Attribution de M. de Hauteroche.). . . . . BR. 5.

AMISUS. *Aut.* Tête de femme couronnée. ℟. Chouette de face. ΧΑΡΙ ΠΕΙΡΑ. Trois autres ΑΡΙΣ. — ΑΗΜ. . . . . AR. 5.

Autre. ΔΗΜΗΤΡΙΟΥ. — Autre. ΟΝ. ΖΙΚΟΥ. . . . . AR. 2.

Tête de Pallas. ℟. Persée tenant la harpè et la tête de Méduse, dont le corps est à ses pieds. Monogr. ΑΜΙΣΟΥ. . . . . BR. 7.

Tête de Jupiter. ℟. Aigle sur le foudre. Lég. Monogr. . . . . BR. 8.

Tête de Persée. ℟. Pégase. Lég. Monogr. . . . . BR. 6.

Tête jeune, coiffée d'un bonnet persan. ℟. Carquois. Lég. . . . . BR. 7.

* Tête casquée de Mars. ℞. Parazonium, astre, croissant ΑΜΙΣΟΥ. ΙΒ. Monogr. Pl. VIII, n°. 2. — Deux autres. . . . . BR. 5.

C'est un parazonium, et non un carquois, que l'on doit voir sur les autres médailles du Pont, Amasia, Amastris, Chabacta, etc.

Tête de Bacchus. ℞. Ciste, Thyrse. Lég. Monogr. . . . . . . BR. 5.

Autre. ℞. Thyrse. Lég. — Tête jeune. ℞. Corne d'abondance, bonnets des Dioscures. . . . . BR. 4.

Imper. Hadrien. ℞. Pallas nicéphore. ΑΜΙΣΩΥ ΕΛΕΥΘΕΡΑΣ ΕΤΟΥΣ ΡΞΓ. (163). — Autre. Capricorne. Corne d'abondance. ΡΞΔ. (164.) . . . AR. 4.

* Autre. ℞. Les Dioscures. Lég. ΡΞΗ. (168.) *Inéd.* Pl. VIII, n°. 3. . . AR. 6.

Sabine. ℞. Mercure. Lég. ΡΞΓ. (163.) — Autre. Junon. ΡΞΗ. (168.) . AR. 4.

CHABACTA. Tête casquée. ℞. Parazonium. Étoile dans un croissant. ΧΑΒΑΚ... Monogr. . . . . BR. 5.

* COMANA. *Colonie.* Tête d'Antonin. ℞. Femme tutulée et voilée debout de face. COMAMA (*sic*). COL AVG. Pl. VIII, n°. 4.

NEOCAESAREA. *Imper.* Julia Domna. ℞. Temple tétrastyle, autel allumé. ΚΟΙΝ ΠΟ ΝΕΟΚΑΙΣ. ΜΗΤΡΟ. ΕΤ ΡΜΒ. (142.) . . . . BR. 8.

Tête radiée de Caracalla. ℞. Temple tétrastyle : dans les intervalles des 4 colonnes, une statue sur un autel, et deux colonnes surmontées de figures. Lég. . . . . BR. 8.

* PHARNACIA. *Aut.* Tête de Jupiter. ℞. Aigle sur le foudre. Monogr. ΦΑΡΝΑΚΕΩ... *Inéd.* Pl. VIII, n°. 5. . . . . BR. 4.

* ZELA. *Imper.* Tête de Caracalla jeune. ℞. Temple tétrastyle, au milieu une grille ou filet. ΖΗΛΙΤΩΝ ΤΟΥ ΠΟΝΤ. ΕΤ. ΡΜΓ. (143.) *Date inédite.* Pl. VIII, n°. 6. . . . . BR. 8.

ROIS DE PONT.

* MITHRIDATES VI. *Eupator.* Tête diadêmée de Mithridate à dr. ℞. Cerf paissant. *Étoile dans un croissant.* ΒΑΣΙΛΕΩΣ ΜΙΘΡΑΔΑΤΟΥ ΕΥΠΑΤΟΡΟΣ. Monogr. de X. A. CHABACTA. ΘΣ. (209.) Le tout dans une couronne de lierre. Pl. VIII, n°. 7. (Elle pèse 155 grains.). . . . . . OR. 5.

Les médailles d'or de Mithridate étaient inconnues avec date.

Autre. Pesant 157 grains. . . . . OR. 4 ½.

Tête diadêmée de Mithridate à dr. ℞. *Idem*. ΖΣ. (207.) Monogr. de ΑΜΙ. Amisus. Pl. IX, n°. 1. . . . . AR. 8.

Autre. Monogr. de ΠΑΡ. Parium. ΕΚΣ. (227.). . . . . AR. 8.

Autre. ℞. La Victoire. CMΥΡΝ.... Lettres fugitives. Frappée à Smyrne d'Ionie. . . . . BR. 6.

99. * POLEMON Ier. Tête de Polémon. ℞. Astre à 8 rayons. ΒΑΣΙΛΕΩΣ ΠΟΛΕΜΩΝΟΣ ΕΥΣΕΒΟΥΣ. Le titre d'Eusèbe et le type de l'astre sont nouveaux. Méd. unique. Pl. VIII, n°. 8. . . . . AR. 4. 300.

M. Allier de Hauteroche a donné, sur cette médaille, un Mémoire inséré dans le Recueil de l'Académie de Cambrai, et publié à part en 1826. In-8°, 26 pages, une planche grav. Chez Debure; prix, 2 fr.

100. * POLEMON II. Tête du Roi. ΒΑCΙΛΕωC ΠΟΛΕΜΟΝΟC. ℞. Tête de Caligula. ΕΤΟΥC. Γ. (3.) Année inédite. Pl. VIII, n°. 9. . . . . AR. 4. 200.

101. ΒΑΣΙΛΕΩΣ ΠΟΛΕΜΩΝΟC. Au milieu d'un diadême en couronne. ℞. Tête de Claude. . . . . AR. 4. 200.

* Autre. Lég. au milieu d'une couronne de laur. ℞. Tête de Claude. ΕΤΟΥC ΙϚ. (An 16.) Pl. VIII, n°. 10. . . . . AR. 4.

Tête de Polémon. Lég. ℞. Tête de Néron. ΙΗ. (18.). . . . . . AR. 4.

Autre. L'année est effacée. . . . . AR. 4.

* Deux autres. ΕΤΟΥC ΙΘ. (An 19.) Pl. VIII, n°. 11. . . . . AR. 4.

ROIS DU BOSPHORE.

Rois inconnus.

* Tête nue, imberbe, à dr. Monog. de ΜΑ dessous Θ ϘΣ. (299). Un point ou globule. ℞. Tête nue d'Auguste. Méd. unique. Pl. VIII, n°. 12. OR. 4.

* Autre. ΔΤ. (304). (Mionnet, tom. II, p. 366. Pl. VIII, n°. 13). . . OR. 4.

* Autre. Τ. Κ. ΝΕ en Monogr. ΕΤ. (An 305). Pl. VIII, n°. 14. . . . . . OR. 4.

* Autre monogr. de ΠΑΡ, dessous ΖΤ. (An 307.) *Inéd.* . . . . . . OR. 4.

* RHESCUPORIS I. Tête de Tibère. ℞. Tête de Drusus. Monog. de ΒΑ, Ρ: au-dessus Ω. Date ΑΚΤ. (321). Pl. VIII, n°. 19. . . . . OR. 4.

* Tête de Tibère. ℞. Tête de Néron, fils de Germanicus. Monogr. ΕΚΤ. (325.) Pl. VIII, n°. 20. . . . . OR. 4.

* Tête de Tibère. ℟. Tête de Caligula. ΑΑΤ. (331.) Pl. VIII, n°. 21. OR. 4.

* *Idem.* ΒΑΤ. (332.) Pl. VIII, n°. 22. . . . . OR. 4.

* *Idem.* ΔΑΤ. (334.) Pl. VIII, n°. 23. . . . . OR. 4.

* Tête diadêmée de Rhescuporis. *Massue, trident.* ΤΙΒΕΡΙΟϹ ΙΟΥΛΙΟϹ ΒΑϹΙΛΕΥϹ ΡΗϹΚΟΥΠΟΡΙϹ. ℟. ΜΗ dans une cour. de laur. Pl. VIII, n°. 18. BR. 6.

* Couronne de laurier sur une chaise curule ; d'un côté, lance et bouclier; de l'autre, sceptre surmonté d'une tête; dessous, hache. ΡΗϹΚΟΥΠΟΡΙΔΟϹ ΤΙΒΕΡΙΟΥ ΙΟΥΛΙΟΥ. ℟. Victoire portant palme et couronne. Μ. Η. Pl. VIII, n°. 16. . . . . BR. 7.

* Rhescuporis debout, le pied gauche sur un captif, autre captif à ses pieds, trophée. Lég. ℟. Semblable. Pl. VIII, n°. 17. . . . . . BR. 7.

* Même sujet. ℟. Μ Η dans une couronne. . . . . BR. 7.

* Tête de Rhescuporis. Lég. ℟. Victoire portant palme et couronne. Μ Η. Travail barbare. *Inéd.* . . . . BR. 6.

* Tête diadêmée de Rhescuporis. Monogr. ΙΒ. (12). ℟. T. de Tibère. ΤΙΒΕΡΙΟΥ. ΚΑΙϹΑΡΟΣ. Pl. VIII, n°. 24. . . . . BR. 5.

Même tête. ℟. ΚΑΙΣΑΡΟΣ ΓΕΡΜΑΝΙΚΟΥ. . . . . BR. 5.

MITHRIDATES. Tête diadêmée à dr. ΒΑϹΙΛΕωϹ ΜΙΘΡΑΔΑΤΟΥ. ℟. Massue couverte de la dépouille du lion, carquois, trident. ΙΒ. (12). . . . BR. 6.

* GÉPAIPYRIS. *Femme de Mithridate.* Tête diadêmée de Gépaipyris. ΒΑϹΙΛΙϹϹΗϹ ΓΗΠΑΙΠΥΡΕΩϹ. ℟. Tête tutulée et voilée de femme à dr. ΙΒ. (12). 2 méd. . . . . BR. 6.

Cette reine avait été désignée sous le nom de *Pépaipyris*, lorsqu'en 1820 et 1821, M. Allier de Hauteroche écrivit aux savans Koëler et Sestini, pour leur envoyer la véritable leçon *Gépaipyris*, d'après sa médaille.

* COTYS I. Tête de Claude. ℟. Tête de Britannicus. Monogr. de ΒΑ ΚΩ (Βασιλεὺς Κότυς.). ΒΜΤ. (342). Pl. IX, n°. 2. . . . . OR. 5.

* Tête de Claude. ℟. Tête de Néron. ΘΜΤ. (349). Pl. IX, n°. 3. . . . OR. 4.

* Autre. ΔΝΤ. (354). Pl. IX, n°. 4. — Autre. ΖΝΤ. (357). Pl. IX, n°. 5. OR. 4.

Chaise curule, couronne, sceptre. ℟. Trophée composé de haste, bouclier, tête de cheval, casque, parazonium. ΚΛ. ΛΕΠΟΥΡΓΟΥ. . . BR. 5.

* Tête de Claude, lég. ℟. Tête d'Agrippine, lég. Le monogr. 2 méd. Pl. IX, n°. 6. . . . . BR. 6.

* Tête de Néron, lég. ℞. Tête de Poppée. Monogr. ΠΟΠΠΑΙΑC CΕΒΑCΤΗC. ΙΒ. *Inéd.* Pl. IX, n°. 7. . . . . BR. 5.

Sauromates II. Tête du roi. ΒΑCΙΛΕωC CΑΥΡΟΜΑΤΟΥ. ℞. Tête de Trajan. ϚΥ. (406). Pl. IX, n°. 8. *Id.* ΑΙΥ. (411). *Id.* ℞. Hadrien. ΖΙΥ. (417). Pl. IX, n°. 9. *Id.* ΗΙΥ. (418). . . . . OR. 4.

Même tête et lég. ℞. Victoire M. H. . . . . BR. 7.

Rhoemetalces. Tête du roi. ΒΑCΙΛΕωC ΡΟΙΜΗΤΑΛΚΟΥ. ℞. Tête d'Hadrien. ΓΛΥ. (433). Pl. IX, n°. 10. *Id.* Trident. ℞. *Id.* ΜΥ. (440). Pl. IX, n°. 11. — Autre. ℞. Antonin. ϚΜΥ. (446). Pl. IX, n°. 12. — Autre. ΔΝΥ. (454). — Autre. ΕΝΥ. (455). . . . . OR. 4.

Eupator. Tête du roi. ℞. Antonin. ΔΝΥ. (454). Pl. IX, n°. 13. — Autre. ΕΝΥ (455). — Autre. Sceptre. ΗΝΥ (458). Pl. IX, n° 14. — Autre. ℞. Marc-Aurèle et Verus. ΘΝΥ. (459). — Autre. ΞΥ. (460). Pl. IX, n°. 15. — Autre. ΑΞΥ. (461). Pl. IX, n°. 16. — Autre. Marc-Aurèle. ΔΞΥ. (464). Pl. IX, n°. 17. . . . . OR. 4.

ΒΑ. ΕΥ. entre deux barres. ΝΟ. ΚΑ. dans une couronne de laurier. Temple à 5 colonnes, sur 5 degrés. ΚΑΠΕ. . . . . BR. 6.

Sauromates III. Tête du roi. Lég. ℞. Commode. *Fer de lance.* ΕΟΥ. (475). Pl. IX, n°. 18. — Autre. Feuille de lierre. ΠΥ. (480) Pl. IX, n°. 19. — Autre. ΓΠΥ. (483). — Autre. ΕΠΥ. (485). Pl. IX, n°. 20. — Autre. ϚΠΥ. (486). Pl. IX, n°. 21. — Autre. ΖΠΥ. (487). — Autre. ℞. Septime-Sévère. ΒϘΥ. (492). — Autre. ΔϘΥ. (494.) — Septime-Sévère et Caracalla. ΕϘΥ (495). Pl. X, n°. 1. — Autre. Croissant. ΕϘΥ. (495). Pl. X, n°. 2. — Autre. Septime-Sévère. *Globule.* ΕϘΥ. (495). . . . . OR. 4.

Autre. *Trident.* ΗϘΥ. (498). Pl. X, n°. 3. — Autre. Septime-Sévère et Caracalla. Sceptre. ΑΦ. (501). . . . . EL. 4.

Tête de Sauromate. Lég. ℞. Femme assise tenant la haste et un globe. Petite tête de Septime-Sévère. Astre, espèce d'enseigne. B. M... BR. 6.

Autre. Tête de Septime-Sévère en contremarque. B. *Id.* . . . . . BR. 6.

Autre. ℞. Le roi à cheval. *Astre.* B. . . . . BR. 7.

Autre. ℞. Aigle portant une couronne. PMA. (144). . . . . BR. 6.

Rhescuporis III. Tête du roi. Lég. ℞. Caracalla. *Astre.* ΗΦ. (508). . OR. 4.

Autre semblable. — Autre ΒΙΦ. (512.) — Autre semblable. *Massue.* . OR. 4.

Autre. ℞. Élagabale. ΓΙΦ. (513.) Pl. x, n°. 4. — Autre. *Trident.* ΕΙΦ. (515.) Pl. x, n°. 5. — Autre. semblable. *Glaive.* ℞. T. de Sévère Alexandre ϚΙΦ. (516.) Pl. x, n°. 6. — Autre, ΖΙΦ. (517.). . . . EL. 4.

Tête du roi. Lég. ℞. Le roi à cheval. Astre. . . . . BR. 6.

Sauromates iv. Tête du roi. Lég. ℞. Tête de Sévère Alexandre. ϚΚΦ. (526.) Pl. x, n°. 7. . . . . AR. 4.

Cotys iv. Tête du roi. ΒΑΣΙΛΕωϹΚΟΤΥΟϹ. ℞. Tête de Sévère Alexandre. Globule. ϚΚΦ. (526.) Pl. x, n°. 8. — Autre. ΘΚΦ. (529). . . . . EL. 4.

Ininthimeus. Tête du roi. ΒΑϹΙΛΕωϹ ΙΝΙΝΘΙΜΗΥΟΥ. ℞. Tête de Sévère Alexandre. *Massue.* ΕΛΦ. (535.) Pl. x, n°. 9. . . . . AR. 4.

Rhescuporis iv. Tête du roi. *Trident.* Lég. ℞. Tête de Gallien. ΑΞΦ. (561.) POT 4.

Thothorses. Tête du roi. ΒΑϹΙΛΕωΝ ΘΟΘωΡϹΟΥ. ℞. Tête de Dioclétien. *Symbole.* ϚΠΦ. (586.). Pl. x, n°. 10. . . . . BR. 4.

Rhescuporis v. Tête de Rhescuporis. ℞. Tête de Constantin. ΑΥ. ΙΧ. (610.) Pl. x, n°. 11. . . . . BR. 4.

Observations. Il existe une médaille de Sauromate III avec l'année 480, et la tête de Commode, qui a été reconnue fausse.

Nous avons placé la reine *Gépaipyris* après Mithridate, selon une opinion nouvelle qu'avait adoptée *M. de Hauteroche.* M. le colonel Stempkowski possède deux médailles où l'on voit cette reine au revers de Mithridate. Quelques antiquaires contestent l'authenticité de ces médailles que d'autres croient antiques. Celle qui est conservée au musée de Vienne est mal conservée : la question est donc encore indécise. Nous nous en référerons au jugement de M. Mionnet qui doit éclaircir ce point, dans le 4e. vol. de son Supplément.

PAPHLAGONIE.

*Amastris. *Aut.* Tête du dieu Mithra. ℞. Femme assise, portant un sceptre et la victoire. ΑΜΑΣΤΡΙΕΩΝ. Fleur. Pl. x, n°. 12. . . . . AR. 5.

Tête d'Homère ΟΜΗΡΟϹ. ℞. Le fleuve Mélès. Lég. . . . . BR. 7.

Tête de Jupiter. ℞. Aigle sur un foudre. Lég. Monogr. . . . . BR. 4.

Tête de Mars. ℞. Parazonium. Lég. — Tête de Pallas. ℞. Persée. Lég. BR. 4-9.

Ægide et tête de Méduse. ℞. Victoire. Lég. . . . . BR. 4.

Imper. Antonin. ℞. Mercure. — Pallas. . . . . BR. 6.

*Faustine jeune. ℞. Cérès, le pied sur un épi, sous lequel est Neoptolème. Lég. Pl. x, n°. 13. . . . . BR. 6.

*Aulari. *Aut.* Tête casquée de Mars à dr. ℞. Parazonium avec ceinturon. ΑΥΛΑΡΩΝ. Monogr. de ΠΑΥ. 2 *médailles inéd.* Pl. x, n°. 14. . . BR. 4½.

CROMNA. *Aut.* Tête barbue, laurée avec des cheveux longs, à gauche. ℞. Tête tourellée de femme, à gauche. ΚΡΩΜΝΑ. Κ et un caractère inconnu. Autre *idem*, avec Ν. . . . . AR. 4.

GERMANICOPOLIS. *Imper.* Septime-Sévère. ℞. Victoire dans un quadrige. Lég. ET. CΔΙ. (An 214.). . . . . BR. 8.

* SESAMUS. *Aut.* T. d'Apollon. ℞. Diota et Grappe. ΣΕΣΑ. *Inéd.* Pl. X, n° 15. BR. 1.

* SINOPE. *Aut.* Tête tourellée à g. avec une contremarque très-profonde, dans laquelle est la tête radiée d'Apollon de face? ℞. Neptune assis tenant un poisson, Ν. Ce côté est surfrappé d'une petite tête de Jupiter. Pl. X, n°. 16. . . . . AR. 4.

Tête de la nymphe Sinope. ℞. Goëland sur un thon. ΣΙΝΩ. ΔΙΟΥ. Deux autres. ΘΕΟΤ.-ΑΤΡΕΩ. . . . . AR. 4.

Tête tourellée. ℞. Vaisseau. — Tête de Sinope. ℞. Aigle de face. . . AR. 2.

Tête de face. ℞. Aigle de face. Lég. . . . . AR. 1.

Tête de Jupiter. ℞. Aigle sur un foudre. Lég. 3 méd. . . . . . . BR. 4-7.

Tête d'Apollon. ℞. Trépied. Lég. . . . . BR. 4.

Tête jeune. ℞. Corne d'abondance, bonnets des Dioscures. . . . . BR. 3.

Tête d'Hercule jeune. ℞. Victoire. Lég. . . . . BR. 5.

Imper. Auguste. C. I. ES. XXXVI. ℞. Caius et Lucius, têtes accolées. EX. D. D. . . . . BR. 5.

* Marc-Aurèle. ℞. Bustes de Sérapis et d'Isis, C. I. F. SINOPE. ANN CCVII. *Inéd.* Pl. X, n°. 17. . . . . BR. 8.

Septime-Sévère. ℞. Hermès barbu sur une base. Lég. ANN. CCLII. *Inéd.* BR. 7.

BITHYNIE.

BITHYNIA. *Imper.* Domitien. ℞. Lance et bouclier. ΕΠΙ Μ ΜΑΙΚΙΟΥ. ΡΟΥΦΟΥ. ΑΝΘΥΠΑΤΟΥ. . . . . BR. 5.

* Tête d'Hadrien. Lég. ℞. L'Empereur tenant la haste et la victoire, dans un temple tétrastyle. COM. BIT. Sur le fronton, ROM. S. P. AVG. Pl. X, n°. 18. . . . . AR. 6 ½.

Autre. ℞. Temple octostyle. ΚΟΙΝΟΝ ΒΕΙΘΥΝΙΑϹ. . . . . BR. 9.

Autre. BR. 5. — Autre. Tête radiée. . . . . BR. 7.

* APAMEA. *Imper.* Julia Domna. ℞. Venus pudique. VENVS. C. I. C. A. AVG. D. D. Pl. X, n°. 19. . . . . BR. 6.

TRANQUILLINE. ℞. Barque avec des rameurs. C. I. C. A. APA. D. D. . . BR. 6.

* Gallien. ℞. AEnée emportant Anchise, et tenant son fils Ascagne. Lég. *Inéd.* . . . . . . BR. 7.

Valérien. ℞. Bacchus tenant le canthare. Panthère à ses pieds. . . BR. 6.

CAESAREA. *Aut.* Tête de femme voilée. ℞. Une épée. ΚΑΙΣΑΡΕΩΝ. Η. dans une couronne. *Inéd.* . . . . BR. 5.

* CHALCEDON. Tête voilée de Cérès. ℞. Trépied orné de bandelettes, dans un carré..... . . . . OR. 2.

Roue. ℞. Carré cr. — T. barbue. ℞. ΚΑΛΧ. dans les rayons d'une roue. AR. 3.

Bœuf ΚΑΛΧ. ℞. Carré creux. 2 méd. . . . . AR. 1-4.

Tête d'Apollon. ℞. Trépied. ΚΑΛΧΑΔΟΝΙΩΝ. . . . . BR. 4.

Imper. Caracalla. ℞. Galère avec des rameurs. Lég. . . . . BR. 5.

GORDIEN. ℞. Cybèle assise. Lég. — Autre. ℞. Apollon tenant la lyre. Lég. BR. 5-8.

CIUS. *Auton.* Tête d'Apollon. ΚΙ. ℞. Proue de navire. Épi. ΑΘΗΝΟΔΩΡΟΣ. — Sept autres avec des noms différens. ΜΙΛΗΤΩΣ. ΠΟΣΕΙΔΩΝΙΟΣ. ΠΟΣΙΣ. ΣΟΣΙΓΕΝΗΣ. ΠΕΙΣΑΝΔΡΟΣ. . . . . AR. 2.

Tête d'Hercule. ℞. Carquois, massue. ΚΙΑΝΩΝ. . . . . BR. 4.

Tête du Dieu Lunus. Bonnet phryg. cour. ℞. Diota, raisins, couronne d'épis. ΚΙΑ. BR. 3.

* *Imper.* Caracalla. ℞. L'Empereur portant lance et victoire, devant un autel. ΚΙΑΝΩΝ. *Inéd.* . . . . BR. 9.

Macrin. ℞. Hercule étouffant le lion de Némée. *Carquois.* Lég. . . BR. 8.

* Sévère Alexandre. ℞. Deux boucs devant un vase. Lég. *Inéd.* . . BR. 6.

Tranquilline. ℞. La fortune. Lég. Volusien. ℞. Hygiée. . . . . BR. 6-5.

Valérien. ℞. Pluton assis, Cerbère. Lég. *Inéd.* . . . . BR. 7.

* Gallien. ℞. Quadrige conduit par Apollon radié. Lég. *Inéd.*. . . BR. 6.

* FLAVIOPOLIS. *Imper.* T. de Julia Domna. ℞. ΚΡΗΤΙΕΩΝ. ΦΛΑΟΥΙΟΠΟΛΕΙΤΩΝ. *Inéd.* Pl. X, n°. 20. . . . . BR. 7.

* HADRIANI. *Imper.* Sabine CEBACTH. CABEINA. ℞. Diane portant deux flambeaux. ΑΔΡΙΑΝΕΩΝ. *Inéd.* Pl. XI, n°. 1. . . . . BR. 4.

Faustine jeune. ℞. Pallas debout. Lég. *Inéd.* . . . . BR. 4.

* Tranquilline. ℞. Pluton assis. Cerbère. ΕΠΙ ΚΙΩΝΙΟΥ. ΘΕΜΙCΩΝΟC. ΑΔΡΙΑΝΕΩΝ. BR. 9.

HADRIANOTHERAE. *Imper.* Hadrien. ℞. La Fortune assise. ΑΔΡΙΑΝΟΘΗΡΙΤΩΝ. BR. 4.

HERACLEA. *Aut.* Tête d'Hercule. ℞. ΗΡΑΚΛΕΙΑ dans une aire carrée. . . AR. 1.

Tête de femme. ΗΡΑΚ. Massue, arc, carquois. K. . . . . AR. 2.

Tête d'Hercule. ℞. Bacchus assis. Lég. — Autre. ℞. Tête de femme, dont la couronne tourellée est ornée de fleurs. Lég. . . . . . AR. 5.

Autre semblable. *T. de bœuf.* — Autre. ℞. Bœuf cornupète, croiss. AR. 4.

Tête d'Hercule. ℞. Arc, carquois, massue. Lég. (*Id.* BR. 3.). . . . AR. 3.

Autre semblable. — Autre plus petite. — Autre. ℞. Lion courant. . BR. 4-1.

Imper. Julia Domna. Neptune. ΗΡΑΚΛΗΑC ΕΝ ΠΟΝΤΩ. . . . . BR. 6.

Caracalla. AEsculape. Lég. ℞. — Géta *idem*. . . . . BR. 6.

*Macrin. ℞. Hercule domptant le taureau de Crète. Lég. *inédite*. Pl. XI, n°. 2. . . . . BR. 8.

Gordien. ℞ Bacchus. Lég. . . . . BR. 6.

ROIS D'HÉRACLÉE.

TIMOTHEUS et DIONYSIUS. Tête de Bacchus. ℞. Hercule érigeant un trophée. ΤΙΜΟΘΕΟΥ. ΔΙΟΝΥΣΙΟΥ. . . . . AR. 5.

DIONYSIUS. Même tête. ℞. *Idem.* ΔΙΟΝΥΣΙΟΥ. . . . . AR. 5.

---

*JULIOPOLIS. *Imper.* Tête de Commode. Α. Κ. Α. Α. ΑΥ. ΚΟ. ΗΡΑΚ. ΡΩ. ℞. Tête de femme voilée. ΙΟΥΛΙΟΠΟΛΙC. Pl. XI, n°. 3. . . . . BR. 5.

MYRLEA. *Aut.* Tête d'Apollon. ℞. Lyre. ΜΥΡΛΕΑ. . . . . BR. 2.

Tête de Bacchus. Minerve assise. ΜΥΡΛΕΑΝ. . . . . BR. 4.

NICAEA. Tête de Bacchus. ΝΙΚΑΙΕΩΝ. ΒΚΣ. (An 222 de Bithynie.) ℞. Rome assise. ΕΠΙ ΓΑΙΟΥ ΠΑΠΙΡΙΟΥ ΚΑΡΒΩΝΟΣ ΡΟΜΗ. . . . . BR. 5.

*Tête de Jules Caesar. ℞. Tête de femme. ΑΝΘΥΠΑΘΟΥ. 2 monog. *Inéd.* BR. 4.

Autre. ℞. Victoire marchant. ΕΠΙ ΓΑΙΟΥ ΟΥΙΒΙΟΥ ΠΑΝΣΑ. . . . . . BR. 5.

Domitien. ℞. Hercule appuyé sur sa massue. ΤΟΝ. ΚΤΙΣ. ΝΕΙΚΑΕΙΣ. ΠΡΩΤ. ΠΟΝ. ΚΑΙ. Β. *Inéd.* Pl. XI, n°. 4. . . . . BR. 5.

Antonin. ℞. Télesphore. Lég. — Serpent. — Autel d'AEsculape. *Inéd.* BR. 4.

Marc-Aurèle. ℞. Pallas. — AEsculape et Hygiée. Lég. . . . . . . BR. 5.

*Autre. ℞. Un Satyre coiffé du pileus, tenant d'une main un instrument à trois pointes, de l'autre une cuisse d'animal. Un terme de Priape. Lég. Pl. XI, n°. 5. . . . . BR. 7.

* Commode. ℞. Tête de femme tourellée. — La fortune. *Inéd.* . . . . BR. 7.

* Julia Domna. ℞. Femme assise, tenant la haste et la patère. ΟΜΟΝΟΙΑ ΝΙΚΑΙΕΩΝ. Pl. XI, n°. 6. . . . . BR. 7.

Autre. ℞. Urne des jeux, palme. Lég. . . . . BR. 3.

Caracalla. ℞. Trois enseignes. — Autre. ℞. La Fortune. *Id.* . . . BR. 6-3.

121. Géta. ℞. Génie de la mort éteignant son flambeau. . . . . BR. 3.

* Julia Paula. ΙΟΥΛΙΑ ΠΑΥΛΑ. ΑΥΓΟΥΣΤΑ. ℞. Pallas nicéphore. . . . BR. 7.

Sévère Alexandre. ℞. Hylas portant un vase. (*Voy.* Sestini, Lettere Nuov., tom. VIII, p. 13.) — Autre. ℞. Femme tourellée nicéphore assise. BR. 6.

Julia Mamaea. ℞. Vase et palme des jeux. . . . . BR. 5.

*Gordianus. ℞. Deux femmes se donnant la main. ΝΙΚΑΙΕΩΝ ΒΟΥΛΗ ΔΗΜΟϹ ΟΜΟΝΟΙΑ. BR. 8.

Valérien. ℞. Trois figures debout, deux à tête radiée et en habit militaire, portent des hastes, la troisième, vêtue de la stola, porte un sceptre. ΝΙΚΑΙΕΩΝ. *Inéd.* . . . . BR. 6.

Même tête. ℞. Femme tourellée assise. — La Fortune. — Pallas. . BR. 6.

Herennius. ℞. La Fortune. . . . . BR. 6.

Salonine. ℞. Trois figures debout, etc. . . . . BR. 6.

Macrien. ℞. Camp prétorien. . . . . BR. 6.

* Quietus. ℞. Camp prétorien. ΑΡΙΣΤΩΝ. ΜΕΓ. ΝΙΚΑΙΕΩΝ. Pl. XI, n°. 7. . BR. 6.

NICOMEDIA. *Aut.* Tête de Jupiter. ℞. Rome nicéphore assise. Lég. . . BR. 6.

Imper. Auguste. ℞. La paix. — Antinoüs. ℞. Bœuf. Pl. XI, n°. 8. . BR. 5.

Antonin. ℞. Cérès. — M.-Aurèle. ℞. Verus. . . . . BR. 4-7.

122. *Commode jeune. ℞. L'Amour sur un dauphin. ΜΗΤ ΝΕΩ. ΝΕΙΚΟΜ. Pl. XI, n°. 6. . . . . BR. 6.

Septime-Sévère. ℞. Temple octostyle. ΔΙϹ ΝΕΩΚ. etc. . . . . . . BR. 8.

* Caracalla. ℞. Serpent à tête humaine. Β. Α. en contremarque incuse. Lég. Pl. XI, n°. 10. . . . . BR. 7.

Philippe. ℞. Hercule. — Volusien. ℞. Lég. dans une couronne de laurier. BR. 6-4.

PRUSA AD OLYMPUM. *Imper.* Commode jeune. ℞. Hygiée. ΠΡΟΥϹΑΕΩΝ. — Commode barbu. ℞. AEsculape. Lég. . . . . BR. 6.

Julia Maesa. ℞. L'Amour renversant son flambeau. . . . . BR. 4.

* Barbia Orbiana. ℞. L'Emper. debout en habit de sacrificateur. Pl. XI, n°. 11. . . . . BR. 5.

* PYTHOPOLIS. *Aut.* Bœuf. DR. Deux monogr. ℞. Carré creux, rempli de globules. Pl. XI, n°. 12. . . . . AR. 5.

Bœuf sur un dauphin. DR. ℞. Carré creux, contrem. 5 variétés. . . AR. 1-3.

* Partie antér. de bœuf. DR. ℞. Trident. 2 méd. Pl. XI, n° 13. . . AR. 1-2.

Bœuf. ℞. Trident, deux dauphins. *Inéd.* . . . . BR. 3.

* TIUM. *Aut.* T. de Jupiter. ℞. Aigle sur le foudre, ΤΙΑΝΟΝ. Pl. XI, n°. 14. (Très-épaisse.). . . . . BR. 2.

Imper. Antonin. ℞. Ciste mystique. ΤΙΑΝΩΝ. . . . . BR. 4.

Marc-Aurèle. ℞. Bacchus assis sur une panthère. . . . . BR. 4.

ROIS DE BITHYNIE.

PRUSIAS II. Tête de ce roi. ℞. Hercule. ΒΑΣΙΛΕΩΣ ΠΡΟΥΣΙΟΥ. . . . . . . BR. 3.

Prusias incertains. Tête casquée. Caducée en contrem. ℞. Lyre. . BR. 6.

Tête de Bacchus. ℞. Centaure. Lég. — Tête de Jupiter. ℞. Foudre. . BR. 4.

Tête d'Apollon. ℞. Victoire. . . . . BR. 7.

* NICOMEDES II. Tête diadêmée. ℞. Cavalier courant. ΒΑΣΙΛΕΩΣ ΝΙΚΟΜΗΔΟΥ ΕΠΙΦΑΝΟΥΣ, monogr. ΞΡ. An 160 de Bithynie. Pl. XI, n°. 15. . . OR. 5.

NICOMEDES II. Tête diadêmée. ℞. Jupiter debout, tenant la haste et une couronne de laurier. Aigle sur le foudre. Lég. Monogr. ΝΡ. (150.) Pl. XI, n°. 16. AR. 9.

Autre. ΑΠΡ. (181.) Pl. XI, n°. 17. . . . . AR. 9.

NICOMEDES III. Même revers. ΑΣ. (201.). . . . . BR. 8.

Autre. ΕΣ. (205.) — Autre. ΗΣ. (208.). . . . . AR. 8.

NICOMEDES IV. Même revers. ΓΚΣ. (223.). . . . . AR. 8.

MYSIE.

ADRAMYTIUM. *Aut.* Tête barbue diadêmée d'Adramytus, à dr. ℞. Cavalier courant. ΑΔΡΑΜΥΤΗΝΩΝ. — Autre. Tête à g. — Autre. . . . . BR. 3-4.

Tête de Pallas. Lég. ℞. Pallas nicéphore debout. ΕΠΙ. ΣΤΡΑ. ΛΟΥΚΙΟΥ. Β. ΑΔΡΑΜΥ. . . . . BR. 6.

* Tête de Pallas. Pégase en contrem. ℞. Chouette sur un foudre. Partie postérieure d'un animal couché. Tête radiée. Méd. surfrappée. . . . . BR. 5.

Tête de femme. ℞. Corne d'abondance. Bonnets des Dioscures. Lég. . BR. 5.

* ANTANDROS. *Aut.* Tête de femme, les cheveux ceints de deux bandelettes. ℞. Chèvre devant un palmier. ANTAN. Pl. XII, n°. 1. . . . AR. 3.

APOLLONIA. *Imper.* Commode. ℞. Fig. debout, portant un animal. ΑΠΟΛΛΩΝΙΑΤΩΝ. ΠΡΟϹ ΡΥΝΔΑ. . . . . BR. 6.

ASSUS. *Auton.* Tête de Pallas. ℞. Griffon. ΑΣΣΙ. . . . . BR. 5.

Deux autres. Exerg, feuille. — Épi. . . . . BR. 3.

* ATARNEA. *Cistophore.* Serpent sortant de la ciste. ℞. Deux serpens dressés. Flambeau. Monog. formé des lettres ΑΤΑΡ. Pl. XII, n°. 2. AR. 7.

Tête laurée d'Apollon. ℞. Partie antér. de cheval. Serpent. ΑΤΑΡ. Monogr. . . . . BR. 3.

* CYZICUS. *Aut.* Partie antérieure de panthère ailée. Poisson. ℞. Carré creux. Double statère globuleux. Pl. XII, n°. 3. . . . . . . OR. 4.

Tête jeune, coiffée du bonnet phrygien. Poisson. ℞. Carré creux. Double statère globuleux. . . . . OR. 4.

Même tête et même revers. . . . . OR. 2.

* Centaure regardant en arrière et portant une branche d'arbre. Poisson. ℞. Carré creux. Pl. XII, n°. 4. . . . . OR. 2.

Homme un genou en terre à dr., portant par la queue un poisson. ℞. Carré creux. . . . . OR. 2.

Homme *idem* à g., portant par la queue un poisson. ℞. Carré creux. OR. 1.

Tête de lion à dr. ℞. Tête de bœuf en creux. — Autre. Tête de chameau. OR. 2.

Partie antérieure d'une panthère dévorant un animal. Poisson. ℞. Carré creux. . . . . OR. 1.

Sanglier. Poisson. ℞. Carré creux. . . . . OR. 1.

* Figure demi-nue assise. Urne. Poisson ℞. Carré creux. *Inédite.* Pl. XII, n°. 5. . . . . OR. 1.

* Partie supérieure d'une figure humaine ailée, tenant quelque chose de la main gauche. Poisson. ℞. Carré creux. *inédite.* Pl. XII, n°. 6. OR. 1.

* Partie antérieure d'un sanglier. Poisson. ℞. Tête de lion. K. dans un carré creux. Pl. XII, n°. 7. . . . . AR. 1.

* Tête d'Apollon sur un disque. Poisson. ℞. Carré creux. — Stat. oblong. Pl. XII, n°. 8. . . . . AR. 5.

* Tête de Cérès. ΣΩΤΕΙΡΑ. ℞. Tête de lion. *Massue*. Poisson. ΚΥΞΙ. Pl. XII, n° 9. . . . . AR. 6.

Tête de Cérès. ℞. Trépied. — Autre. ΚΥΞΙ. Monogr. dans une couronne de laurier. . . . . BR. 4.

Tête d'Apollon. ℞. Lyre. ΚΥΞΙ. — Tête de Mercure. ℞. Caducée. ΚΥΞΙΚΗΝ. . . . . BR. 3.

Tête de bœuf. ℞. ΚΥΞΙ. Monog. de ΑΡ dans une couronne de laurier. BR. 1.

Tête de Cérès. ΚΟΡΗ ΣΩΤΕΙΡΑ. ℞. Homme nu, portant une corne d'abondance. . . . . BR. 5.

Imper. Verus. ℞. Femme tourellée assise. Lég. — Commode. ℞. Flambeau entouré d'un serpent. — *Idem*. ℞. Galère. — Caracalla. ℞. Deux flambeaux entourés de serpens. — Géta. ℞. Bœuf. . . BR. 6.

GARGARA. *Aut.* Tête d'Apollon. ℞. Cheval courant, *massue*. ΓΑΡ. . . . BR. 4.

* GERGITHUS. *Aut.* Tête d'Apollon de face. ℞. Sphinx. ΓΕΡ. Pl. XII, n°. 10. BR. 3.

Autre semblable. . . . . BR. 2.

GERME. *Aut.* Tête tourellée de face. ΙΕΡΑ ΓΕΡΜΗ. . . . . BR. 5.

Imper. Trajan. ℞. Tête de Cérès. Rameau. Lég. . . . . BR. 3.

Marc-Aurèle. ℞. Figure imberbe assise, tenant haste et patère. Lég. BR. 7.

Gordien. ℞. La Fortune. Lég. . . . . BR. 6.

* LAMPSACUS. *Aut.* Cheval marin ailé. ℞. Carré creux. . . . . OR. 4.

Idem. Poisson. ℞. *Id.* . . . . OR. 1.

Hippocampe ailé. ℞. *Id.* — Autre. . . . . AR. 4-2.

Tête de Pallas surfrappée. ℞. Hippocampe ailé, épi. ΛΑΜ. . . . . . AR. 3.

Double tête de femme, comme celle de Janus. ℞. Tête de Pallas, *caducée* dans un carré creux. . . . . AR. 4.

Double tête de femme. ℞. Tête de Pallas. ΛΑΜΨ. — Tête d'Apollon. ℞. Hippocampe. . . . . AR. 1.

Tête de Bacchus indien. ℞. ΛΑΜΨΑ dans une couronne. . . . . . . BR. 4.

* *Imper.* Auguste ΣΕΒΑΣΤΟΥ. ℞. Priape. ΛΑΜΨΑΚ. Pl. XII, n°. 11. . . BR. 3.

* Antonin. ℞. Terme de Priape ΛΑΜΨΑΚΗΝΩΝ. Pl. XII, n°. 12. . . . . BR. 4.

Autre. ℞. La Fortune devant un autel. . . . . BR. 4.

MILETOPOLIS. *Aut.* Tête de Pallas. *Griffon en contrem.* ℞. Double chouette à une seule tête. ΜΙΛΗΤΟ... . . . . BR. 4.

PARIUM. Tête de Cérès. ℞. Bœuf cornupète dans un carré. . . . . . OR. 2.

* Tête voilée de Cérès. ℞. Apollon tenant la lyre de la g., la dr. étendue, cortine, autel. ΑΠΟΛΛΩΝΟΣ ΑΚΤΑΙΟΥ. ΠΑΡΙΑΝΩΝ. ΠΟΛΥΚΛΗΣ. Médaillon *inédit*. Pl. XII, n°. 13. . . . . AR. 9.

* Bouc. ΜΝΗ. ℞. Épi de blé. ΠΑ. *Inéd.* Pl. XII, n°. 14. . . . . . AR. 2.

Tête de Cérès. ℞. ΠΑΡΙ dans une couronne de lierre. . . . . . . AR. 4.

Masque tirant la langue. ℞. Bœuf. ΠΑΡΙ. — Autre. *Vase.* . . . . . AR. 3.

Tête casquée. ℞. Foudre. Lég. — Tête d'Apollon. ℞. Autel. Lég. . BR. 3-1.

Bœuf cornupète. Grappe. ℞. Autel. Vase. ΠΑΡΙ. . . . . BR. 4.

Coloniales T. d'Hercule. DCCII.... ℞. Faune portant une outre. COL. CI... BR. 5.

Charrue et épi. C. G. P. I. ℞. C. MATVINO. T. ANICIO. AED. . . . . . BR. 4.

Tête nue à dr. M. BARBATIO. MAN. ACILIO. II. VIR. C. G. I. P. ℞. Colon conduisant une charrue. P. VIBIO. SAC. CAES. Q. BARBA. PRAEF. PRO. II. VIR. *Inéd.* Pl. XII, n°. 15. . . . . BR. 6.

Têtes accolées de Tibère et de Drusus. ℞. Colon, etc. . . . . BR. 3.

Imperiales. Aemilien. ℞. Capricorne, gouvernail, astre. G. G. I. H. P. . BR. 5.

Valérien père. ℞. Hercule appuyé sur sa massue. G. G. IVI. H. PAR. *Inéd.* . . . . BR. 5.

PERGAMUS. *Aut.* Tête d'Apollon (d'Eurypile, selon M. Allier). ℞. Tête barbue de Pergame, fondateur de la ville, dans un carré creux. OR. 1.

Tête d'Hercule. ℞. Pallas en terme. . . . . AR. 1.

Neuf cistophores. — Ciste entr'ouverte, et serpent. ℞. Deux serpens autour d'un carquois. Serpent autour d'un thyrse. Monogr. de ΠΕΡ. (Ces méd. varient par les initiales suivantes : ΑΠ.-ΑΣ.-ΒΑ.-ΔΗ.-ΚΑ.-ΚΤ.-ΠΕ.-ΔΙ.-ΤΗ.) . . . . AR. 8.

Ciste entr'ouverte. ℞. Deux serpens enlacés autour d'une enseigne surmontée de l'aigle romaine. Q. METELLVS. PIVS. SCIPIO. IMPER. AR. 8.

Tête de Pallas. ℞. Deux têtes de bœuf, affrontées, *abeille*. ΠΕΡΓΑ. — BR. 3.

Autre. . . . . BR. 3.

Tête de Jupiter. ΣΕΛΕΥΚΟΥ. ℞. Aigle. ΠΕΡΓΑΜΗΝΩΝ. . . . . BR. 5.

Tête de Pallas. ℞. Trophée. ΑΘΗΝΑΣ ΝΙΚΗΦΟΡΟΥ. monog. — Autre. . . BR. 6.

Autre. ℞. Chouette sur une palme. Lég. — Autre. Chouette dans une couronne. Monogr. Lég. . . . . BR. 3-2.

Même tête. ℞. Victoire. ΠΕΡΓΑΜ. . . . . BR. 4.

* Tête d'Hercule ℞. Tête de Pallas. ΠΕΡ. — Tête barbue. ℞. Arbre, serpent. Pl. XII, n°. 16. . . . . BR. 1-2.

Tête du Sénat, ΘΕΟΝ. ΣΥΝΚΛΗΤΟΝ. Aigle, palme. ℞. Tête de face, aigle, palme. ΘΕΑΝ ΡΩΜΗΝ. . . . . BR. 4.

Auguste. IMP. IX. TR. PON. Temple hexastyle. Sur le fronton, ROM, ET AVG. Dans le champ, COM. ASIAE. . . . . AR. 7.

* L'Empereur dans un temple distyle. ΣΕΒΑΣΤΟΝ. ΚΕΦΑΛΑΙΩΝ ΓΡΑΜΜΑΤΕΩΝ. ℞. Jupiter lydien et Esculape. ΠΕΡΓΑΜΗΝΩΝ. ΚΑΙ. ΣΑΡΔΙΑΝΩΝ. Pl. XII, n° 17. BR. 4.

* Tête de Livie. ΛΙΒΙΑΝ. ΗΡΑΝ. ΧΑΡΙΝΟΣ. ℞. Tête de Julie. ΙΟΥΛΙΑΝ ΑΦΡΟΔΙΤΗΝ. Pl. XII, n°. 18. . . . . BR. 3.

Claude. ℞. L'Emper. et l'abond. lui offrant une couronne dans un temple distyle. Sur le fronton, ROM. ET AVG. Dans le champ, COM. ASI. . . . . AR. 8.

Trajan. ℞. Tête de Jupiter. ΖΕΥΣ ΦΙΛΙΟΣ. . . . . BR. 3.

Autre. ℞. Jupiter assis. Même lég. . . . . BR. 4.

* Trajan dans un temple. ℞. Auguste dans un temple. Lég. Pl. XII, n°. 19. BR. 3.

Sabine. ℞. Coronis, mère d'AEsculape. ΚΟΡΩΝΙΣ, etc. . . . . . . BR. 5.

Commode. ℞. AEsculape. Lég. 2 méd. . . . . BR. 5.

J. Mamaea. ℞. Serpent autour d'un arbre. . . . . BR. 9.

Gordien. ℞. Hygiée. ΕΠΙ. Σ. Γ. ΚΛ. ΤΑΥΚΩΝΟΣ. etc. . . . . BR. 9.

PERGAME et EPHÈSE. Marc-Aurèle. ℞. Diane et AEsculape. Lég. . . . BR. 12.

ROIS DE PERGAME.

PHILETAIRUS? Tête laurée à dr. ℞. Pallas assise, tenant une couronne. ΦΙΛΕΤΑΙΡΟΥ. Grappe de raisin. A. (Selon M. Allier, Attalus Ier.). . AR. 8.

Autre. Monogr. de ΕΥΜ. (Selon M. Allier, Eumènes II.) 2 méd. . . . AR. 8.

Autre. Monogr. de ΑΙ. Abeille. (Selon M. Allier, Attalus II.). . . . AR. 8.

Tête de Pallas. ℞. Serpent. Lég. — Femme assise donnant à manger à un serpent. — Feuille de lierre. — Arc. — 5 inéd. . . . . BR. 1-4.

*PERPERENE. *Imper.* Tête laurée de femme. ΝΕΡΩΝΟϹ ΚΑΙϹΑΡΟϹ ΗΓΕΜΟΝΙΑ. ℞. Grappe de raisin. ΠΕΡΠΕΡΗΝΙΩΝ. Pl. XII, n°. 20. . . . . . . BR. 4.

* Septime-Sévère. ℞. Étoile dans un croissant. Lég. Pl. XII, n°. 21. BR. 4.

PITANE. *Aut.* Tête d'Ammon de face. ℞. Cortine, serpent. ΠΙΤΑΝΑΙΩΝ. . BR. 3.

* Tête de Bacchus. ℞. La Fortune debout. ΕΠΙ ΝΙΚΗΦΟΡΟΥ. *Inédite.* Pl. XII, n°. 22. . . . . BR. 3.

POEMANENI. *Aut.* Tête de Jupiter. ℞. Foudre. ΠΟΙΜΑΝΗΝΩΝ. . . . . . . BR. 5.

* POROSELENE. *Imper.* Septime-Sévère. ℞. AEsculape et Hygiée, debout ΕΠΙ. CΤΡ. ΙΟΥΛΙΟΥ. CΥΝΦΟΡΟΥ. ΠΟΡΟCΕΛΗΝΙΤΩΝ. *Inéd.* Pl. XII, n°. 23. . BR. 7.

* PRIAPOS. *Aut.* Tête de Bacchus, surfrappée d'une partie antérieure de cheval. ℞. ΠΡΙ. Η. et dans une contremarque un diota et ΠΡΙΑΠΗ. Pl. XII, n°. 24. BR. 4.

Tête de Cérès. ℞. ΠΡΙΑΠΗΝΩΝ. *Tête de bœuf.* Monogr. . . . . . BR. 4.

* PROCONNESUS. *Aut.* Tête de femme, les cheveux enveloppés, et couronnée de laurier. ℞. Partie antérieure de cerf se retournant. *Vase.* ΠΡΟΚΟΝ. *Inéd.* Pl. XIII, n°. 1. . . . . AR. 3.

TRIMENOTHYRAE. *Aut.* Tête d'Hercule. ℞. Le dieu Lunus. ΤΡΙΜΕΝΟΘΥΡΕΩΝ. BR. 3.

* Tête barbue à dr. ΕΠΙ. Μ. ΤΥΛΛΙ. ℞. Mercure. Lég. Pl. XII, n°. 25. . BR. 5.

Mionnet, à Temenothyræ de Lydie, n°. 830, t. IV, p. 146, convient que ces médailles sont mieux placées à Trimenothyræ de Mysie.

TROADE.

ABYDOS. *Aut.* Tête jeune, à corne de bélier. ℞. Aigle dans un carré. 2 méd. . . . . OR. 1 ½.

Tête de faune. ℞. Tête de Gorgone de face. Dans un carré creux. . OR. 1.

Tête d'Apollon. ℞. Tête jeune, les cheveux flottans. (Léandre, selon M. Allier de Hauteroche). . . . . OR. 1.

Masque de face tirant la langue. ℞. Carré creux divisé en 9 parties. AR. 2.

Tête de face d'Apollon. ℞. Ancre. *Écrevisse.* A. 3 méd. . . . . AR. 1 ½.

Masque de face, hérissé de serpens. ℞. Aigle. ΑΒΥ. Τ. . . . . . . AR. 1 ½.

Buste de Diane. ℞. Aigle. ΑΒΥ ΑΝΑΞΑΓΟΡΟΥ. *Thyrse.* Couronne. —

Autre. ΑΒΥΔΗΝΩΝ. ΑΠΟΛΛΟΦΑΝΟΥ. *Foudre.* . . . . AR. 7.

Tête d'Apollon. ℞. Aigle. *Trident*. ΑΒΥ. ΠΡΩΤΑΓΟΡΑ. . . . . AR. 3.

* Autre. *Proue*. ΛΑΜΠΩΝΗΣΙ. Pl. XIII, n°. 2. — Autre. Vase. ΕΦΙΑΛΗ. . . AR. 3.

Tête d'Apollon de face. ℞. Aigle. *Serpent*. — Tête de Diane. ℞. *Id*. *Épi*. Lég. . . . . BR. 8.

Tête d'Apollon. ℞. Aigle. *Trépied*. Lég. — Deux autres. ℞. Aigle. . . BR. 3-1.

ALEXANDRIA-TROAS. *Aut*. Tête d'Apollon. ℞. Cheval paissant. ΑΛΕΞΑΝ. *Inéd. en argent*. . . . . AR. 3.

Tête d'Apollon de face. ℞. Lyre. ΑΛΕΞΑΝ. Monogr. dans une couronne de laurier. . . . . BR. 4.

Colon. Tête tourellée. COL. TRO. ℞. Aigle tenant une tête de bœuf. COL. AV. TRO. . . . . BR. 5.

Même tête. ℞. Aigle. — Cheval paissant. — La louve. . . . . . BR. 5.

Tête d'Apollon. ℞. Cheval paissant. 4 méd. . . . . BR. 3.

Imper. Commode. ℞. Apollon de face sur un cippe. *Trépied*. . . BR. 6.

Autre. ℞. Apollon de côté. — Cheval paissant. Lég. . . . . . . BR. 5.

Julia Domna. ℞. Figure nue, le pied sur un cippe, tenant un rameau. Lég. . . . . BR. 7.

Caracalla jeune. ℞. Trépied. Lég. . . . . BR. 3.

* Caracalla. ℞. L'Emper. à cheval, devant la statue de Minerve. Lég. Pl. XIII, n°. 3. . . . . BR. 6.

Cinq autres. La louve et les jumeaux. — Cheval paissant. — Satyre sur un cippe. — Apollon devant le trépied. . . . . BR. 7.

Elagabale. ℞. Apollon sur un cippe, tenant arc et patère devant un autel allumé. Lég. — Autre. La louve et les jumeaux. . . . . BR. 5.

Julia Paula. ℞. Apollon sur un cippe, etc. . . . . BR. 5.

Sévère Alexandre. ℞. Temple dans lequel est Apollon dev. le trépied. BR. 6.

Deux autres. ℞. Cheval paissant. . . . . BR. 6.

Maximin. ℞. Cheval paissant. — Maxime, *idem*. . . . . BR. 6.

Volusien. ℞. Hercule. — Autre. Cheval paissant. . . . . BR. 5.

Valérien. ℞. Silène portant une outre. — Autre. Hercule. . . . BR. 5.

* ARISBA. *Aut*. Tête de Pallas. ℞. Grain d'orge. ΑΡ. *Inéd*. . . . . . AR. 2.

DARDANUS. *Aut*. Cavalier courant. ℞. Coq debout. ΔΑΡ ΕΠΙ ΛΕΠΤΩΝ. Pl. XIII, n°. 5. . . . . AR. 3.

* Cavalier courant. ℟. Coq becquetant dans un vase à deux anses. *Inéd.* Pl. XIII, n°. 4. . . . . BR. 3.

Cavalier courant. ℟. Coq. — Deux autres semblables. ΔΑΡΔ. Minerve *Iliade*. . . . . BR. 1-4.

Imper. Géta. ℟. AEnée portant son père Anchise et conduisant Ascagne. ΔΑΡΔΑΝΙΩΝ. BR. 7.

* GENTINOS. Tête tourellée de femme. ℟. Abeille et feuille dans un carré ΓΕΝΤΙ. (Steph. Byzant.) *Unique*. . . . . BR. 1.

ILIUM. Tête de Pallas. ℟. Minerve *Iliade* tenant la lance et le fuseau. *Pégase paissant*. Lég. ΜΕΝΕΦΡΟΝΟΣ, etc. . . . . AR. 8.

Tête de Pallas. ℟. Minerve *Iliade*. ΙΛΙ, etc. 7 variétés. . . . . . BR. 1-4.

Tête de Pallas de face. ℟. *Idem*. . . . . BR. 1.

* Tête de Pallas. ΙΛΙ... ℟. Ganymède enlevé par l'aigle. Pl. XIII, n°. 6. BR. 3.

Autre. ℟. AEnée portant Anchise . . . . BR. 3.

Tête imberbe. ΙΛΙ. ℟. Chouette de face. 2 monogr. . . . . BR. 3.

Tête de Pallas. ℟. Tête d'Auguste. Lég. — Auguste sacrifiant. ΣΕΒΑΣΤΟΣ. BR. 4.

Tête d'Auguste. *Pallas*. ΙΛΙ. ΘΕΟΣ, etc. ℟. Tête de Claude. Lég. . . . BR. 5.

* Néron et Poppée. ℟. Pallas. ΙΛΙ, etc. 2 méd. . . . . BR. 5.

Vespasien. ℟. Titus et Domitien. Le Palladium. Lég. . . . . BR. 4.

Hadrien. ℟. Hector combattant. . . . . BR. 5.

Tête affr. de Marc-Aurèle et Verus. ℟. Minerve *Iliade*. . . . . . . BR. 4.

Marc-Aurèle. ℟. Le Scamandre. — Marc-Aurèle et Faustine. ℟. Pallas. Faustine. ℟. Taureau devant la statue de Pallas. . . . . BR. 4.

Faustine. ℟. Hector combattant. — Commode. ℟. L'Empereur sacrifiant devant la statue de Minerve. . . . . BR. 6.

Commode. ℟. Buste de Pallas. — Hector. — La louve et les jumeaux. BR. 4.

Crispine. ℟. Pallas. ΙΛΙΕΩΝ. . . . . BR. 6.

* Crispine. Tête en contremarque. ℟. Priam assis. ΠΡΙΑΜΟϹ ΙΛΙΕΩΝ. Pl. XIII, n°. 8. . . . . BR. 7.

* Même tête. ℟. Sacrifice d'un taureau devant la statue de Minerve *Iliade*. ΙΛΙΕΩΝ. Pl. XIII, n°. 9. . . . . BR. 7.

Julia Domna. ℟. Semblable au précédent. — Pallas debout. — Jupiter assis. . . . . BR. 7.

Autre. ℞. Scamandre. — Taureau devant la statue de Pallas. . . . BR. 6 ½.

Caracalla. ℞. Hector. — Scamandre. . . . . BR. 6.

* Géta. Π. CΕΠ. ΑΔΡ. ΓΕΤΑC. ΚΑ. ℞. Le fleuve Scamandre. CΚΑΜΑΝΔΡΟC ΙΛΙΕΩΝ. Pl. XIII, n°. 11. . . . . BR. 5.

Le surnom ΑΔΡιανου est remarquable sur les médailles de Géta.

Autre. ℞. Pallas en gaîne. . . . . BR. 4.

Élagabale. ℞. Hector dans un char. ΕΚΤΩΡ. ΙΛΙΕΩΝ. . . . . BR. 10.

Julia Mamaea. ℞. Pallas. . . . . BR. 6.

Salonina. ℞. Buste de Pallas. . . . . BR. 5.

* OPHRYNIUM. *Aut.* Tête d'Hector casquée de face. ℞. Cavalier tenant une palme ΟΦΡΥΝΕΩΝ. *Méd. unique.* Pl. XIII, n°. 12. . . . . . . AR. 3.

Même tête. ℞. Bacchus enfant, tenant une grappe. . . . . BR. 3.

* Tête de Jupiter à dr. ℞. Guerrier nu marchant couvert de son bouclier, la lance en arrêt. ΟΦΡΥ. méd. *inéd.* Pl. XIII, n°. 13. . . BR. 2.

SCEPSIS? *Aut.* Homme nu conduisant un cheval vu de face. ℞. Oiseau volant, dans un carré creux. (*Attribution de M. de Hauteroche.*) AR. 3.

Part. ant. de chev. mar. ℞. Arbre dans un carré, épi. ΣΚΗ. Pl. XIII, n°. 14. BR. 4.

* *Imper.* Faustine jeune. ℞. Junon portant la Victoire; devant elle une petite figure coiffée du pileus et portant une espèce de mors. CΚΗΨΙΩΝ. Pl. XIII, n°. 15. . . . . BR. 5.

Sévère Alexandre. ℞. Bacchus tenant le canthare, etc. . . . . . BR. 7.

* SIGEUM. Tête jeune casquée de face. ℞. Tête virile imberbe, le pileus noué derrière la tête; dans un carré. Pl. XIII, n°. 16. . OR. 1.

Même tête. ℞. Chouette, feuille d'olivier. ΣΙΓΕ. 2 méd. . . . . . BR. 2-4.

Même tête. ℞. Double chouette. — Tête à dr. ℞. Chouette. . . . BR. 2-5.

* Tête casquée. ℞. Croissant. ΣΙΓΕ. *Inéd.* Pl. XIII, n°. 17. . . . BR. 1.

TENEDOS (*insula*). Double tête. ℞. Bipenne. *Grappe de raisin. Enfant portant une corne d'abondance.* Monogr. de ΓΑ. ΤΕΝΕΔΙΩΝ. . . . . AR. 8.

Autre. ℞. *Idem.* Monogr. différ. Mercure. . . . . AR. 4.

* TERIA? *Aut.* Tête d'Apollon. ℞. Branche de laurier dans un carré. $\frac{\text{PI}}{\text{TH}}$. Pl. XIII, n°. 18. . . . . AR. 1.

M. Allier de Hauteroche a cru pouvoir placer ici cette médaille qui, par sa forme, son travail et son type, convient à cette contrée ou à son voisinage. Strabon, liv. XII, ch. III, § 6, p. 84, place Teria à l'occident de l'AEsepus, entre la Troade et la Mysie : mais il faudrait adopter le bouleversement des lettres, et commencer la légende par la seconde ligne, ce qui est peu en usage quoique non sans exemple. La médaille n'en est pas moins unique.

147. * THEBA (*homerica*). Tête de femme coiffée d'un réseau. ℞. Trois croissans disposés comme la *trinacria* ; entre chaque, les lettres ΘΗΒ.. *Inédite*. Pl. XIII, n°. 19. BR. I.

148. * ZELEIA (*au pied de l'Ida*). Tête de femme. ℞. Un enlacement et ΞΕ ΕΑ dans une couronne d'épis. Pl. XIII, n°. 20. BR. I.

AEOLIDE.

* AEOLIS. *Aut*. Tête diadémée de femme. ℞. Foudre. Grappe de raisin. ΑΙΟΛΕ. Pl. XIII, n°. 21. BR. 3.

AEGAE. *Aut*. Tête d'Apollon. ℞. Tête de chèvre. ΑΙΓΑ. — Jupiter. ΑΙΓΑΕΩΝ. BR. 3.

* CYME. *Aut*. Partie antérieure de cheval. ℞. Tête d'Hercule incuse. *Inéd*. Pl. XIII, n°. 22. OR. I.

* Tête juvénile à dr. ℞. Cheval. *Vase*. ΚΥΜΑΙΩΝ. ΚΑΛΛΙΑΣ. dans une couronne de laurier. AR. 9.

* Partie antérieure de cheval. ΚΥ. ΛΑΧΑΡΗΣ. ℞. Vase. Monogr. *Inéd*. Pl. XIII, n°. 23. BR. 3.

Autre. ΕΠΙΚΡΑΤΗΣ. — Autre. Arc et carquois. BR. 2.

Tête de Diane. ℞. Vase, deux branches de laurier. ΚΥ. ΑΠΑΤΟΥΡΙΟΣ. *Inéd*. BR. 3.

* *Idem*. ℞. *Id*. ΚΥ. ΞΟΙΛΟΣ. *inéd*. BR. 3.

Autre. ℞. Cheval debout. BR. 4.

Aigle. ΦΟΒΗΤΙΛΑ. ℞. Vase. ΚΥ. — Autre. Lég. différ. BR. 3.

* Tête de Pallas. ℞. Aigle. ΚΥΜ. *Inéd*. Pl. XIII, n°. 24. BR. 3.

* Tête de l'amazone Cyme. ℞. Cheval. Lég. Autre. ΕΠΙ CΕΚΟΥΝΔΑΣ. *Inéd*. Pl. XIII, n°. 25. BR. 4-5.

Tête tourellée. ℞. La Fortune. Lég. BR. 4.

Tête du Sénat. ΙΕΡΑ CΥΝΚΛΗΤΟΣ. ℞. L'Hermus couché. ΕΡΜΟC. BR. 6.

Autre. ℞. Le Xante. ΞΑΝΘΟC. — Autre. ℞. La Fortune. Lég. BR. 6.

* *Imper*. Néron. ℞. Cheval. Lég. Pl. XIII, n°. 26. BR. 4.

Sabine. ℞. Femme debout portant un enfant et la haste. BR. 4.

* Valérien. ℞. Neptune dans un bige de chevaux marins, enlevant une femme. ΚΥΜΑΙΩΝ. *Inéd.* Pl. XIII, n°. 27. . . . . BR. 8.

ELAEA. *Aut.* Tête de Cérès. ℞. ΕΛΑΙΤΩΝ. Flambeau, dans une couronne de laurier. . . . . BR. 3.

* Tête de Pallas. ℞. Grain d'orge. ΕΛ. Dans une couronne de laurier. *Inéd.* Pl. XIII, n°. 28. 2 méd. . . . . BR. 4-3.

Proue. ℞. ΕΛΑΙ. Couronne. . . . . BR. 2.

Imper. Lucius Caesar. ℞. Épis dans un vase. ΕΛΑΙΤΩΝ. . . . BR. 3.

Julia Domna. ℞. Esculape. Lég. . . . . BR. 4.

LARISSA. Tête de femme. ℞. Diota. Massue, arc, Grappe. ΛΑ. . . BR. 4.

Tête de Pallas. ℞. Cheval. ΛΑ. *Inéd.* (*Voyez Sestini, Descr. Num. Larisse de Thessalie*). . . . . BR. 3.

MYRINA. *Aut.* Tête d'Apollon. ℞. Prêtre portant une patère et un rameau avec des bandelettes. *Vase, cortine.* ΜΥΡΙΝΑΙΩΝ. Monogr. 3 médaillons. . . . . AR. 9.

* Tête de Pallas. ℞. Vase. ΜΥΡΙ. *Inéd.* . . . . BR. 4.

Tête tourellée. ℞. La Fortune. ΜΥΡΕΙΝΑΙΩΝ. . . . . BR. 4.

* Tête d'Apollon. ΕΠΙ. ΣΤΡ. ΔΙΟΝΥΣΙΟΥ. ℞. Lyre, *palme.* ΜΥΡΙ. Pl. XIII, n°. 29. . . . . BR. 4.

TEMNOS. *Aut.* Tête de Bacchus. ℞. Branche de vigne et grappe de raisin. ΤΑ, Monogr. *Décrit aussi à Tanagra* de Béotie. . . . . BR. 3.

Même tête. ℞. Pallas nicéphore. ΑΠ. ΤΑ. . . . . BR. 3.

Tête tourellée. ΤΗΜΝΟΣ. ℞. La Fortune. ΤΗΜΝΕΙΤΩΝ. 2 méd. . . BR. 4.

Tête du Sénat. Lég. ℞. Deux Némèses. ΣΤΡ. ΗΡΟΔΟΥ, etc. . . . BR. 7.

Imper. Tête d'Auguste. ℞. Pallas nicéphore. Lég. . . . . . BR. 4.

* Gordien. ℞. Esculape. ΣΤ. ΑΥ. ΣΤΡΑΤΟΝΕΙΚΙΑΝΟΥ. ΤΟ. Β. ΤΗΜΝΕΙΤΩΝ. *Médaillon inédit.* . . . . BR. 10.

* Philippe. ℞. Hercule tenant le canthare et la massue. *Inéd.* . . BR. 5.

Otacilia Sévèra. ℞. Fleuve couché. ΕΡΜΟΣ, etc. . . . . . . BR. 4.

LESBOS (ILE).

LESBOS (île). *Aut.* Satyre enlevant une femme. ℞. Carré creux. . . AR. 2.

Imper. Commode. ℞. Temple octostyle. ΚΟΙΝΟΝ ΛΕΣΒΙΩΝ, etc. . . . BR. 9.

Autre. ℞. Une figure en couronnant une autre devant un autel. Lég. BR. 10.

Eresos. Tête de Cérès à g. ℞. Monogr. de EP. dans une couronne d'épis. AR. 3.

* Tête de Cérès. ℞. Abeille. ΙΣ. *Inéd.* . . . . AR. 3.

* Tête de Cérès. ℞. Flambeau. EP. dans une couronne d'épis. *Inéd.* Pl. XIII, n°. 30. . . . . AR. 2.

* *Imper.* Néron. ℞. Proue. ΕΡΕΣΙ. *Inéd.* Pl. XIII, n°. 1. . . . . . . BR. 4

*Commode. ℞. Tête de la courtisane Sappho, née à Érésos. *Méd. unique.* Pl. XIV, n°. 2. . . . . BR. 4.

M. Allier de Hauteroche a publié, en 1822, un mémoire intéressant sur la *Sappho d'Érésos*, qui a été long-temps confondue avec la Sapho de Mytilène. (Broch. in-8°. de vingt pages et une gravure, chez Debure, rue Serpente; prix, 2 fr.)

Methymna. *Aut.* Sanglier. ℞. Carré creux. . . . . OR. 2.

Tête de Pallas. ℞. Lyre, *abeille.* ΜΑΘΥ. . . . . AR. 3.

Tête de Pallas. ℞. Vase, couronne. ΜΑΘΥ. 3 méd. . . . . . . BR. 3-1.

Imper. Géta. ℞. La Fortune. Lég. . . . . BR. 6.

*Mytilene. *Aut.* Tête de Sapho. ℞. Lyre. Pl. XIV, n°. 3. . . . . . OR. 2.

* Tête d'Apollon. ℞. Tête de Sapho. 2 méd. . . . . OR. 2.

* Tête d'Apollon. ℞. Tête de Sapho. ΜΥΤΙ. *Inéd.* . . . . AR. 1.

Tête d'Apollon. ℞. Lyre, *foudre.* Lég. — Autre. *Caducée, massue.* AR. 3.

Tête de Jupiter. ℞. ΜΥΤΙ dans une couronne. — Autre. Vase, *proue, grappe.* . . . . BR. 4.

Tête d'Ammon. ℞. Hermès barbu sur une proue. Cep de vigne. ΜΥΤΙ. BR. 4.

Autre. ΜΥΤΙΛΗΝΑΙΩΝ. BR. 4.

Tête d'Ammon imberbe. ℞. *Idem.* ΜΥΤΙ. 2 méd. . . . . BR. 4-3.

Tête jeune radiée. ℞. Trépied. ΜΥΤΙ. . . . . BR. 3.

* Tête de femme tourellée. ΠΡΩΤΗ. ΛΕCΒΟΥ. ΜΥΤΙΛΗΝ. ℞. Sérapis et la Fortune. ΕΠΙ. CΤΡ. ΒΑΑ. ΑΡΙCΤΟΜΑΧΟΥ, etc. *Inéd.* Pl. XIV, n°. 4. BR. 9.

* Tête de Théophanes. ΘΕΟΦΑΝΗΣ. ΘΕΟC. ΜΥΤΙ. ℞ Tête de femme. ΑΡΧΕΔΑΜΙC ΘΕΑ. Pl. XIV, n°. 5. . . . . BR. 5.

Tête de Théophanes. Lég. ℞. Diane sur un cerf. Lég. . . . . . BR. 4.

Imper. Marc-Aurèle. ℞. Victoire portant un trophée. Lég. *Magistr.* . . ΓΛΑΥΚΙΠΠΟΥ. BR. 8.

Caracalla. ℞. Caracalla et Géta se donnant la main. Lég. *Magistr.* . . ΛΕΟΝΤΕΩΣ. . . . . BR. 9.

*Tête de Caracalla. ℟. Tête de Julia Domna. ΜΥΤΙΛΗΝΑΙΩΝ. *Inéd.* BR. 9.

Valérien. ℟. La Fortune. Lég. *Magistr.* ΑΡΙΣΤΟΜΑΧΟΥ. BR. 8.

IONIE.

*Clazomène. *Aut.* Tête de bouc à g. Pélamide à dr. ℟. Carré creux. *Distatère globuleux.* . . . . OR. 4.

*Partie antérieure de sanglier ailé, à g. Pélamide. *Id.* ℟. Carré creux *Distatère globuleux.* . . . . OR. 4½.

*Partie antérieure de lion ailé. ℟. Tête incuse de coq. Pl. xiv, n°. 7. OR. 1.

*Tête de lion la gueule béante. ℟. Tête incuse de coq. Pl. xiv, n°. 8. OR. 1.

*Tête de bélier. ℟. Tête incuse de lion. Deux méd. Pl. xiv, n°. 9. OR. 1.

*Partie antérieure de bouc, la tête retournée. ℟. Chouette de face dans un carré creux. *Sestini Stater. Tab.* viii, n°. 7. . . . OR. 1.

*Partie antér. de sanglier ailé, à dr. ℟. Carré creux. Pl. xiv, n°. 10. AR. 4.

Id. à g. ℟. Tête de lion de face dans un carré creux. . . . . AR. 3.

*Tête d'oiseau. Poisson. ℟. Carré creux. (*Sestini Stater.*, p. 80). Pl. xiv, n°. 11. . . . . AR. 4.

Tête de Jupiter. ℟. Cygne. Tête en contrem. ΚΛΑΖΟΜΕΝΙΩΝ. ΣΙΜΩΝ. — Autre. ΕΡΜΗΣΙΑ. 2 méd. . . . . BR. 5.

Tête de Pallas. ℟. Bélier couché. Lég. ΚΡΟΝΙΟΣ. . . . . . . BR. 4.

*Colophon. *Aut.* Chien sur une pélamide. ℟. Carré creux. . . . OR. 1.

*Chien à g. sur une pélamide. ℟. Carré creux. Pl. xiv, n°. 12. AR. 4.

Pline (liv. viii, § 61), dit que les Colophoniens élevaient des chiens pour la guerre.

Tête d'Apollon. ℟. Lyre dans un carré creux. ΚΟΛΟΦΩΝΙΟΝ. . . . AR. 4.

Homère assis à g., tenant un volume. ΟΜΗΡΟΣ. ℟. Apollon debout, jouant de la lyre. Lég. . . . . BR. 4.

Homère *idem.* ΑΠΟΛΛΑ. ℟. Apollon. Lég. . . . . BR. 4.

**Imper.* Commode. ℟. Bélier. Lég. Pl. xiv, n°. 13. *Inéd.* . . . BR. 4.

Gordien. ℟. Apollon assis, tenant la lyre et une branche de laurier. Lég. *Magistr.* ΚΑΛΛΙΝΕΙΚΟΥ. . . . . BR. 8.

Ephèsus. *Aut.* Abeille. ΕΦ. ℟. Carré creux. . . . . AR. 4.

Abeille. ΕΦ. ℟. Partie antérieure de cerf, palmier.... ΙΣΤΟΣ. . . . AR. 6.

Autre... ΙΑΟΚΟΣ. . . . . AR. 5.

*Autre. ΑΘΗΝΟΞΑΝΔΡΟΣ. *Inéd.* — Autre. ΚΟΜΗΣ. *Inéd.* Pl. xiv, n°. 14. AR. 6.

* Tête de Diane. ℟. Demi-cerf. ΕΦ. ΙΔΟΜΕΝΕΥΣ. Pl. XIV, n°. 15. . . . AR. 4.

Autre. ΔΙΟΣΚΟΥΡΙΔΗΣ. Pl. XIV, n°. 16. . . . . AR. 4.

Autre. ΑΛΕΞΑΝΔΡΟΣ. — Autre. ΤΡΥΑΙΣ. . . . . AR. 5.

Abeille. ΕΦ. ℟. Cerf devant un palmier. ΔΗΜΗΤΡΙ. — Autre. ΔΑΜΠΡΙΑΣ. AR. 3.

Cistophores d'Éphèse. 5 méd. . . . . AR. 7.

Tête de Diane. ℟. Demi-cerf. — Abeille. ℟. Cerf. Lég. 7 méd. . BR. 2-6.

* *Imper*. Tête de Drusus et d'Antonia. ℟. Cerf ΚΟΥΣΙΝΙΟΣ. ΕΦΕ. Deux Monogr. Pl. XIV, n°. 17. . . . . BR. 4.

* Claude. ℟. Diane d'Éphèse dans un temple tétrastyle. Pl. XIV, n°. 18. AR. 6.

Vespasien. ℟. Temple. — Domitien. ℟. Diane — Diane et 2 Némèses. — Cerf. — Fleuve. ΜΑΡΝΑC. — Domitia. ℟. 2 Nemèses. 6 méd. . BR. 5-9.

* Trajan. ℟. Prisonnier assis sur des armes. Trophée. ΟΜΟ. ΕΦΕ. ΔΗ. ΕΠ. ΕΧΑΡ. Pl. XIV, n°. 19. . . . . BR. 6.

Concorde des Éphésiens. Démétrius curateur a fait frapper cette monnaie. Voy. *Sestini, tome* 8.

* Hadrien. ℟. Jupiter assis, tenant la Diane d'Éphèse. ΕΦΕΣΙΩΝ. ΖΕΥC. ΟΛΥΠΙΟC (*sic*). Pl. XIV, n°. 20. . . . . BR. 8.

Hadrien. ℟. Temple. — Antonin. ℟. Cerf. . . . . BR. 8.

Marc-Aurèle. ℟. Diane d'Éphèse entre Marc-Aurèle et Verus. Lég. BR. 9.

Caracalla. ℟. L'Abondance. Lég. . . . . BR. 9.

Autre. ℟. *Carpentum* à deux chevaux. . . . . BR. 8.

Géta. ℟. Cerf devant un objet inconnu. — Autre. ℟. Cerf. — Macrin. ℟. Sanglier. — * Aquilia Sévèra. ℟. Abeille. Pl. XIV, n°. 21. — Sévère-Alexandre. ℟. Diane chasseresse. — Trajan-Dèce. ℟. Diane *lucifera*. — Valérien. ℟. *Carpentum* à deux chevaux. — Diane d'Ephèse entre deux personnages assis à terre. *Inéd.* Gallien. ℟. Diane chasseresse. — Chien. ΑΡΤΕΜΙC. ΕΦΕCΙΑ. *Inéd.* — Fleuve. — Diane tenant deux flambeaux. — Diane chasseresse. . . . BR. 4-8.

* Salonine. CΑΛΩΝ. ΚΡΥΣΟΓΟΝΗ... CΕ. Tête à dr. ℟. Diane debout, tenant arc et flambeau. ΕΦΕCΙΩΝ. ΠΡΩΤΩΝ. ΑCΙΑC. *Inéd.* Pl. XIV, n°. 22. . . BR. 7.

* Autre. ℟. Diane assise, tenant un arc et un objet inconnu. Pl. XIV, n°. 23. . . . . BR. 7.

* ERYTHRAE. *Aut.* Tête de la sibylle d'Erythrée. ℞. Flambeau dans un carré creux. Pl. XIV, n°. 24. (*Sestini Stater.*, p. 83). Pl. VIII, n°. 17. OR. 2.

* Cavalier courant. ℞. Carré creux informe. . . . . AR. 4.

L'analogie de ce type avec les suivans a fait placer ici cette médaille.

Homme nu retenant un cheval en course. ℞. Rosace dans un carré creux. ΕΡΥΘ. — Autre à peu près semblable. Pl. XIV, n°s. 25 et 26. AR. 3.

*T. d'Hercule. ℞. Arc et carq. Oiseau. ΑΣΚΛΗΠΙΑΔΗΣ. ΔΗΜΑΔΟΣ. Pl. XIV, n° 27. AR. 3.

Huit autres avec différens noms. ΔΙΟΠΕΙΘΗΣ. ΠΕΛΟΠΙΔΗΣ. ΦΑΝΝΟΘΕΜΙΣ. . . AR. 3.

Tête de Bacchus. ℞. ΕΡΥ. ΑΠΟΛΛΩΝΙΟΣ. ΑΠΟΛΛΟΔΟΤΟΥ. — Autre. ΠΟΛΥΚΡΙΤΟΣ. . . . . BR. 2.

Tête d'Hercule. ℞. ΕΡΥ. ΑΓΑΣΙΚΛΗΣ, etc. . . . . BR. 2.

Dix autres avec les noms *Apollodotos*, *Apollonios*, *Batacos*, *Gnotos*, *Damalès*, *Dionysios*, *Ermôn*, *Mêtras*, *Polycritos*, *Philon*. . BR. 2.

Tête d'Hercule. ℞. Massue, carquois. ΕΡΥ. . . . . BR. 2.

* Tête du Sénat. ΙΕΡΑ CΥΝΚΛΗΤΟC. ℞. La sibylle d'Erythrée, assise, voilée, portant la main droite à sa bouche. ΧΙΩΝ ΕΡΥΘΡΑΙΩΝ ΟΜΟΝΟΙΑ. Pl. XV, n° 1. . . . . BR. 6.

Tête de Cérès voilée. ΕΡΥΘΡΑΙΩΝ. ℞. Hercule. Magistr. ΔΙΟΓΕΝΑΙΟΥ. ΤΟ. Β. BR. 6.

Imper. Sabine. ℞. Hercule élevant sa massue. Lég. *Inéd.* . . . . . BR. 4.

GAMBRIUM. *Aut.* Tête d'Apollon. ℞. ΓΑΜ dans les rayons d'un astre. . . BR. 3.

HERACLEA. *Aut.* Buste de femme tourellée ΗΡΑΚΛΙΑ. ℞. Mercure. ΗΡΑΚΕΩΤΩΝ. BR. 4.

* *Imper.* Néron. ℞. Hercule. ΓΛΥΚΩΝ ΙΕΡΕΥC ΗΡΑΚΛΕΩΤΩΝ. . . . . . BR. 4.

LEBEDOS. *Aut.* Tête casquée de Pallas. ℞. Deux têtes de bœufs affrontées, dans un carré creux. (*Sestini. Stater.* P. 84, pl. 8.). . . . . . OR. 1.

Tête de Silène barbue, ceinte d'une bandelette. ℞. Deux têtes de boucs se heurtant. Carré creux. (*Sestini Stater.* P. 85. pl. 8.). . . . OR. 1.

Tête de Pallas casquée. ℞. Chouette dans un carré. . . . . . . OR. 1.

* MAGNESIA. *Aut.* Tête de Diane. ℞. Apollon appuyé sur le trépied, tenant un rameau et des bandelettes. ΠΑΥΣΑΝΙΑΣ ΕΥΦΗΜΟΥ. ΜΑΓΝΗΤΩΝ. Pl. XV, n°. 3. AR. 9.

Autre. ΕΥΦΗΜΟΣ ΠΑΥΣΑΝΙΟΥ. . . . . AR. 8.

Cavalier galoppant. ℞. Bison cornupète sur le Méandre. . . . . . AR. 2.

* Cavalier galoppant. ℞. Bison cornupète entouré du Méandre. ΜΑΓΝ. ΚΥΔΡΟΚΛΗΣ. Pl. XV, n°. 4. . . . . AR. 4.

Autre semblable. — Autre. ℞. Bœuf, épi. — Tête de Pallas. ℞. Cavalier. BR. 4.

* Tête d'Apollon. ℞. Diane d'Ephèse, avec le Calathus, et un long voile. ΝΙΚΑΝΔΡ. ΖΩΠΥΡΟΥ, etc. *Inéd.* Pl. XV, n°. 5. BR. 4.

* *Imper.* Aelius-Verus. ℞. Diane d'Ephèse, couronnée par deux Victoires, à ses pieds deux colombes. *Insecte. Inéd.* Pl. XV, n°. 6.

MÉTROPOLIS. *Imper.* * Septime-Sévère. ℞. Mars dans un temple tétrastyle. ΜΗΤΡΟΠΟΛΕΙΤΩΝ ΤΩΝ ΕΝ ΙΩΝΙΑ. *Médaillon inéd.* BR. 10.

Gordien. ℞. Cybèle. Lég. BR. 8.

Octacilia Sévèra. ℞. La Fortune. Lég. BR. 8.

* MILETUS. *Aut.* Tête d'Apollon. ℞. Lion retournant la tête. Astre. Monogr. de ΜΙ. ΘΕΟΠΡΟΠΟΣ. *Tétradr. Inéd.* Pl. XV, n°. 8. AR. 6.

Autre. ΜΑΙΑΝΔΡΙΟ. *Tridragm.* AR. 5.

* Autre. ΛΕΟΝΤΙΣΚΩ. Monogr. T. Pl. XV, n°. 7. — Autre. ΤΙΜΩΡΟ. AR. 4.

Cinq autres. *Diopompo*, *Phrémon*, *Mnésitheos*, *Zeuxile*. AR. 3.

* Tête d'Apollon. ℞. Lion. Astre. ΘΕ. ΑΠΠΟΛΟΧ. *Inéd.* BR. 4.

Autre. ΑΡΤΕΜΩΝ. — Autre. ΔΙΟΝΙΣ. BR. 4.

Apollon *Didymeus* portant un cerf. ℞. Lion couché. Lég. — Autre. ΣΩΣΤΡΑΤΟΣ. BR. 4.

* *Imper.* Auguste. ℞. Lion, astre. ΜΙΛΗΣΙΩΝ. Pl. XV, n°. 9. BR. 4.

Caligula. ℞. Drusilla. BR. 4.

Domitien. ℞. Apollon *Didymeus*. Astre. BR. 4.

* Caracalla. ℞. Apollon et Diane. ΕΠΙ. ΑΡΧ. ΘΕΡΜΑΝΔΡ. ΜΙΛΗCΙΩΝ. *Médaillon inéd.* BR. 10.

* PHOCAEA. *Aut.* Tête de lion à g. Phoque, au-dessus. ℞. Carré creux. Pl. XV, n°. 10. OR. 1.

Tête de lion. ℞. Carré creux. — Tête casquée. ℞. Carré creux. 2 méd. OR. 1.

Tête de Bacchus. — Tête de femme. — Autre. — ℞. Carrés creux. OR. 1.

* Tête de femme richement coiffée et voilée, dessous phoque. ℞. Carré creux. Pl. XV, n°. 11. OR. 1.

Tête d'omphale, phoque. ℞. Carré creux. OR. 1.

Tête casquée. ℞. Tête de femme dans un carré. OR. 1.

Tête coiffée du *pileus*. Astre. ℞. Tête de femme dans un carré. . . . OR. 1.

Tête d'Apollon. (Les feuilles de laurier de la couronne vont de haut en bas.) ℞. Tête jeune diadêmée, dans un carré. . . . . . OR. 1.

* Tête de Pallas. ℞. Tête de griffon avec le col. *Inéd.* Pl. XV, n°. 12. AR. 3.

* Tête de femme. ℞. Tête de griffon avec le col. Pl. XV, n°. 13. . . . BR. 3.

Tête tourellée. ℞. Galère, les bonnets des Dioscures. ΦΩΚΑΙΕΩΝ. . . BR. 4.

Tête de Pallas. ℞. Griffon. Bonnets des Dioscures. Lég. . . . . . BR. 4.

Tête tourellée. ℞. Chien attaquant un dauphin. Lég. . . . . . . BR. 4.

Tête du Sénat. ΙΕΡΑ CΥΝΚΛΗΤΟC. ℞. Serapis. Lég. *Magistr.* ΑΠΦΙΑΝΟΥ. BR. 6.

Autre. ℞. Esculape. *Magistr.* ΘΕΟΔΟCΙΑΝΟΥ. *Inéd.* . . . . BR. 7.

Imper. Commode. ℞. Cybèle et le génie de la ville. Lég. . . . . . BR. 7.

Caracalla. ℞. La Fortune. ΕΠΙ. Μ. ΑΥΡΙΑΜΕΝ... ΦΟΚΑ. ΩΝ.. . . . . . BR. 7.

* PHYGELA. *Aut.* Tête de Diane *Munychia* de face. ℞. Bœuf cornupète. *Massue.* ΦΥ. ΣΩΚΡΑΤΗΣ. Pl. XV, n°. 14. . . . . BR. 3.

* PRIENE. *Aut.* Tête de Pallas. ℞. Trident au milieu du Méandre. ΠΡΙΗ. ΠΑΣΙΚΛΗ. Pl. XV, n°. 15. . . . . AR. 4.

Tête de Pallas. ℞. ΠΡΙΗ. ΔΙΟΝΥ. Autour, le Méandre. . . . . . . BR. 3.

* SMYRNA. *Aut.* Tête de Panthère de face. ℞. Carré creux. Pl. XV, n°. 16. OR. 1.

* Autre semblable. Pl. XV, n°. 17. . . . . AR. 1.

* Tête de Mercure, couverte du pétase. ℞. Léopard dans un carré. Pl. XV, n°. 18. . . . . EL. 1 ½.

* Tête tourellée de femme. ℞. Tête de Mercure couverte du pétase. EL. 1 ½.

* Tête de femme avec un diadême. ℞. Masque de Faune. . . . EL. 1 ½.

* Tête tourellée de femme. ℞. Léopard courant. ΣΜΥΡΝΑΙΩΝ. ΔΙΟΝΥΣΙΟΣ ΒΑΤΣ. *Inéd.* Pl. XV, n°. 19. . . . . AR. 8.

* Tête laurée de femme. ℞. Homère assis tenant un rouleau et un long sceptre. Pl. XV, n°. 20. . . . . AR. 5.

* Tête d'Hercule. ΠΡΟΦΥΛΑΞ. ℞. Le Mélès. ΣΜΥΡΝΑΙΩΝ. Pl. XV, n°. 21. . BR. 4.

Quarante-trois autres médailles autonomes communes, dont les revers principaux sont Homère, une Amazone, un lion, un griffon, une proue, deux Némèses, Pallas, la Victoire, la Fortune, trépied, abeille, temple, etc. . . . . BR. 1-7.

Trente-deux méd. impériales, d'Auguste, Tibère, Livie, Caligula et Drusille, Agrippine, Julie fille de Titus, Trajan, Julia Domna. Caracalla, Géta, Mamaea, Sévère-Alexandre, Gordien, Maximin et Maxime, Valérien, et Gallien. ℞. Amazone, Hercule, la Fortune, Némèses, etc. . . . . BR. 5-8.

* Gordien. ℞. Alexandre endormi sous un platane, voit en songe les Némèses. *Magistr*. ΤΕΡΤΙΟΥ. . . . . BR. 9.

* Maximin et Maxime assis. ℞. ΠΡΩΤΑ. ΚΟΙΝΑ. ΑCΙΑC. ΕΝ. CΜΥΡΝΗ dans une cour. de laurier. Autour, ΕΠΙ CΤΡ. Μ. ΑΥΡ. ΠΟΛΛΙΟΥ. ΠΡΟΚΛΙΑΝΟΥ. BR. 10.

* SMYRNA et LAODICEA. Marc-Aurèle. ℞. Jupiter et deux Nemèses. ΑΤΤΑΛΟC. CΟΦΙCΤΗC. ΤΑΙC. ΠΑΤΡΙCΙ. CΜΥΡ. ΛΑΟ. . . . . BR. 12.

* TEOS. *Aut*. Tête de griffon la gueule ouverte. ℞. Carré creux. *Inéd*. Pl. XV, n°. 22. . . . . OR. 1.

* Tête de Bacchus. ℞. Diota, sur lequel est gravé un griffon. Deux feuilles de lierre. Pl. XV, n°. 24. . . . . OR. 1.

Diota, d'où pendent deux grappes de raisin. Feuille de lierre. ℞. Carré creux. (Cette médaille pourrait être de l'île de Naxos.) Pl. XV, n°. 23. . . . . AR. 5.

* Griffon accroupi. Un fleuron. ΤΗΙ Rétr. ℞. Carré creux. Pl. XV, n°. 25. AR. 6.

Griffon. ℞. Carré creux. Griffon. Grappe de raisin. ℞. Carré creux. AR. 3-5.

* Griffon accroupi. ℞. Diota. ΕΥΑΓΩΝ dans un carré. *Inéd*. Pl. XV, n°. 26. AR. 5.

Griffon. ℞. ΤΗΙΩΝ dans une couronne de lierre. . . . . BR. 3 ½.

Imper. Auguste. ℞. Bacchus. Lég. Grappe de raisin. Tête d'Auguste dans un temple. ℞. Bacchus. . . . . BR. 2-5.

Tête d'Octavie. Astre. ΟΚΤΑΟΥΙΑ. ℞. Bacchus. Lég. . . . . BR. 3.

Tête de Salonine. ℞. Femme assise. Lég. . . . . BR. 6.

ILES D'IONIE.

* Sphinx ailé debout sur un poisson. ℞. Carré creux. Pl. XVI, n°. 1. OR. 2.

* Lion marin ailé. ℞. Sphinx ailé assis dans un carré. Pl. XVI, n°. 2. OR. 2.

Sphinx. ℞. Carré creux. 3 méd. . . . . AR. 1-2-4.

* Sphinx. ℞. Tête de lion dans un carré. Alliance avec Samos. Pl. XVI, n°. 3. . . . . AR. 3.

* Sphinx. Amphore. ℞. ΠΟΣΕΙΔΙΠΠΟΣ, dans la traverse d'une croix.
Pl. XVI, n°. 4. (Mionnet, tom. II, p. 267.) . . . . AR. 5.

Autre. ΦΗΣΙΝΟ. Pl. XVI, n°. 5. . . . . AR. 3.

Sphinx. *Grappe*. ℞. Amphore. *Caducée*. ΑΠΕΛΛΗΣ. ΧΙΟΣ. . . . . AR. 5.

Autre. *Corne d'abondance*. ΔΕΡΚΥΛΟΣ. . . . . AR. 5.

Sphinx. ℞. Amphore. Divers noms de Magistrats. 8 méd. . . . . BR. 4.

Autres, avec les mots ACCAPION.—ΗΜΥCΙ.—ΤΕΤΡΑΧΑΛΧΟΝ.—ΟΒΟΛΟC. 4 méd. BR. 3-7.

* Sphinx le pied sur une proue. ACCAPIA ΤΡΙΑ. ℞. Amphore. Deux astres.
ΕΠΙ. ΑΡΧ. ΚΟΟΥΑΠΡΕΙΜΟΥ. ΧΙΩΝ. Pl. XVI, n°. 6. . . . . BR. 8.

Autre. ℞. Apollon et Bacchus. *Autel*. Lég. . . . . BR. 8.

Imper. Sphinx. *Grappe*. ΣΕΒΑΣΤΟΣ. ℞. Amphore. ΔΙΟΓΕΝΗ. ΕΥΔΗΜΟC.
Pl. XVI, n°. 7. . . . . AR. 4 ½.

* ICCARIA, *insula*. *Aut*. Tête de Neptune. ℞. Diane debout, appuyée sur
la haste. ΙΚΚΑΡΡΕΩΝ. *Médaille unique et inédite*. Pl. XVI, n°. 8. . . BR. 2.

SAMOS, *insula*. *Aut*. Tête de bœuf. ℞. Carré creux. 2 méd. Pl. XVI, n°. 9. OR. 1.

Tête jeune laurée. ℞. Tête de bœuf dans un carré. — Autre. . . OR. 1.

Partie antérieure de sanglier ailé. ℞. Tête de lion dans un carré. . OR. 1 ½.

Partie antérieure de sanglier ailé. ℞. Tête de lion incuse. . . . . OR. 1-½.

Partie antér. de sanglier ailé. ℞. Tête de lion dans un carré. ΑΣ. . AR. 1.

Cette médaille inédite portant les initiales de *Samos*, a fait attribuer les deux précédentes à cette ville.

* Têtes opposées de lion et de bœuf. ℞. Carré creux. Pl. XVI, n°. 10. OR. 1.

Autre. semblable. . . . . AR. 2.

* Tête de lion de face. ℞. Partie antérieure de bœuf dans un carré
creux. Branche de laurier. ΣΑ. Pl. XVI, n°. 11. . . . . . . AR. 5.

Trois autres. ΣΑ. . . . . AR. 3-5-6.

* Autre. ΑΗΣΙΑΝΑ. Pl. XVI, n°. 12. . . . . AR. 5.

Trois autres. ΕΓΗΣΙΑΝ. — ΒΑΤΤΟ. — ΗΡΟΔΟΤΟΣ. . . . . AR. 3-5-6.

* Autre. ΣΑ. ΑΜΦΙ. Pl. XVI, n°. 13. . . . . AR. 3.

Autre. ℞. Proue de navire. ΣΑ. Α. *Inéd*. . . . . AR. 2.

* Tête de Junon, d'ancien style, à dr. ℞. Tête de bœuf. . . . . AR. 1.

* Tête de Junon. ℞. Tête de lion de face. ΣΑ. . . . . AR. 1.

Imper. Auguste, Agrippine, Domitien, Commode, Caracalla, Sévère-Alex., Gordien, Tranquilline, Philippe, Octacilia, Trajan-Dèce, Etruscilla, Valérien, Gallien, Salonine. ℞. La Junon de Samos, Pythagore, la Fortune, Méléagre, Paons, et autres revers connus. 29 méd. . . . . BR. 4-8.

Celle de Domitien est gravée pl. XVI, n°. 15; celle de Tranquilline, pl. XVI, n°. 16.

Trajan-Dèce. ℞. Jupiter et Neptune. ΣΑΜΙΩΝ. . . . . BR. 9.

CARIE.

ALABANDA. *Aut.* Tête voilée. ℞. Pégase volant. Σ dans une couronne de laurier. . . . . AR. 4.

Imper. Caracalla. ℞. Apollon. ΑΛΑΒΑΝΔΕΩΝ. — Lyre. . . . . BR. 8-7.

ALINDA. *Aut.* Tête d'Hercule. ℞. Dépouille du lion. ΑΛΙΝΔΕΩΝ. . . . BR. 3.

* ANTIOCHIA. *Aut.* Tête d'Apollon. ℞. Pégase. Lég. ΑΝΤΙΟΧΕΩΝ. ΤΙΜΟΚΛΗΣ. Pl. XVI, n°. 17. . . . . AR. 8.

* Tête jeune. ΔΗΜΟC. ℞. Le Méandre. lég. Pl. XVI, n°. 18. . . . . BR. 6.

* *Imper.* Caracalla. ℞. La Fortune dans un temple. Lég. . . . . BR. 7.

APHRODISIAS. *Aut.* Tête voilée ΙΕΡΑ ΒΟΥΛΗ. ℞. L'Amour ΑΦΡΟΔΙΣΙΕΩΝ. . . BR. 4.

Imper. Auguste. ΘΕΟΣ. ΣΕΒΑΣΤΟΣ. ℞. Diane d'Éphèse. Lég. . . . . BR. 5.

Julia Domna. ℞. La Fortune. — Gallien. ℞. Table, deux urnes. . BR. 9-7.

* BARGYLIA. *Aut.* Tête de femme. ℞. Pégase. ΒΑΡΓΥΛΙΗΤΩΝ. Pl. XVI, n°. 21. AR. 4.

* CERAMUS. *Imper.* Antonin. ℞. Jupiter tenant haste et patère. L'aigle. ΑΙΛΙ. ΘΕΜΙCΤΟΚΛΗΣ..... ΚΕΡΑΜΙΕΤΩΝ. *Médaillon inédit.* Pl. XVI, n°. 22. BR. 9.

* CNIDUS. Tête de Vénus. ΚΝ. ℞. Tête de lion. Pl. XVI, n°. 23. . . . AR. 3.

* Autre. Derrière la tête, monogr. ℞. *Id.* ΚΝΙ. Pl. XVI, n°. 24. . . AR. 3.

* Autre. Derrière la tête, colombe. ℞. *Id.* ΘΕΥΜΕΔΩΝ. Pl. XVI, n°. 25. AR. 3.

* Tête de Pallas. ℞. La Victoire. ΚΝΙΔΙΩΝ. ΤΕΛΕΣΙΠΠΑ. Pl. XVI, n°. 26. . BR. 4.

Tête d'Apollon. ℞. Proue. — Tête tourellée. ℞. Tête de lion. . . . BR. 2-3.

Tête d'Apollon. Tête de bœuf en contremarque. ℞. Trépied. . . . BR. 4.

* HALICARNASSUS. *Aut.* Tête de Neptune. ℞. Trident. ΑΛΙΚΑ. ΕCΤΙ. *Inéd.* BR. 3.

Autre surfrappée. . . . . BR. 4.

Tête de Méduse de face. ℞. Tête de Pallas. Lég. . . . . BR. 4.

* *Imper.* Caracalla et Géta. ℟. Jupiter Dodonéen radié, debout entre deux chênes, sur lesquels sont perchées deux colombes : Junon, tenant la haste et la patère, deux paons. ΑΛΙΚΑΡΝΑCCΕΩΝ. Κ. ΚΩΟΝ. ΟΜΟΝ. ΑΡΧ ΕΥΦΡΑΝΤΑΚΟΥ. *Médaillon inédit.* . . . . BR. 12.

Gordien. ℟. Jupiter Dodonéen, deux chênes, deux colombes. Lég. BR. 9.

* Harpasa. *Imper.* Aelius Verus. ℟. Fleuve couché. ΕΠΙ. ΚΑΝΔΙΔΟΥ. ΚΕΛCΟΥ. ΑΡΠΑCΗΝΩΝ. *Inéd.* . . . . BR. 6.

Gordien. ℟. Le fleuve Harpasus. Lég. . . . . BR. 8.

Jasus. *Aut.* Tête d'Apollon. ℟. Enfant sur un dauphin. ΙΑ. ΚΤΗΣΙΑΣ. . BR. 3.

* Medmasa. *Aut.* Tête d'Apollon dans une couronne de rayons. ℟. Fleur. ΜΕ. (Sestini. Lett., tom. VI, p. 53.). . . . . AR. 3.

Mylasa. *Aut.* Cheval marchant. ℟. Trident ΜΥΛΑCΕΩΝ. . . . . . BR. 3.

Imper. Tête d'Auguste. ΜΥΛΑCΕΩΝ. ℟. ΓΡΑΜΜΑΤΕΥΟΝΤΟC. ΥΒΡΕΟΥ, en cinq lignes dans une couronne. . . . . BR. 5.

* Myndus. *Aut.* Tête barbue. ℟. Hermès barbu. *Inéd.* . . . . . . BR. 2.

Nysa. *Aut.* Têtes accolées de Jupiter et de Junon ? ℟. Bacchus marchant. ΝΥΣΑΕΩΝ. ΣΙΜΩΝ. . . . . BR. 4.

* Tête barbue. ℟. Femme debout, les bras croisés sur la poitrine. Lég. BR. 2.

Imper. Néron. ℟. Tête du dieu Mois. Lég. . . . . BR. 3.

Lucius Verus. ℟. Femme voilée tenant la haste. — Marc-Aurèle. ℟. Le dieu Lunus. — Sévère-Alexandre. ℟. Jupiter. — Valérien. — Gordien. 5 méd. . . . . BR. 6-8.

Orthosia. *Imper.* Élagabale. ℟. Les Dioscures et leurs chevaux. Lég. eff. BR. 7.

Pyrnus *ou* Gyrnus. *Aut.* Tête d'Apollon de face. ℟. Coquille. ΓΥΡΝΙΩΝ. . BR. 4.

Stratonicea. *Imper.* Gordien. ℟. La Fortune. Lég. . . . . BR. 7.

* Taba. *Imper.* Domitien. ℟. Autel sur lequel sont deux cônes. ΤΑΒΗΝΩΝ. ΚΑΛΛΙΚΡΑΤΗC. *Inéd.* . . . . BR. 4.

Faustine jeune. ℟. La Fortune. Lég. — Julia Domna. ℟. *Id.* 2 méd. BR. 6.

Taba. Caracalla. ℟. Diane et le dieu Lunus. ΕΠΙ. ΑΡΤΕΜΙΔΩΡΟΥ. ΤΑΒΗΝΩΝ. BR. 11.

* Géta. ℟. Mercure, la tête radiée, tenant de la dr. une torche, de la gauche un sceptre et un caducée. Lég. *Inéd.* . . . . BR. 4.

Valérien. ℟. Diane et le dieu Lunus. ΑΓΑΘΟΚΛΕΟΥΣ. . . . . BR. 10.

Cornelia Salonina. ℟. Neptune. Dauphin. Lég. . . . . BR. 5.

Trapezopolis. *Imper.* Tête d'Auguste. *Lituus.* ℞. Thyrse. ΤΡΑΠΕΖΟΠΟΛΙΤΩΝ. ΑΝΔΡΟΝΙΚΟΥ. ΓΟΡΓΙΠΠΟΥ. . . . . br. 4.

Tripolis. Tête de Pallas. ℞. Némésis. ΤΡΙΠΟΛΕΙΤΩΝ. . . . . br. 4.

Tête du peuple. ΔΗΜΟϹ. ℞. Le Méandre couché. Lég. . . . . . . br. 7.

Tête tourellée. ℞. Diane Lég. . . . . br. 5.

Imper. Tête de Diane. ΘΕΟΔΟΡΟϹ. Β. ΕΧΑΡ. ΤΡΙΠΟΛ. ℞. Trajan étendant la main sur un trophée. . . . . br. 8.

Philippe. ℞. Latone assise, portant un enfant. . . . . br. 7.

ROIS de CARIE.

Maussolus. Tête d'Apollon de face. ℞. Jupiter *Labradaeus*. Couronne de laurier. ΜΑΥΣΣΩΛΛΟ. . . . . ar. 3.

Pixodarus. Tête d'Apollon de face. ℞. Jupiter Labradaeus. ΠΙΞΩΔΑΡΟΥ. . ar. 6.

Deux autres. ar. 4.

ILES DE CARIE.

Calymna. *Aut.* Tête coiffée d'un casque à mentonnière. ℞. Lyre. ΚΑΛΥΜΝΙΩΝ dans un carré de grénetis. . . . . ar. 4.

* Autre. ΚΑΛΥ. *Inéd.* . . . . ar. 3.

Cos. *Aut.* Tête d'Hercule jeune. ℞. *Idem.* ΝΙΚΩΝ. . . . . ar. 5.

Tête d'AEsculape. ℞. Serpent dans un carré. ΚΩΙ. ΤΙΜΟΞΕ. ΕΚΑΤΑΙ. Δ.— Autre. ΑΓΗΣΙΑ. ΘΕΥΦΑΝ. Δ. — Autre. ΦΙΛΟΦΙΧΑΝΕΝΩΝ. Ε. . . . . . ar. 3.

Tête d'Apollon. ℞. Lyre. ΕΜΜΕΝ. . . . . br. 6.

Tête d'AEsculape. ℞. Serpent autour d'un bâton. 3 méd. . . . . br. 3-5.

Tête d'AEsculape. ℞. Figure assise, la tête appuyée sur sa main. . . br. 5.

* Tête voilée de femme. ΕΛΛΘΩΝ. ℞. Hercule de face, assis sur des rochers, tient sur son genou son fils Télèphe. *Inéd.* . . . . . br. 5.

Même tête. ℞. Crabe. . . . . br. 2.

* Tête d'Hercule. Massue. ℞. Junon debout, tenant haste et patère, Paon. ΚΩΙΩΝ. *Inéd.* . . . . br. 9.

Tête d'Hercule de face. ℞. Arc, carquois. Lég. 6 méd.. . . . . br. 4.

Imper. Tête d'Auguste. ℞. Tête d'AEsculape. ΧΑΡΜΥΛΟΣ. . . . . . br. 4.

Autre. ΝΙΚΑΓΟΡΑΣ. . . . . br. 4.

Autre. ℞. Bâton d'AEsculape. Massue. ΣΟΦΟΚΛΗΣ. . . . . br. 3.

Autre. ℞. Tête d'Hercule. ΠΙΘΟΝΙΚΟC. . . . . BR. 3.

Néron. ℞. Tête d'AEsculape. . . . . BR. 5.

RHODUS, île. *Auton.* Tête d'Apollon de face. ℞. Rose ou fleur du *balaustium* dans un carré creux plat. ΤΙΜΟΚΡΑΤΗΣ. ΡΟ. *Inéd.* . . . . . OR. 4.

Tête d'Apollon, radiée, à dr. ℞. Fleur du *balaustium.* Noms de magistrats, *Athanadoras, Dexicratès, Xenophanios, Agesidos, Nicephoros*, et les symboles suivans : *Aile, caducée, tête de bélier, casque, fleur de lotus.* 7 méd. . . . . AR. 3.

Tête radiée d'Apollon de face. ℞. Fleur du *balaustium.* Noms connus de magistrats. Symboles : *Proue*, *guerrier casqué*, *guerrier combattant, gland, thyrse, Pallas, Terme*, *Aplustre, caducée, carquois, arc et massue.* 18 méd. . . . . AR. 6-3.

Tête radiée à dr. ℞. Fleur du *balaustium.* . . . . BR. 7.

Autre. ℞. Victoire, trophée. . . . . BR. 9.

Autre. ℞. La fleur vue de face, Un Terme. ΡΟΔΙΩΝ. 2 méd. . . . . BR. 4.

Autre. ℞. Tête de Sérapis. ΡΟΔΙΩΝ. — Autre. ℞. Fleur. . . . . . . BR. 3-2.

Tête de Bacchus. ℞. Victoire. Fleur. Lég. . . . . BR. 10.

Tête de Bacchus radiée et couronnée de lierre. Thyrse. ℞. Victoire tenant un sceptre et une couronne de laurier. ΕΠΙ. ΑΝΤΙΓ. ΡΟΔΙΩΝ. BR. 11.

*CAMIRUS. *Aut.* Feuille de Figuier. ℞. Carré creux, divisé en deux parties. (*Sestini, continuaz, Lett.* VII, p. 82; pl. II, n°. 26-27.). . . . AR. 5.

Autre. ℞. Carré creux. . . . . AR. 1.

LYCIE.

LYCIA. *Imper.* Nerva. ℞. Chouette posée sur deux lyres. ΥΠΑΤΟΥ. ΤΡΙΤΟΥ. . AR. 4.

Trajan. ℞. *Idem.* ΔΗΜ. ΕΞ. ΥΠΑΤ. Β. 2 méd. — Autre. ΕΤΟΥC. ΙΔ. (An 14.). AR. 4.

CRAGUS. *Aut.* Tête d'Apollon. ΛΥ. ℞. Lyre dans un carré. ΚΡ. . . . AR. 3.

Autre semblable; symbole : *Épi.* — Autre. *Aigle.* . . . . AR. 3.

Tête de Diane. ℞. Carquois. ΚΡ. ΞΑΝ. . . . . BR. 4.

MASSICYTES. *Aut.* Tête d'Apollon. ℞. Lyre. *Ciste entourée d'un serpent.* ΜΑ. — 3 Autres. *Trépied, bucrane, étoile.* . . . . AR. 3.

*Tête d'Apollon. ℞. Apollon debout, de face, en habit long, tenant un arc et une branche de laurier. *Inéd.* . . . . BR. 4.

Imper. Tête nue d'Auguste. ℟. Deux lyres, épi. MA. . . . . . . AR. 4.

MYRA. *Imper.* Gordien. ℟. Diane *multi-mamma*, voilée, dans un temple tétrastyle. ΜΥΡΕΩΝ. . . . . BR. 8.

PHASELIS. *Aut.* Partie antérieure de sanglier. ℟. Proue. ΦΑΣ. . . . . . AR. 4.

XANTHUS? *Aut.* Tête d'Apollon de face, aigle sur sa joue. ℟. Fleur du *balaustium*. ΞΑ. ΜΑ. (Attribution de M. Allier de Hauteroche.). . AR. 3.

Une médaille semblable avait été attribuée jusqu'à présent à *Rhoda* ou *Rhodanusia* de la Gaule narbonnaise, à cause du type de la rose ou fleur du *Balaustium*, les lettres MA n'ont aucune analogie avec le nom de la ville. Sur celle-ci, les lettres ΞΑ pourraient en être les initiales. Mais le type et la fabrique de cette médaille étant tout-à-fait semblables à ceux des médailles de l'île de Rhode, pourquoi ne l'y placerait-on pas? Les initiales ΞΑ et MA peuvent être celles de noms de magistrats.

PAMPHILIE.

ASPENDUS. *Imper.* Gordien. ℟. Jupiter devant un autel. ΑCΠΕΝΔΙΩΝ. . . BR. 9.

Gallien. ℟. Vénus demi-nue, arrangeant de la dr. ses cheveux. Lég. BR. 9.

ETENNA. *Aut.* Deux lutteurs. ℟. Hygiée. ΕΤΕ. *Inéd.* . . . . BR. 2.

PERGA. *Aut.* Diane dans un temple distyle. ℟. Victoire marchant. ΑΡΤΕΜΙΔΟΣ. ΠΕΡΓΑΙΑΣ. . . . . BR. 3.

Sphinx. ℟. Diane. ΜΑΝΑ... ΠΕΡΓ. . . . . BR. 2.

Imper. Trajan. ℟. Diane de Perga dans un temple distyle. ΔΗΜΑΡΧ. ΕΞ. ΥΠΑΤΟ. Ϛ. . . . . AR. 6.

Gallien. ℟. Trois urnes sur une estrade. Lég. . . . . BR. 8.

* POGLA. *Imper.* Géta. ℟. Diane en habit court, tenant son arc et prenant une flèche dans son carquois. ΠΩΓΛΕΩΝ. Méd. unique. . . BR. 4½.

* SIDE. *Aut.* Grenade sur un dauphin. ℟. Tête de Pallas d'ancien style, à dr., dans un carré creux. . . . . AR. 4.

Tête de Pallas. ℟. Victoire marchant. *Grenade.* 5 méd. avec lég. div. ΑΡ.-ΔΕΙΝΩ.-ΚΛΕΥ.-Monogr. . . . . AR. 8.

Autre. ΔΕΙΝ. . . . . AR. 4.

Autre. ΣΙΔΗΤΩ... . . . . BR. 3.

* Tête de Jupiter. ℟. Hercule. ΣΙΔΗ. *inéd.* . . . . BR. 3.

Tête d'Apollon. ℟. Pallas. Serpent. Lég. . . . . BR. 4.

Imper. Septime-Sévère. ℟. Pallas. Serpent. ΣΙΔΗΤ. . . . . . . AR. 4.

* SIDE *et* DELPHES. Valérien. ℞. Urne des jeux, portée par deux génies. ΣΙΔΗΤΩΝ. ΔΕΛΦΩΝ. ΟΜΟΝΟΙΑ. *Médaillon inéd.* . . . . BR. 11.

* Gallien. ℞. Galère dans un port. ΣΙΔΗΤΩΝ. ΝΕΩΚΟΡΩΝ. ΝΑΥΑΡΧΙΣ. Α. Ε. (*Unique avec le titre de Navarchis.*). . . . . BR. 8.

* SILLYUM. *Imper.* Septime Sévère. ℞. Le dieu Lunus. ΣΙΛΛΥΕΩΝ. . . BR. 4.

PISIDIE.

* ANTIOCHIA. *Aut.* Tête du dieu Lunus sur un croissant. ℞. Bison allant à dr. ΑΝΤΙ....Ν. BR. 4.

Autonome unique. Celle de Hunter est coloniale.

Imper. Tibère. ℞. Colon, deux bœufs, deux enseignes. Lég. . . BR. 9.

Julia Domna. ℞. Femme debout. Lég. . . . . BR. 5.

* Géta. ℞. Victoire marchant, tenant une couronne et une palme. VICTORIAE AVGVSTORVM. COL. ANTI. S. R. *Inéd.* . . . . BR. 10.

Gordien. ℞. La louve et les jumeaux, près du figuier *ruminal.* Lég. BR. 9.

Id. L'Empereur combattant un lion. Lég. . . . . BR. 9

Philippe. ℞. Enseignes. Lég. 2 méd. — Volusien. *Idem.* . . . . . BR. 6-5.

* CONANE. *Imper.* Philippe fils. ℞. Bacchus. Panthère. ΚΟΝΑΝΕΩΝ. . . BR. 7.

CREMNA. *Imper.* Géta. ℞. Apollon lançant une flèche. COL. CR. PROP. . BR. 4.

PROSTANNA. *Imper.* Claude *le Gothique*. ℞. Mars nu debout. ΠΡΟΣΤΑΝΝΕΩΝ. BR. 8.

SAGALASSUS. *Aut.* Tête de Jupiter. ℞. Deux boucs se heurtant. ΣΑΓΑ. . BR. 3.

Imper. Commode. ℞. Victoire. ΣΑΓΑΛΑΣΣΕΩΝ. *Inéd.* . . . . BR. 5.

SELGE. *Aut.* Mars nu, casqué, tenant épée et bouclier. ℞. *Triquetra*, osselet. ΣΤ dans un carré creux. . . . . AR. 4.

Deux lutteurs. Α. Φ. ℞. Un frondeur. *Triquetra.* ΕΣΤΦΕΔΙΙΥ. . . . AR. 6.

Trois autres à peu près semblables. . . . . AR. 6.

Deux autres. Κ. ℞. Frondeur. ΣΕΛΓΕΩΝ. . . . . AR. 6-5.

Bouclier. ℞. Fer de lance. ΣΕ. . . . . BR. 2 ½.

TERMESSUS. *Aut.* Tête de Mercure. ΤΕΡΜΗΣΣΕΩΝ. ℞. Femme diadémée, vêtue d'une longue tunique. ΤΩΝ ΜΕΙΖΟΝΩΝ. . . . . BR. 6.

Tête de Pallas. Lég. ℞. Mercure tenant patère et caducée. . . . BR. 6.

LYCAONIE.

Iconium. *Auton.* Buste de Persée. ℟. Jupiter assis. ΙΚΟΝΙΕΩΝ. ΜΕΝΕΔΗΜ. ΘΙΜΟΘΕΟΥ. br. 5.

* Savatra. *Imper.* Antonin. ℟. La Fortune assise, tourellée, portant corne d'abondance. CΑΟΥΑΤΡΕΩΝ. *Inéd.* . . . . br. 7.

CILICIE.

Adana. *Aut.* (*Voy.* Antiochia ad sarum.) Tête de Sérapis. ℟. Fleuve à mi-corps. ΑΔΑΝΕΩΝ. (*Probablement moulée sur le bronze.*). . . pl. 3.

* *Imper.* Maxime. ℟. ΜΑΞΙΜΙΑΝΩΝ ΑΔΑΝΕΩΝ, des *Maximiens-Adanéens.* Bacchus, Panthère. (*Eckhel.*, vol. IV, p. 330.) *Inéd.* . . . . . . br. 8

Cette ville a souvent changé de prénom, en adoptant le nom d'un empereur romain pour le joindre au sien. Elle s'est nommée tour-à-tour *Hadriana, Severiana, Antoninopolis, Macriniana.* Nous trouvons sur cette médaille de Maxime le dernier exemple de cette adulation servile qui fit prendre aux Adanéens, sous le règne simultané du père et du fils, les noms de Maximiens et de Maximiniens, selon qu'ils frappaient la monnaie à l'effigie de l'un ou de l'autre.

Aegae. *Aut.* Tête tourellée. ℟. Buste de cheval. ΑΙΓΑΙΕΩΝ. ΤΗΣ. ΙΕΡΑΣ. ΚΑΙ ΑΥΤΟΝΟΜΟΥ. Monogr. 1378 de Mionnet. . . . . ar. 5.

Anazarbas. *Aut.* Tête voilée, épis, pavots.... ΑΡ... ΑΝΑΖΑΡ. ℟. Tête voilée et tourellée, flambeau. . . . . br. 4.

Imper. Valérien. ℟. Urne des jeux sur une table. Lég. . . . . . . br. 6.

* Anemurium. *Imper.* Trajan. ℟. Diane, cerf. ΑΝΕΜΟΥΡΙΕΩΝ. *Inéd.* . . br. 8.

* Augusta. *Imper.* Domitien. ℟. Buste de Bacchus. ΑΥΓΟΥCΤΑΝΩΝ. ΕΤΟΥC. ΞΑ. (An 61.) *Inéd.* . . . . br. 7.

L'an 61 se rapporte à l'ère d'Auguste qui commença l'an 20 de l'ère vulgaire, et il coïncide avec l'an 81 de cette ère, époque de la mort de Titus et de l'avènement de Domitien.

Celenderis. *Aut.* Homme nu, à cheval. ℟. Bouc, la tête retournée, s'agenouillant. ΚΕΛΕΝ. 2 méd. . . . . ar. 6-5.

Cheval. ℟. Bouc. ΚΕ. . . . . ar. 1.

Tête tourellée. ℟. Apollon. Lég. 2 méd. . . . . br. 5.

* Colybrassus. *Imper.* Marc-Aurèle. ℟. Figure tourellée, debout, tenant la haste et la patère, devant une tour. ΚΟΛΥΒΡΑCCΕΩΝ. *Inéd.* br. 6.

CORYCUS. *Aut.* Tête tourellée. ℞. Mercure. ΚΩΡΥΚΙΩΤΩΝ. . . . . . . BR. 5.

HIEROPOLIS. *Aut.* Tête tourellée. ℞. Femme assise, le modius sur la tête. ΙΕΡΟΠΟΛΙΤΩΝ, etc. . . . . BR. 5.

* IRÉNOPOLIS. *Imper.* Trajan. ℞. Tête barbue et laurée. ΙΡΗΝΟΠΟΛΕΙΤΩΝ. ΕΤΟΥΣ. Ζ.Μ. (An 47.) *Inédite*. . . . . BR. 5.

* Sévère-Alexandre. Contrem. ℞. AEsculape et Hygiée. Lég. ΕΤΟΥΣ. Β.Ο.Ρ. (An 172.) *Inéd.* . . . . BR. 7.

MOPSUS. *Aut.* T. de Jupiter. ℞. Autel allumé. ΜΟΨΕΑΤΩΝ. ΤΗΣ. ΙΕΡΑΣ. ΚΑΙ... BR. 5.

Tête jeune diadêmée. ℞. Diane. ΜΟΨΕΑΤΩΝ. Μ. Π. . . . . BR. 3.

Selon M. Allier de Hauteroche, la tête est celle d'Antiochus II, roi de la Commagène.

Imper. Sept.-Sévère. ℞. Jupiter nicéphore. Lég. ΕΤ. ΒΞΣ. (An 262.) *Inéd.* BR. 10.

SELEUCIA *ad Calycadnum. Aut.* Tête de Pallas. ℞. Victoire. Lég. Monog. BR. 5.

SOLI. *Aut.* Tireur d'arc. ℞. Grappe de raisin. ΣΟΛΕΩΝ dans un carré creux. AR. 5.

Autre. ℞. *Idem.* Σ. . . . . AR. 3.

Tête de Pallas. ℞. Grappe de raisin, chouette. Lég. ΑΠΟ. . . . . AR. 6.

* SOLOPOLIS. Tête nue de Pompée. ℞. Victoire. ΣΩΛΟΠΟΛΙΤΩΝ. Monogr. . BR. 4.

POMPEIOPOLIS. *Imper.* ΓΝ. ΠΟΜΠΗΙΟΣ. Tête de Pompée. ℞. Femme tourellée, assise. Lég. ΘΚΣ. (229.). . . . . BR. 7.

Jupiter nicéphore, assis. ℞. Marc-Aurèle debout, en manteau de philosophe et couronné de lauriers. Lég. ΘΚΣ. (An 229.). . . . . BR. 9.

Cette année correspondait à la 2e. du règne de Marc-Aurèle.

SYEDRA. *Imper.* Marc-Aurèle. ℞. L'Empereur à cheval, foulant un ennemi. ΣΥΕΔΡΕΩΝ. . . . . BR. 9.

TARSUS. *Aut.* Tête tourellée. ℞. Base surmontée d'une pyramide, sur laquelle on voit un homme debout sur un quadrupède. ΤΑΡΣΕΩΝ. Monogr. . . . . BR. 5.

Autre. ΤΑΡΣΟΥ. ΜΗΤΡΟΠ. ℞. Temple décastyle. Κ... ΚΙΛΙΚ.... . . . . .

Imper. Domitien. ℞. Le génie de la ville, assis et tenant une palme. Le fleuve Cydnus. ΜΗΤΡΟΠΟΛΕΩΣ. Monogr de ΑΠΤΡ. . . . . . AR. 7.

Maxime. ℞. Jupiter assis. ΤΑΡΣΕΩΝ. ΜΑΞΙΜΟΥ.... ℞. Génie de la ville, assis. Fleuve. BR. 7.

* Philippe. ℞. Diane dans un char traîné par deux taureaux. Lég. . BR. 9.

* Autre. ℞. L'Espérance debout. Lég. . . . . BR. 10.

ILE DE LA CILICIE.

SEBASTE. *Imper*. Julia Domna. ℞. Divinité en gaîne sur un globe, dans un temple distyle. CEB. A. I. A. NAYAPX. *Inéd*. . . . . BR. 5.

INCERTAINES DE LA CILICIE.

* Hercule nu, marchant, tenant arc et massue. *Croix ansée*. ℞. Lion dévorant un cerf. . . . . OR. 2 ½.

* Animal couché. ℞. Croix ansée dans un carré creux; aux quatre coins, un petit fleuron. . . . . AR. 5.

Bœuf debout, *Mihir*, croix ansée. Colombe volant, feuille de lierre. AR. 5.

Jupiter assis, tenant des épis et une grappe de raisin. *Tête de bélier*. ℞. Lion dévorant un cerf. *Caractères phéniciens*. . . . . . AR. 5.

Autre. *Croix ansée*. Caractères. ℞. *Idem*. o. . . . . AR. 6.

Autre. Épi. Caractères. ℞. Le lion et le cerf au-dessus de deux rangs de fortifications. . . . . AR. 6.

Autre. ℞. Buste de face d'une femme casquée. . . . . AR. 6.

Jupiter aëtophore. ℞. Griffon dévorant un cerf. Lég. phénic. 2 méd. AR. 4.

Tête de femme vue de face. ℞. Tête barbue casquée, à dr. Lég. phénicienne. . . . . AR. 5.

CHYPRE.

CYPRUS, île. *Imper*. Claude. ℞. KYΠPIωN dans une couronne de laurier. BR. 8.

Autre. . . . . BR. 10.

Vespasien. ℞. ETOYC. NEOY. IEPOY. O. Jupiter de face. . . . . . AR. 6.

Autre. ℞. Simulacre de Vénus *Paphia* dans son temple. . . . . BR. 7.

Hadrien. Septime-Sévère. Caracalla. Géta. Même revers. . . . . BR. 7-9.

LYDIE.

ACRASUS. *Aut*. Tête de Pallas. ℞. Lion marchant. AKPACIΩTΩN. . . . BR. 3.

* *Imper*. Septime-Sévère. ℞. Apollon défié par Marsyas. EΠI. ONHCIΦOPOY. AΠOΛΛ. T. B. AKPACIΩTΩN. *Médaillon inédit*. . . . . . . BR. 10.

* APOLLONIDEA. *Imper*. Commode. ℞. Cybèle assise. Lég. . . . . . BR. 7.

APOLLONOSHIERON. *Imper*. Néron. ℞. Apollon *Cytharoede*. . . . . BR. 4.

Attalea. Buste de Pallas. ℞. La Fortune. Lég. — Mercure. 2 méd. . br. 4.
Aureliopolis. *Imper.* Commode. ℞. ..... dans un bige de griffons. . br. 9.
* Bagae. Tête jeune. ΔΗΜΟϹ. ℞. Fleuve. Lég. ΕΡΜΟϹ. *Inéd.* . . . . . br. 5.
Imper. Hadrien. ℞. Jupiter assis. Lég. . . . . br. 5.
Blaundos *Aut.* Tête de Bacchus. ℞. Thyrse. Lég. . . . . br. 4.
Imper. Faustine. ℞. Cérès. Lég. — Caracalla. ℞. Hercule et le lion de Némée. Lég. br. 5-9.
Gordus-Julia. *Aut.* Tête du Sénat. ℞. Bacchus. Lég. . . . . . . br. 4.
Imper. Plotine. ℞. Jupiter assis. Lég. . . . . br. 4.
Hermocapelia. *Aut.* Tête du Sénat. ℞. Tête jeune. Lég. Monogr. . . br. 4.
Hierocaesarea. *Imper.* Caracalla. ℞. Autel allumé, surmonté d'un trophée dans un temple. Lég. ET. ΒΟΡ. (An 172.). . . . . . . br. 8.
Hypaepa. *Imper.* Auguste ℞. ΥΠΑΙΠΗΝΩΝ. ΑΤΤΑΛΟϹ. Tête de Jupiter. . . br. 4.
* Autre. ℞. *Idem*, et ΜΥΡΙΩΝΟϹ et le monogr. de ΓΡΑΜ, pour ΓΡΑΜΜΑΤΕΥϹ. br. 4.
Septime-Sévère. ℞. Junon *pronuba* dans un temple hexastyle. Lég. br. 9.
Valérien. ℞. *Id.* . . . . br. 7.
* Hyrcania. *Imper.* Tête de Septime-Sévère. ℞. Esculape. Lég. . . br. 4.
* Maeonia. *Aut.* Tête du peuple. ℞. La Fortune. Lég. . . . . . br. 4.
Tête de Jupiter. ΖΕΥϹ. ΟΛΥΜΠΙΟϹ. ℞. Rome nicéphore assise. ΕΠΙ ΔΙΟΔΩ... br. 6.
* Magnesia. *Aut.* Fleuve. ΜΑΓΝΗΤΩΝ. ℞. ΕΙΠΥΛΟΥ. Scorpion. *Inéd.* . . br. 3.
Imper. Faustine jeune. ℞. Fleuve. Lég. — Otacilia. ℞. Femme assise — Gallien. ℞. Urne des jeux. . . . . br. 7.
Mastaura. *Aut.* Tête de Jupiter. ℞. Palme et thyrse. Lég. dans une couronne de laurier. . . . . br. 3.
Imper. Tibère et Livie. ΣΕΒΑΣΤΟΥΣ. ΜΑΣΤΑΥΡΙΤ.... ℞. Amazone à cheval. ΕΠΙΜΕΛΗΤΗΣ. ... ΡΑΣ ΚΑΙΡΕ,... . . . . br. 4.

M. de Hauteroche pense que le mot ΕΠΙΜΕΛΗΤΗΣ ne doit point être divisé et qu'il indique la magistrature de Curateur.

Mostene. *Imper.* Claude et Agrippine. Lég. ℞. Amazone à cheval. Lég. br. 5,
Nacrasa. *Imper.* Trajan. ℞. Diane dans un temple tétrastyle. Lég. . . br. 4.
Philadelphia. Tête de Bacchante. Lég. ℞. Panthère. ΑΡΧΙΕΡΕΥΣ. ΕΡΜΙΠΠΟΣ. br. 4.
Bouclier. ℞. Foudre. Monogr. dans une couronne de laurier. Lég. . br. 3.
Imper. Hadrien. ℞. Bacchus. Lég. . . . . br. 7.

SAETTENI. Tête du peuple. ℞. Hercule. Lég. . . . . BR. 4.
* Tête du Sénat. ℞. Cybèle assise. Lég. *Inéd.* . . . . BR. 6.
Autre. ℞. Bacchus. Lég. . . . . BR. 5.
Imper. Tranquilline. ℞. Fleuve couché. ΥΛΛΟC. . . . . BR. 5.
SARDES. *Aut.* Tête du génie de la ville. CΑΡΔΙC. ℞. Junon *pronuba*. Lég. BR. 5.
Tête d'Hercule. ℞. Massue. Lég. . . . . BR. 4.
Imper. Tête d'Hercule. ℞. Victoire. CΕΒΑΣΤΗ. — Auguste. ℞. Lég. dans une couronne. . . . . BR. 3-4.
Drusus jeune et Germanicus assis. ℞. Lég. dans une couronne. 2 méd. BR. 7-8.
Septime-Sévère. ℞. Diane. . . . . BR. 7.
* SARDES et EPHÉSIA. Caracalla. ℞. Junon de Samos, ou Proserpine, entre deux pavots. Diane d'Éphèse, entre deux biches. ΕΠΙ. ΑΝ. ΡΟΥΦΟΥ. ΑΡΧ. Α. ΤΟ. Γ. CΑΡΔΙΑΝΩΝ. ΕΦΕCΙΩΝ. ΟΜΟΝΟΙΑ. (Mion. 757.). . BR. 10.
* Sévère Alexandre. ℞. Cérès et Junon *pronuba*, épi, pavot. ΕΠΙ. ΑΡΧ. Γ. ΑCΙΝ. ΝΕΙΚΟΜΑΧΟΥ. ΦΡΟΝΤ. CΑΡΔΙΑΝΩΝ. Β. ΝΕΩΚΟΡΩΝ. *Inédite*. . . BR. 10.
Tranquilline. ℞. Le dieu Lunus. Lég. . . . . BR. 5.
* TABÀLA. *Imper.* Faustine jeune. ℞. Cybèle assise, appuyée sur un tambour. Lion. ΤΑΒΑΛΕΩΝ. . . . . BR. 6.
THYATIRA. *Aut.* Buste de Diane. ΒΟΡΕΙΤΗΝΗ. ℞. Aigle Lég. . . . . BR. 6.
Le Sénat. ℞. Cérès. — Apollon. ℞. Trépied. — Pallas. ℞. Urne des jeux. ΠΥΘΙΑ. . . . .
Imper. Néron. ℞. Bipenne. — Julie, fille de Titus. ℞. Cybèle.
* Julia Domna. ℞. Septime-Sévère à cheval, foulant un ennemi. Lég. *Magistr.* Glycon et Lucius. . . . . BR. 9.
Élagabale. ℞. Bacchus. — Sévère Alexandre. ℞. La louve et les jumeaux. Lég. . . . . BR. 4-6.
THYATIRE et SMYRNE. *Alliance.* Gordien. ℞. Diane lucifera. . . . . BR. 6.
TRALLES. *Aut.* Tête d'Apollon. ℞. Trépied. — Tête de Jupiter. ℞. Bison. BR. 4.
Imper. Verus. ℞. Mercure. — Maximin. ℞. Femme debout. — Gordien. ℞. Pluton dans un quadrige enlevant Proserpine. Lég. . . BR. 9.
Gallien. ℞. La Fortune. . . . . BR. 5.

ROIS DE LYDIE.

Créséides. (*Ainsi nommées de* Crésus *qui régnait en Lydie au milieu du 6me siècle avant J. C.*)

Tête de Lion. Étoile. ℞. Carré creux. 2 méd. . . . . or. 2.

Cette attribution est celle de M. Cousinery. Ces médailles ont été placées par M. Sestini à Cyzique. Voyez Stater., p. 50, pl. iv, fig. 3. Je les crois de Cnide de Carie.

PHRYGIE.

Aezanis. *Aut.* Tête du Sénat. ℞. Apollon. Lég. . . . . br. 7.
Imper. Domitia. ℞. Pallas. — Caligula. ℞. Jupiter aëtophore. — Claude. ℞. *Id.* . . . . br. 5.
Antonin. ℞. La Fortune. Lég. . . . . br. 6.
Acmonia. *Imper.* Néron. ℞. Jupiter. — Maximin. ℞. La Fortune. Lég.. br. 8.
Sévère Alexandre. ℞. Bacchus. . . . . br. 6.
* Amorium. *Imper.* Néron. Lég. ℞. Aigle. ΕΠΙ. ΛΕΥΚΙΟΥ ΙΟΥΛΙΟΥ. ΤΟΤΩΝΟΣ. ΤΟ. Β. . . . . br. 5.
Ancyra. *Imper.* Verus. ℞. Neptune. — Julia Domna. ℞. Vénus debout, l'Amour à ses pieds. Lég. . . . . br. 5.
Otacilia Severa. ℞. Femme tourellée assise. Lég. . . . . . br. 7.
Apamea. Deux cistophores. . . . . ar. 7.
Tête de Pallas. ℞. Aigle sur le Méandre, bonnets des Dioscures. . br. 5.
Tête de Jupiter. ℞. Junon *Pronuba.* Lég. ΑΝΔΡΟΝΙ. ΛΑΚΙΟΥ. . . . br. 5.
Autre. ΦΙΛΟΚΡΑΤΟΥ. . . . . br. 5.
Imper. Hadrien ℞. Le fleuve Marsyas dans une grotte. L. . . . br. 5.
* *Apamée* et *Éphèse.* Caracalla. ℞. Jupiter assis. Diane d'Éphèse. Lég. br. 10.
Attaea. *Imper.* Auguste. ℞. Tête jeune. ΑΤΤΑΙΤΩΝ. . . . . br. 4.
Attuda. *Aut.* Tête du Sénat. ℞. Jupiter tonnant. Lég. . . . . . br. 6.
Cadi. *Aut.* Tête du peuple. ℞, Pallas. Lég. . . . . br. 8.
Imper. Otacilia. ℞. Diane. Lég. . . . . br. 7.
Cibyra. *Aut.* Tête de Pallas. ℞. Cavalier galoppant. Lég. . . . . ar. 3.
Tête voilée et tourellée. ℞. Lion marchant à dr. . . . . . . br. 5.
Moagetes, *rex Cibyræ.* Tête d'Hercule. ℞. Lion. Monogr. de ΜΟΑΓ. . br. 5.

Cidyessus. *Imper.* Élagabale. ℞. Cybèle assise. Lég. . . . . BR. 6.
Cotiaeum. *Aut.* Tête du peuple, barbue. ℞. Cybèle assise. Lég. . . BR. 6.
Autre. ℞. Le soleil dans un quadrige. . . . . BR. 7.
Imper. Domitia. ℞. Cybèle assise. — Diaduménien. ℞. Deux mains jointes. Lég. . . . . BR. 4.
Docimeum. *Aut.* Tête du Sénat. ℞. Pallas. Lég. . . . . BR. 6.
Dorylaeum. *Imper.* Titus. ℞. Jupiter assis. Lég. . . . . BR. 4.
Idem. Philippe fils. ℞. Nemésis. Lég. . . . . BR. 6.
Epictetos. *Aut.* Tête de Pallas. ℞. Cheval, palme, bonnet des Dioscures. Lég. . . . . BR. 5.
Eucarpia. *Aut.* Tête d'Hercule. ℞. Telesphore. Lég. . . . . BR. 3.
Imper. Auguste. ℞. Némésis. Lég. . . . . BR. 4.
Hierapolis *Aut.* Tête radiée d'Apollon. ℞. Tête de taureau de face, surmontée d'un croissant et de deux étoiles. . . . . BR. 3.
Tête de Sérapis. ℞. Jupiter aëtophore. Lég. . . . . BR. 4.
Imper. Trajan. ℞. Cybèle. . . . . BR. 8.
Hadrien. ℞. Pallas nicéphore. . . . . BR. 6.
Marc-Aurèle. ℞. Amazone à cheval. Lég. . . . . BR. 8.
Laodicea cistophore. . . . . AR. 6.
Tête de femme. ℞. Corne d'abondance. 2 méd. — Tête du peuple. ℞. Athlète tenant une palme. Vase. Lég. . . . . BR. 4-5.
Tête du peuple. ℞. Tête virile, imberbe. ΗΡΩΗΣ. . . . . BR. 4.
**Imper.* Néron. ℞. Trépied. Serpent. Lég. *Inéd.* . . . . . . BR. 4.
Julia Domna. ℞. Femme debout entre deux quadrupèdes. Lég. . . BR. 8.
Caracalla. ℞. Jupiter et une Némèse. *Alliance de Laodicée et de Smyrme.* BR. 9.
*Lysias. *Imper.* Commode. ℞. La Fortune debout. Lég. *Inéd.* . . BR. 7.
Mydaeum. *Imper.* Gordien. ℞. Bacchus. Lég. . . . . BR. 5.
Peltae. *Aut.* Tête du peuple. ΔΗΜΟϹ ΠΕΛΤΗΝΩΝ. ℞. Cavalier. ΜΑΚΕΔΟΝΩΝ. (*Millingen*. p. 75.). . . . . BR. 6.
Philomèlium. *Imper.* Treb. Gallus. ℞. Fleuve tenant une corne d'abondance. Lég. . . . . BR. 5.
Prymnessus. *Imper.* Caracalla. ℞. La Justice assise. Lég. . . . . BR. 9.
Géta. ℞. La Justice debout. Lég. . . . . BR. 6.

*Sala. *Aut.* Tête laurée du peuple. ΔΗΜΟϹ ϹΑΛΗΝΩΝ. ℞. La Fortune. ΕΠΙ. ΔΑΜΑ. ΑΡΧΟΝΤΟϹ. Α. . . . . br. 6.

Imper. Septime-Sévère. ℞. Jupiter debout. Lég. ΕΠΙ. ΑΛΕΞΑΝΔΡΟΥ. . br. 6.

Synaos. *Aut.* ϹΥΝΚΛΗΤΟϹ. ΙΕΡΑ. Tête du Sénat. ℞. ϹΥΝΑΕΙΤΩΝ dans une couronne de laurier. *Inéd.* . . . . br. 5.

Synnada. *Aut.* Tête barbue. ϹΥΝΝΑΔΑΕΩΝ. ℞. Pierre symbolique dans un temple. ΔΩΡΙΕΩΝ ΙΩΝΩΝ. . . . . br. 6.

Imper. L. Verus. ℞. Bacchus dans un temple octostyle. Lég. . . br. 9.

Tiberiopolis. *Aut.* Tête du Sénat. ℞ Apollon. Lég. . . . . . . br. 3.

*Trajanopolis. *Imper.* Hadrien. ℞. Jupiter. Lég. *Inéd.* . . . . br. 6.

GALATIE.

Galatia. *Imper.* Trajan. Temple hexastyle. Lég. . . . . . . br. 9.

Autre. La Paix debout. ΕΙΡΗΝΗ ϹΕΒΑϹΤΗ. . . . . br. 9.

Mise par Mionnet aux incertaines.

Ancyra. *Imper.* Septime-Sévère. ℞. Jupiter. Caracalla. ℞. Temple. br. 8.

Autre. ℞. Mars debout. . . . . br. 8.

*Germe. *Imper.* Antonin. ℞. Cybèle assise sur un lion. Lég. *Inéd.* . br. 8.

*Pessinus. *Aut.* Têtes accolées de Cybèle et d'Atys. ℞. Lion accroupi, le pied sur le tympanum, bonnets des Dioscures, gland. ΜΗΤΡΟϹ ΘΕΩΝ ΠΕϹϹΙ. . . . . br. 6.

Imper. Hadrien. ℞. Le fleuve Sangaris. Caracalla. ℞. Mars. — Géta. ℞. L'Empereur debout. — Autre. ℞. Serpent sur un autel. *Inéd.* br. 8-5.

*Tavium. *Imper.* Septime-Sévère. ℞. Jupiter assis entre deux aigles. Lég. *Inéd.* . . . . br. 7.

Tolistobogi. *Imper.* Néron. ℞. Temple tétrastyle. ΤΟ ΚΟΙΝΟΝ ΓΑΛΑΤΩΝ. br. 5.

*Trocmi. *Imper.* Antonin. ℞. Jupiter assis entre deux aigles. Lég. ΕΤ. ΡΞΘ. (An 169.). . . . . br. 8.

ROIS DE GALATIE.

Amyntas. Tête d'Hercule. ℞. Lion marchant. Lég. 2 méd. . . . br. 4.

Caeantolus. Tête nue, massue. ℞. Lion. Lég. . . . . br. 7.

CAPPADOCE.

* Argos. Tête de Jupiter. ℞. Femme tourellée assise, appuyée sur un bouclier, tenant de la dr. des épis. ΚΛΑΥΔΙΕΩΝ ΑΡ.. ωΝ. ΕΤΟ. Β. . br. 4.

Attribution de M. Allier de Hauteroche. Voyez Eckhel à *Iconium*: Hunter à *Claudias*.

Caesarea *Imper*. 32 médailles d'argent de Vespasien, Domitien, Domitia, (*inédite*), Trajan, Hadrien, Antonin, Marc-Aurèle, Verus, Commode, Septime-Sévère, Caracalla. ℞. Figure colossale au sommet du mont Argée, *inédite*; Géta, Gordien. . . . . ar. 3-6.

* Hadrien. ℞. Autel. Κ. Κ. pour ΚΑΙΣΑΡΕΙΑΣ. ΚΑΠ, etc., décrite par Mionnet à la Cilicie. ΚΟΙΝΩΝ ΚΙΛΙΚΙΑC. . . . . br. 3.

Attribution de M. Allier de Hauteroche.

Commode. ℞. Mont Argée. — Caracalla, même revers. . . . . . br. 7.

* Saricha *in Morimenae prefectura*. Tête virile, coiffée d'un casque à mentonière. ℞. Prêtre de Mithra debout, coiffé de la mitre persanne, le bras droit levé. ΣΑΡΙ. ΜΟΡΙ. Π. *Unique*. . . . . br. 4.

Tyana. *Imper*. Antonin. ℞. Femme tourellée, assise tenant des épis. Lég. ΕΤ. ΘΙ. (An 19.). . . . . br. 5.

Caracalla. Même revers. ΕΤ. ΙΠ. (An 16.). . . . . br. 7.

ROIS DE CAPPADOCE.

Ariarathes v. Tête du roi. ℞. Pallas. Lég. (An 5.) *Inéd.* . . . . . ar. 4.

Quatre autres médailles différ. par les monogr. . . . . . . ar. 4.

Ariarathes viii. *Idem*. (An 1er du règne.) *Inéd*. . . . . ar. 4.

Autre. (An 10e) *Inéd*. . . . . ar. 4.

Ariobarzanes i. *Philoromaeus*. (Années 13, 14, 26.). . . . . . ar. 4.

* Ariobarzanes ii. *Philopator*. . . . . ar. 4.

* Ariarathes x. *Eusèbes*, *Philadelphus* Pallas, *trophée*. Monogr. . . ar. 4.

* Archelaus. ℞. Massue. Κ. Lég. . . . . ar. 4½.

ROIS DE SYRIE.

* Séleucus i. Tête de Pallas. ℞. Victoire debout, tenant le trident et la couronne de laurier. ΒΑΣΙΛΕΩΣ ΣΕΛΕΥΚΟΥ. Monogr. de ΤΑΡ. (162 gr.) or. 4½.

M. de Hauteroche pense que c'est celui de la ville de Tarse.

Tête d'Hercule. ℟. Jupiter aëtophore. Lég. AV. 4 méd. . . . . . AR. 6 ½.

ANTIOCHUS I. Tête diadêmée. ℟. Apollon assis sur la cortine, tenant l'arc et une flèche. Lég. Monog. . . . . AR. 8.

Même tête. ℟. Apollon. — Tête d'Apollon. ℟. Trépied. — Tête de Jupiter. ℟. Foudre, *massue*, — Tête casquée de face. ℟. Victoire. Lég. . . . . BR. 3-4.

* ANTIOCHUS II. *Deus.* Tête diadêmée. ℟. Hercule assis. *Tête de cerf.* Monogr. . . . . AR. 8.

SELEUCUS II. *Callinicus.* Tête laurée. ℟. Apollon debout, appuyé sur le trépied. Lég. Monogr. . . . . AR. 8.

Idem. ℟. Cheval marchant. Lég. Monogr. . . . . BR. 4

ANTIOCHUS *hierax.* Tête diadêmée. ℟. Apollon assis. Lég. . . . . AR. 8.

Antiochus III. Tête diadêmée. ℟. Apollon. Lég. . . . . AR. 8.

Autre. *Id.* — Autre. ℟. Éléphant. . . . . AR. 3.

* SELEUCUS IV. *Ceraunus.* Tête diadêmée. ℟. Apollon assis, *palme.* . AR. 8.

* ANTIOCHUS IV. *Epiphanes.* Tête diadêmée. ℟. Jupiter nicéphore, assis. 2 méd. . . . . AR. 8.

* ANTIOCHUS V. *Eupator.* Tête diadêmée. ℟. Jupiter nicéphore. . . AR. 8.

* DEMETRIUS I. *Soter.* Tête diadêmée dans une couronne de laurier. ℟. Femme assise, tenant une corne d'abondance. *Massue, aile.* Monog. 4 méd. AR. 8.

Autre. ℟. Corne d'abondance. 2 méd. . . . . AR. 4.

* Autre. ℟. Apollon assis sur la cortine. (*Type unique dans ce règne*). AR. 4.

Autre. ℟. Trépied. (*Dentelée*). . . . . BR. 6.

ALEXANDER I. *Bala.* Tête diadêmée. ℟. Aigle. Lég. Monogr. 2 méd. . AR. 7.

Autre. ℟. Jupiter nicéphore. — Autre. Foudre. . . . . . . AR. 8.

Quatre autres. ℟. Apollon assis. . . . . AR. 4.

Tête coiffée de la peau de lion. ℟. Apollon debout. . . . . . BR. 4.

Tête casquée. ℟. Apollon debout. *Épi.* . . . . BR. 4.

DEMETRIUS II. *Nicator.* Tête diadêmée. ℟. Apollon assis sur la cortine. *Palme.* ΒΑΣΙΛΕΩΣ ΔΗΜΗΤΡΙΟΥ ΦΙΛΑΔΕΛΦΟΥ ΝΙΚΑΤΟΡΟΣ ΞΠΡ. (An 167.). . . AR. 8.

C'est la première fois que l'on trouve le titre de Philadelphe sur une médaille de la première année du règne de ce prince.

Trois autres. ℟. Aigle. — Autre. ℟. Apollon. . . . . AR. 8-3.

Tête barbue. ℟. Jupiter nicéphore. 2 méd. — Apollon. . . . . . AR. 8-3.

ANTIOCHUS VI. *Dionysius*. Tête radiée. ℟. Panthère tenant le thyrse. . AR. 2.

Autre. ℟. Apollon assis. . . . . AR. 4.

Deux autres. ℟. Vase. — Victoire. . . . . BR. 4-3.

TRYPHON, Tête diadêmée. ℟. Casque surmonté d'une corne. 2 méd. . BR. 4.

ANTIOCHUS VII. *Evergetes*. Tête diadêmée. ℟. Aigle sur une proue. *Massue*. 2 méd. . . . . AR. 8.

Quatre autres. ℟. Pallas nicéphore debout. . . . . AR. 8.

Deux autres. ℟. La Victoire. . . . . BR. 4-3.

ALEXANDER II. *Zebina*. Tête diadêmée. ℟. Jupiter nicéphore assis. 4 méd. AR. 8.

Deux autres. ℟. Bacchus. . . . . BR. 4.

CLEOPATRA et ANTIOCHUS VIII. Tête radiée diadêmée. ℟. Chouette sur un vase. Les deux noms. . . . . BR. 4.

Têtes accolées de Cléopatre et d'Antiochus. ℟. Corne d'abondance. . BR. 2.

ANTIOCHUS VIII. *Grypus*. Tête diadêmée. ℟. Jupiter debout, ayant sur la tête un croissant, tenant de la droite un astre. 5 méd. . . . AR. 8.

Trois autres. ℟. Pallas nicéphore. . . . . AR. 8.

ANTIOCHUS IX. *Cyzicenus*. Tête de Cupidon. ℟. Victoire. . . . . . BR. 4.

Tête du roi. ℟. Foudre. . . . . BR. 4.

SELEUCUS VI. *Epiphanes Nicator*. Tête diadêmée. ℟. Pallas nicéphore. . AR. 8.

ANTIOCHUS XI. *Epiph. Philadelph*. Tête diadêmée. ℟. Jupier nicéphore. AR. 8.

PHILIPPUS. Tête diadêmée. ℟. Jupiter nicéphore. 3 méd. . . . . . . AR. 7.

TIGRANES. Tête ceinte d'une tiare. ℟. Femme tourellée assise. Fleuve. 3 méd. . . . . AR. 7.

Autre. . . . . BR. 4.

SYRIE.

SYRIA *in genere*. *Imper*. Tête laurée de Trajan. ℟. Tête voilée et tourellée de femme. KOINON CYPIAC. . . . . BR. 4.

COMMAGÈNE.

ANTIOCHIA *ad Euphratem*. *Imper*. Lucius Verus. ℟. Buste de Pallas. Lég. BR. 5.

DOLICHE. Tête en reg. de Marc-Aurèle et Verus. ℞. ΔΟΛΙΧΑΙΩΝ. Α. dans une couronne de laurier. . . . . BR. 5.

Tête de Commode. ℞. *Id*. . . . . BR. 5.

GERMANICIA. *Imper*. Tête de Verus. ℞. Femme tourellée assise. Fleuve. Lég. 2 méd. . . . . BR. 6.

Tête de Macrin. ℞. La Fortune. Tête de Valérien. ℞. *Id*. . . . BR. 8-5.

SAMOSATA. *Aut*. Femme tourellée assise. ΣΑΜΟΣΑΤΩΝ. ΠΟΛΕΩΣ. ℞. Lion. BR. 6.

Tête de Jupiter. ℞. ΣΑΜΟ... . . . . BR. 4.

Imper. Tête d'Hadrien. ℞. Caducée. CA. ET. ΘN. (An 59.) . . . . BR. 3.

Sept autres de Lucius Verus, Septime-Sévère, Philippe. ℞. Génie de la ville, assis. BR. 5-9.

ZEUGMA. *Imper*. Antonin. ℞. Temple sur une montagne. . . . . . BR. 5.

Marc-Aurèle. ℞. ΖΕΥΓΜΑΤΕΩΝ. . . . . BR. 6.

Philippe. ℞. Temple sur une montagne. 3 méd. . . . . BR. 6 8.

ROIS DE COMMAGÈNE.

* ANTIOCHUS II. Tête mitrée. ℞. Lion à dr. ΒΑΣΙΛΕΩΣ ΑΝΤΙΟΧ. (*Visconti Iconogr.*). . . . . BR. 5.

ANTIOCHUS IV. Tête d'Antiochus. Ancre en contrem. Lég. ℞. Scorpion. ΚΟΜΜΑΓΗΝΩΝ dans une couronne de laurier. 2 méd. . . . . . . BR. 7.

Autre. Capricorne, étoile, ancre. Lég. dans une couronne. . . . BR. 5.

IOTAPE, *regina*. Tête diadêmée à dr. ℞. Scorpion. Lég. etc. . . . . . BR. 7.

ÉPIPHANES et CALLINICUS. Deux cornes d'abondance surmontées de têtes d'enfans. Astre, ancre. ℞. Tiare arménienne. Lég. . . . . . BR. 5.

Epiphanes et Callinicus à cheval. ℞. Capricorne, astre. Lég. . . . BR. 4.

CYRRHESTIQUE.

CYRRHESTICA. Trajan. ℞. ΚΥΡΡΗΣΤΩΝ. Β. dans une couronne de laurier. — Autre. ℞. Jupiter assis. . . . . BR. 6.

Marc-Aurèle. ℞. Jupiter assis. — Commode. ℞. *Id*. . . . . . BR. 6.

Philippe. ℞ Jupiter dans un temple hexastyle. Lég. . . . . . . BR. 8.

BEROEA. Trajan. ℞. ΒΕΡΟΑΙΩΝ. Β. dans une couronne de laur. 2 méd. . BR. 6.

HIEROPOLIS. Antonin. ℞. *Id*. — Antiochus IV. ℞. Jupiter debout, lion à ses pieds. Lég. BR. 4.

Verus. ℞. ΘΕΑC CΥΡΙΑC. ΙΕΡΟΠΟ, dans une couronne de laurier. . . . BR. 6.

Marc-Aurèle. ℞. Lion. CΥΡΙΑC. . . . . BR. 4.

Caracalla. ℞. Cybèle assise, deux lions. — Sévère-Alexandre. *Id.* . BR. 8.

CHALCIDÈNE.

Chalcis. *Imper.* Trajan. ℞. ΦΛ. ΧΑΛΚΙΔΕΩΝ. dans une couronne de laur. BR. 6.

SÉLEUCIDE ET PIERIE.

Séleucis et Pieria. Tête laurée de Jupiter. ℞. Foudre. ΑΔΕΛΦΩΝ ΔΗΜΩΝ. ΕΞΡ. (An 165.) 2 monogr. — Autre. 3 monogr. . . . . BR. 5.

Antiochia. Tête de Jupiter. ℞. Jupiter nicéphore. ΑΝΤΙΟΧΕΩΝ, etc. 2 méd. BR. 6.

Deux autres. — Autre. ℞. Autel. . . . . BR. 4-3.

Tête tourellée. ℞. Bélier, croissant. — Autel. 4 méd. . . . . . . BR. 4.

Tête de femme. ℞. Lyre. 2 méd. — Autre. Branche de laurier. . . BR. 3.

Quarante-trois médailles d'argent et de potin des règnes suivans :

Auguste, Tibère, Caligula et Agrippine, Claude, Néron, Othon, Vespasien, Titus, Domitien, Nerva, Trajan, Septime-Sévère, Caracalla, Macrin, Diaduménien, Élagabale, Gordien, Philippe, Otacilia, Philippe fils. . . . . AR. 7.

Trajan Dèce, Herennius Etruscus, Hostilien, Trebonianus Gallus, Volusien. . . . . POT. 7.

Parmi ces quarante-trois médailles, nous décrirons particulièrement les sept suivantes.

* Tête d'Auguste. ℞. Jupiter nicéphore. ΚΑΙCΑΡΟC. ΘΕΟΥ. ΥΙΟΥ. . . AR. 8.

* Tête nue de Tibère. ℞. Jupiter nicéphore. ΥΙΟΥ ΣΕΒΑΣΤΟΥ dans le champ. ΑΘΗ. ΑΘΡΙ. ΞΑΝ. *Méd. unique.* . . . . AR. 7.

* Tête de Caligula. ℞. Tête d'Agrippine. ΑΓΡΙ.... ΜΗΤΡΟ... ΕΤ... *Inéd.* AR. 6.

* Claude. ℞. Jupiter nicéphore. ΣΕΒΑΣΤΟΣ ΓΕΡΜΑΝΙΚΟΣ. ΑΣ. ΝΙ. . . . AR. 7.

* Autre. ΕΡ. (An 105 de l'ère césarienne.) *Inéd.* . . . . AR. 7.

Il y avait un an que Claude était mort et que Néron régnait.

* Septime-Sévère. ℞. Le génie de la ville. ΔΗΜΑΡΧ. ΕΞ. ΥΠΑΤΟ. Γ. *Inéd.* . AR. 7.

* Diaduménien. ℞. Aigle. ΔΗΜΑΡΧ ΕΞΟΥCΙΑC. . . . . AR. 6.

Trente-deux médailles de bronze des empereurs suivans :

Auguste, Tibère, Néron, Vespasien, Domitien, Nerva, Trajan, Hadrien, Marc-Aurèle, Caracalla, Macrin, Elagabale, Philippe, Otacilia. BR. 3-8.

Le génie d'Antioche, le fleuve Oronte. GENIO ANTIOCHENI. ℟. Apollon vêtu, tenant lyre et patère. APOLLINI SANCTO. *Exerg.* SMA. (Méd. présumée frappée sous Julien.). . . . . BR. 3.

ANTIOCHIA *Ptolemaïdis.* Tête d'Antiochus VIII et de Cléopatre. ℟. Corne d'abondance. ANTIOXE EN ΠΤΟΑΕ. . . . . BR. 3.

ANTIOCHIA *ad Daphnem.* Tête d'Antiochus IV, radiée. ℟. Jupiter debout. ANTIOXEΩN. TΩN. ΠΡΟΣ ΔΑΦΝΙ... . . . . BR. 5.

APAMEA. *Ère des Séleucides.* Tête de Jupiter. ℟. Éléphant. — Tête de Pallas. ℟. Victoire. 2 méd. — Tête de Bacchus. ℟. Thyrse. ΑΠΑΜΕΩΝ, etc. Années 276, 283, 295. . . . . BR. 5.

EMISA. *Imper.* Antonin. ℟. Buste radié du soleil. EMICHNΩN. . . . . BR. 5.

Caracalla, ℟. Pierre cônique dans un temple. Lég. . . . . BR. 9.

* EPIPHANEA. Hadrien, une tête en contremarque. ℟. Tête de Sabine. ΕΠΙΦΑΝΕΩΝ. Σ. (200) et le monogr. de ΕΤΟΥC.

Cette date est celle de l'ère de Pompée qui correspond à l'an 137 de J. C. Hadrien mourut l'an 138.

GABALA. *Aut.* Tige portant deux têtes de pavots et trois feuilles. Δ. ℟. Caducée. ΓΑΒΑΛΕΩΝ. CE. . . . . BR. 4.

Imper. Caracalla. ℟. Pallas. — Victoire. — La Fortune. Lég. . . BR. 8-5.

* LAODICEA. *Aut.* Tête tourellée et voilée. ℟. Jupiter nicéphore assis. Lég. Plus, les lettres ΗΙ. ΘΕ. ΜΕ. ΑΥ. . . . . AR. 6.

Tête de Sérapis. ℟. Aigle. — Tête tourellée. ℟. La Fortune. — Victoire. Tête de Diane. ℟. Tête de sanglier. — Tête de Pallas. ℟. Tête de Sérapis. Lég. . . . . BR. 5-3.

Tête d'Alexandre Bala. ℟. Neptune assis. Lég. . . . . BR. 5.

Imper. Trajan. ℟. Tête de femme tourellée. — Antonin. ℟. *Id.* . . BR. 6.

Septime-Sévère. ℟. Lég. dans une couronne de laurier. 2 méd. . . BR. 6.

Philippe. ℟. Aigle dans un temple. — La Fortune. . . . . . . BR. 6.

Elagabale. ℟. Deux lutteurs. — Autre. semblable. LADICEON (*sic*). Δ E. . BR. 4.

RAPHANEA. *Imper*. Elagabale. ℟. Cybèle, lion. Lég. . . . . BR. 5.

SELEUCIA. *Aut*. Tête tourellée. ℟. Foudre sur une table. ΣΕΛΕΥΚΕΩΝ. ΤΗΣ ΙΕΡΑΣ. ΚΑΙ ΑΥΤΟΝΟΜΟΥ. ΒΙ. (An 12.). . . . . AR. 8.

Tête de Jupiter. ℟. Foudre. Lég. 6 méd. . . . . BR. 5-3.

* *Imper*. Auguste. ℟. Foudre. Lég. A. Π. ΙΑΡ. *Inéd*. . . . . AR. 6.

Tibère. ℟. Lég. Couronne. — Trajan. ℟. Pierre dans un temple. . BR. 6.

Antonin. ℟. Foudre. Lég. . . . . BR. 6.

COELÉSYRIE.

DAMASCUS. Tête tourellée. ℟. Victoire. Lég. L. ΗΚΤ. (An 328.). . . BR. 7.

Imper. Néron. ℟. Femme tourellée assise. — Hadrien. ℟. Tête tourellée. — Caracalla. ℟. Tête dans un temple. — Philippe. ℟. Bélier. BR. 6.

Autre. Lég. Couronne de chêne. CEBACMIA. Tête de bélier. . . . . BR. 8.

Valérien. ℟. Deux aigles, une espèce d'enseigne. Lég. . . . . . BR. 6.

ARETAS, *rex Damasci*. Tête diadêmée. ℟. Femme tourellée assise. ΒΑΣ. ΑΡΕΤΟΥ, etc. . . . . BR. 4.

HELIOPOLIS. *Imper*. Otacilia. ℟. Astarté entre deux figures, etc. . . BR. 8.

Philippe jeune. ℟. Colon menant deux Bœufs. Deux enseignes. LEG. V. BR. 5.

LAODICEA *ad libanum*. *Imper*. Septime-Sévère. ℟. Lunus, un cheval. Lég. BR. 7.

TRACHONITIDE-ITURÉE.

CAESAREA-PANIAS. *Imper*. Auguste. ℟. C. A. dans une couronne de laur. BR 10.

Trois autres, différentes par les dates. . . . . BR. 5-4.

Septime-Sévère. ℟, Pan jouant de la flûte. Lég. (An 199.). . . . BR. 5.

GABA. Titus. ℟. Lunus debout. Lég. (An 137.) . . . . BR. 5.

DÉCAPOLE.

* ANTIOCHIA *ad hyppum*. *Imper*. Néron. ℟. Femme tourellée, tenant un cheval de la dr., une corne d'abondance de la g. Lég. . . . BR. 6.

Marc-Aurèle. ℟. *Idem*. . . . . BR. 6.

GADARA. *Imper*. Néron. ℟. Deux cornes d'abondance. Lég. (An 131.). . BR. 4.

* PHILADELPHIA. *Aut*. Tête de Pallas. ΦΙΛΑΔΕΛΦΕΩΝ. ℟. Deux grappes de raisin. Ǝ. . . ΚΗ. *Inéd*. . . . . BR. 4.

PHOENICIE.

BERYTUS. *Aut.* Tête d'un des Dioscures, astre. ℟. Massue. BIPY dans une couronne de laurier. . . . . BR. 4.

Tête tourellée. ℟. Victoire sur une proue. Lég. . . . . BR. 4.

Imper. Auguste. ℟. Colon conduisant deux bœufs. Lég. 2 méd. . . BR. 6.

Hadrien. ℟. Deux Aigles légionaires. Lég. 2 méd. . . . . BR. 6.

Septime-Sévère et Caracalla. ℟. Astarté dans un temple. Lég. . . BR. 6.

Autre. ℟. Neptune portant un dauphin. Lég. . . . . BR. 5.

Julia Domna. ℟. Astarté dans un temple. Lég. . . . . BR. 6.

Caracalla. ℟. Homme entre deux serpens. . . . . BR. 6.

Macrin, Diaduménien, Elagabale. ℟. Astarté dans un temple très-orné, deux génies sur des dauphins, etc. 3 méd. . . . . BR. 8.

Gordien. ℟. Bacchus, panthère. — Aigles légionaires. . . . . . BR. 5-3.

Gallien. ℟. Deux cornes d'abondance. Caducée. Lég. . . . . . . BR. 5.

BYBLUS. *Imper.* Caracalla. ℟. Astarté dans un temple. . . . . . BR. 6.

Macrin. ℟. Isis Pharia. . . . . BR. 5.

Elagabale. ℟. Astarté dans un temple. 2 méd. . . . . BR. 5.

Diaduménien. ℟. *Idem.* . . . . BR. 5.

CAESAREA *ad libanum. Imper.* Antonin. ℟. Figure tenant le vexillum. Lég. (An 462.). . . . . BR. 5.

Marc-Aurèle. ℟. Tête tourellée. Leg. (An 461.). . . . . BR. 5.

DEMETRIUS. *Aut.* Tête tourellée. ℟. Victoire. Lég. . . . . BR. 4.

DORA. *Imper.* Vespasien. ℟. La génie de la ville. ΔωΡΕΙΤωΝ. (An 132.). . BR. 5.

Trajan ℟. Tête de Neptune. *Acrostolium.* Lég. . . . . BR. 6.

POE (an 175) et le caractère ◁ que M. de Hauteroche pense avoir été placé ainsi pour désigner le mot ΛΥΚΑΒΑΝΤΟΣ.

MARATHUS. *Aut.* Tête voilée. ℟. Figure tenant l'acrostolium Lég. phénicienne. Quatre autres presque semblables. . . . . BR. 5.

Tête tourellée. ℟. Fig. assise sur un vaisseau. — Homme devant une colonne. . . . . BR. 5.

Tête de Neptune. ℟. Proue. Lég. phénic. . . . . BR. 3.

ORTHOSIA. *Imp.* Elagabale. ℟. Astarté, et deux divinités dans un temple à trois portiques. ΟΡΘΩΣΕΩΝ (*sic*). ΒΛΦ. . . . . BR. 7.

Sidon. Tête d'Alexandre Bala. ℞. Galère. ΒΑΣΙΛ... ΑΛΕΞ ΣΙΔΩΝΙ.. Lég. phénic. br. 4.

Tête tourellée. *Aplustre*. ℞. Char d'Astarté. Lég. ΖΚΣ. (227.) 2 méd. br. 5.

Tête de Bacchus. ℞. Ciste mystique. Lég. dans une couronne de lierre. 2 méd. . . . . br. 4.

Imper. Trajan. ℞. Figure sur une galère. Lég. ΖΚΣ. (227.). . . . br. 6.

Elagabale. ℞. Europe. Lég. . . . . br. 6.

Tripolis. *Aut*. Tête tourellée. *Sceptre*. ℞. Astarté. Lég. . . . . . . br. 4.

Autre. ℞. Victoire sur une proue. . . . . br. 5.

Imper. Hadrien. ℞. Tête des Dioscures. — Caracalla. ℞. Astarté et les Dioscures. — Autre. ℞. Tête d'Astarté dans un temple, les Dioscures tenant leurs chevaux. . . . . br. 6.

Diaduménien. ℞. Astarté et les Dioscures. Lég. . . . . br. 8.

Tyrus. *Aut*. Tête d'Hercule. ℞. Eléphant. Lettre phénic. . . . . ar. 5.

Autre. . . . . ar. 4.

Huit autres. Tête d'Hercule. ℞. Aigle. Lég. Diverses dates. . . . ar. 7.

Tête tourellée. ℞. Galère. Lég. 2 méd. — Palmier. . . . . . . br. 4-3.

Tête d'Hercule. ℞. Massue. Lég. — Deux autres. ℞. Temples. . . br. 6.

Antiochus iv. ℞. Proue de navire. — Démétrius i. ℞. *Id*. . . . br. 4.

Imper. Gordien. ℞. Hercule sacrifiant. — Valérien. ℞. OEuf orphique entouré d'un serpent. *Murex*, *palmier*. . . . . br. 7.

Gallien. ℞. Astarté dressant un trophée. Victoire. Silène. *Murex*. . br. 7.

Aradus, île. *Aut*. Tête tourellée. ℞. Victoire tenant l'aplustre et une palme. ΑΡΑΔΙΩΝ. ΘΚΡ. (129.) ΑΣ. Caractère phénic. . . . . . . ar. 8.

Quatre autres avec dates différentes. . . . . ar. 8.

Abeille. ΒΛΡ. (132.) ΕΝ. ℞. Cerf, palmier. Lég. Carac. phénic. . . ar. 3.

Trois autres avec caractères différens. . . . . ar. 3.

Tête tourellée. ℞. Proue de navire, carac. phénic. — Tête de femme. ℞. Bison. br. 5.

Imper. Trajan. ℞. Fortune assise sur un gouvernail. Lég. . . . . br. 5.

Tête de femme devant une petite tête de Trajan. ℞. Bison. Lég. . . br. 5.

GALILÉE.

Ptolemaïs. *Imper*. Néron. ℞. Colon conduisant deux boeufs. Lég. . . br. 6.

* Septime-Sévère. ℞. Buste d'une divinité barbue et radiée. Flambeau. COL. PTOL. — Elagabale. ℞. La fortune dans un temple. Lég. . BR. 5.

SEPPHORIS. *Imper*. Trajan. ℞. Palmier. ΣΕΠΦΟΡΗΝΩΝ. — Caducée. . . . BR. 5-4.

TIBERIAS. *Imper*. Trajan. ℞. La Fortune. Lég. — Ancre. (An 90.). . . BR. 7-3.

SAMARIE.

CAESAREA. *Imper*. Néron. ℞. Astarté, le pied sur une proue, tenant une tête et la haste. Lég. — Hadrien. ℞. Astarté, le pied sur un fleuve. BR. 5.

Marc-Aurèle. ℞. Tête de Sérapis. Lég. . . . . BR. 7.

NEAPOLIS. *Imper*. Marc-Aurèle. ℞. Femme en Terme, tenant un fouet et deux épis : deux bœufs bossus. Lég. . . . . BR. 6.

Philippe. ℞. Silène, Aigle, temple sur le mont Garizim. Lég. . . BR. 8.

JUDÉE.

AELIA CAPITOLINA. *Imper*. Marc-Aurèle et Verus. ℞. Victoire. Lég. . BR. 6.

ASCALON. Tête de femme. ℞. Galère. ΑϹ. ΝΓ. (An 53). . . . . . BR. 4.

Deux autres. (An 176, 180.). . . . . BR. 3.

Tibère. ℞. Astarté tenant l'aplustre et le gouvernail. Lég. . . . BR. 6.

Titus. ℞. Astarté. — Domitien. 3 méd. — Trajan. 3 méd. — Hadrien, Antonin. ℞. Neptune. — *Faustine. ℞. Les Dioscures. *Inéd.* . BR. 6.

GAZA. *Aut.* Dagon, moitié homme et moitié poisson. ℞. Galère. Caract. phénic. . . . . AR. 3.

Autre semblable. . . . . BR. 3.

Marc-Aurèle. ℞. Astarté. ΓΑΖΑ. ΕΛϹ. (An 235.). . . . . BR. 8.

Faustine jeune et Lucille. ℞. Apollon et Diane dans un temple. Lég. BR. 7.

Elagabale. ℞. Deux femmes, une génisse. — La Fortune, génisse. . BR. 6.

RAPHIA. *Imper*. Sévère-Alexandre. ℞. Trident, oiseau, serpent. . . BR. 4.

ROIS DE JUDÉE.

SIMÉON. Branche avec trois fleurs. Lég. en caract. samaritains. ℞. Coupe. Lég. *Sicle*. . . . . AR. 6.

Autre. *Demi-sicle*. . . . . AR. 4.

Temple tétrastyle, avec l'arche au milieu. *Siméon* en caract. samaritains. ℞. Gerbe de blé. Lég. Samarit. *Anno primo liberationis Israël*. . . . . AR. 7.

Grappe de raisin. ℞. Deux trompettes. . . . . AR. 4.

Sept autres médailles communes. Palmier. Feuille de vigne. Coupe . BR. 7-3.

ALEXANDER, JANNAEUS et JONATHAN. Ancre. Lég. grecque. ℞. Roue. Lég. Samarit. . . . . BR. 3.

HERODES MAGNUS. Casque, palme. ℞. Autel enflammé. Lég. . . . . . BR. 6.

ZENODORUS *Tetracha judaeae*. Tête de Zénodore. ℞. Tête d'Octave. . BR. 5.

Huit autres médailles communes d'Auguste, Britannicus, Néron, Agrippa II, Titus, Domitien. . . . . BR. 3-6.

* Tête à longs cheveux. Lég. ℞. Deux têtes accolées. 2 méd. . . . AR. 3.

Ces médailles inédites avec des légendes hébraïques sont à étudier.

ARABIE.

BOSTRA. *Imper*. Antonin. ℞. Chameau. BOCT. . . . . BR. 3.

*Marc-Aurèle jeune. ℞. Tête de Jupiter, surmontée d'un globe. BOCTPωN. — Sévère-Alexandre. ℞. Tête de femme tourellée. — Julia Mamaea. ℞. Tête de Sérapis. . . . . BR. 5-4.

*ESBUS. Néron. ℞. Femme portant palme et couronne. ΗΣΕΒΗ. *Inéd.* . BR. 3.

PETRA. Hadrien. ℞. Femme tourellée sur des rochers. Lég. . . . . BR. 8.

Septime-Sévère. ℞. *Idem*. . . . . BR. 7.

MÉSOPOTAMIE.

* CARRHAE. Tête barbue à dr. ℞. Trois épis. XAPP. *Inéd.* . . . . . . BR. 5

L'orthographe du nom de cette ville a varié selon les auteurs. Cette médaille est la seule où on le trouve écrit par un X.

Six méd. *Imper*. communes de Marc-Aurèle, Verus, Sévère-Alex., Gordien. . . . . BR. 5-7.

EDESSA. 13 méd. communes de Sévère-Alexandre, Mamaea, Maximin, Trajan-Dèce. . . . . BR. 7-4.

ROIS D'ÉDESSE.

* MANNUS. Personnage debout, tenant haste et patère. BACIΛΕΥC. MANNOC. ΦΙΛΟΡωΜΑ. ℞. Tête de Lucille. ΛΟΥΚΙΛΛΑ. CEBACTH. . . . . AR. 4.

ABGARUS *et* COMMODUS. Tête d'Abgare. ℞. Tête de Commode. Lég. . . BR. 3.

* Abgarus *et* Mannus. Tête d'Abgare. ℞. Tête de Mannus. Lég. . . br. 3.

Abgarus au ℞. de Septime-Sévère et de Gordien. 5 méd. . . . . br. 4.

Gordien. ℞. Abgare debout présente la Victoire à Gordien assis. . . br. 9.

* Maiozamalcha. Tête voilée. sacra senatus. ℞. Femme tourellée assise entre deux enseignes. maio colonia. . . . . br. 9.

Sestini, Class. Gener., p. 158. Voyez Ammien-Marcellin, chap. vi, liv. viii.

* Nisibi. *Imper*. Gordien et Tranquilline. ℞. Génie de la ville, fleuve. Lég. br. 9.

Philippe. ℞. Génie de la ville dans un temple. . . . . br. 7.

Rhesaena. *Imper*. Trajan-Dèce. ℞. Deux femmes sacrifiant sur un autel surmonté d'un aigle. *Exerg*. Fleuve. Lég. . . . . br. 7.

Deux autres. ℞. Temple. — Autre. ℞. Colon conduisant deux bœufs. Aigle. Fleuve. . . . . br. 7.

Trajan-Dèce et Étruscille. ℞. Temple. Lég. . . . . br. 7.

Singara. *Imper*. Gordien et Tranquilline. ℞. Femme tourellée assise. Fleuve. . . . . br. 7.

Gordien. ℞. Tête tourellée. . . . . br. 7.

Incertaine de la Mésopotamie. Lucius Verus. ℞. La Fortune. υπερ. νικης. των. κυριων, σεβ. . . . . br. 7.

Autre incertaine. Roi de l'Osrhoène. ℞. Tête d'un prince tributaire, avec son nom en caractères inconnus. (*Selon M. de S. Martin*.). br. 6.

Autre avec même attribution. . . . . br. 6.

ROIS DE PERSE.

* Darique. Figure barbue, un genou en terre, tenant arc et javelot. ℞. Carré creux. Poids, 158 grains. — Autre, 157 grains. . . . . or. 4.

Cinq autres semblables en argent. . . . . ar. 4.

Roi dans un char à trois chevaux, avec un conducteur. Un homme le suit, portant un sceptre et un vase. or. ℞. Galère sur les flots. Caractères. . . . . ar. 8.

Tête laurée, barbue. ℞. Galère. Caract. 3 méd. . . . . ar. 7-5-3.

* Personnage debout, les bras étendus sur deux lions debout. ℞. Inexpliqué et inédit. (1) . . . . ar. 1.

Roi persan combattant un lion. ℞. Galère. — Cheval marin, poisson. ℞. Chouette portant sceptre et fléau. . . . . AR. 1.

Poisson. ℞. Chouette, etc. . . . . AR. 1.

ROIS PARTHES.

* ARSACES V. *Phraate* I. Buste à g. du roi, coiffé de ses cheveux ornés du diadème, barbe en pointe, boucles d'oreilles, collier. PA. ℞. Le roi, assis sur la cortine, tient un arc à la main. ΒΑΣΙΛΕΩΣ ΜΕΓΑΛΟΥ ΑΡΣΑΚΟΥ ΦΙΛΑΔΕΛΦΟΥ. *Inéd*. . . . . AR. 4.

ARSACES VI. Tête diadêmée. ℞. Le roi assis. Lég. . . . . AR. 4.

Autre. Tête avec la tiare. ℞. Lég. (M. Allier de Hauteroche a cru y lire ΦΙΛΗΛΗ, au lieu de ΕΠΙΦΑΝ?...) Lég. fugitive. . . . . . . AR. 4.

ARSACES VII. Phraate II. 2 méd. . . . . AR. 4.

ARSACES VIII. Artaban. . . . . AR. 4.

ARSACES IX. Mitridate II. . . . . AR. 4.

ARSACES XI. Sanatroèces. . . . . AR. 4.

ARSACES XII. Phraate III. . . . . AR. 5.

ARSACES IV. Orodes. (Selon Visconti, Iconogr.). . . . . AR. 4.

* ARSACES XV. Phraate IV. ℞. Le roi assis, femme lui présentant une couronne. Lég. ΠΣ. (An 280.) ΥΠΕΡΒΕΡΕΤ.... . . . . AR. 7.

* Autre. La Fortune lui présente une palme ϚΠΣ. (An 286.). . . . AR. 7.

* Autre. Deux Victoires couronnant sa tête. ℞. Le roi assis. (*Inéd.* de ce module avec les deux Victoires.). . . . . AR. 4.

* Deux Victoires couronnant sa tête. ℞. Le roi assis. . . . . . AR. 4.

* ARSACES XVIII. Vonones. ℞. La Victoire. . . . . AR. 4.

ARSACES XXI. Gotarzès. ℞. Le roi assis . . . . AR. 4.

* MEHERDATES. Tête de face ℞. Le roi assis. . . . . AR. 4.

ARSACES XXII. ℞. Roi assis, femme debout. . . . . AR. 7.

ARSACES XXVIII. Volagases III. qr. (An 490.). . . . . AR. 7.

Autre. (An 491.) ΠΕΡΕΙΤΙΩ. *Peritius*. . . . . AR. 7.

Autre. *Id.* ΓΟΡΠΙΑ... Le mois *Gorpiacus*. . . . . AR. 7.

Autre. (An 492.) . . . . AR. 7.

Autre. (An 495.) ΑΠΕΛ... Le mois *Apelaeus*. . . . . AR. 7.

Autre. *Id.* ΔΙΟ... Le mois *Dius*. . . . . AR. 7.

Deux autres. (An 498 et 499.). . . . . AR. 7.

Autre (An 499). ΠΕΡΕΙΤ... Le mois *Peritius*. . . . . AR. 7.

Deux autres. (An 500 et 502.). . . . . AR. 7.

Autre. ΑΥΔΝΑ.... Le mois *Audynaeus*. . . . . AR. 7.

Arsaces XXIX. Volagase IV. (An 506.). . . . . AR. 7.

Arsaces XXX. Volagase V. (An 523 et 525.) 2 méd. . . . . AR. 7.

Deux médailles incertaines. . . . . BR. 3-4.

ROIS SASSANIDES.

* ARTAXERCÈS ou Ardeschir I. Tête du roi. Légende sassanide. ℞. Autel enflammé entre deux vases. Lég. sass. . . . . AR. 6 ½.

SAPOR I. ℞. Autel entre deux mages. Lég. . . . . AR. 6.

* VARARANES ou Bahram Ier. ℞. Autel entre le roi et un mage. *Coupe*, autre symbole inconnu. . . . . AR. 7.

* SAPOR II. ℞. Autel entre deux mages. Une tête dans les flammes. . . AR. 5.

Autre. . . . . AR. 4.

* SAPOR III. ℞. Autel, etc. 2 méd. (Visconti. Iconogr., tom. III.). . . AR. 6-7.

Rois sassanides incertains. 2 méd. . . . . BR. 8-6.

BACTRIANE.

ROI DE LA BACTRIANE. Médaille d'un travail barbare. (*Voy. Koehler*, méd. grecques, p. 5 et 10., pl. I, n°. 16.).

ROI DE LA CHARACÈNE.

ATTAMBILUS? Tête diadêmée et barbue. ℞. Figure assise. ΒΑΣΙΛ... ΑΤΤΑΜΒ... ΣΩΤΗΡ...ΔΙ... ΑΠΣ. (An 281.). . . . . AR. 7.

AEGYPTE.

ROIS D'AEGYPTE.

* PTOLEMAEUS I. *Soter*. Tête diadêmée à dr. ℞. Aigle sur le Foudre. ΠΤΟΛΕΜΑΙΟΥ ΒΑΣΙΛΕΩΣ. Monogr. Poids, 4 gros, 49 gr. . . . . . OR. 5 ½.

Autre. ℞. *Id.* Φ. Α. Poids, 4 gros, 48 gr. . . . . OR. 5.

Deux autres. . . . . OR. 1.

Huit autres, dans le champ, différentes lettres. . . . . AR. 6.

Autre. . . . . AR. 5.

Tête de Ptolémée I. ℞. Tête d'Isis. Lég. 4 méd. . . . . BR. 5-3.

Tête d'Alexandre le grand, apothéosé, coiffé d'une peau d'éléphant. ℞. Aigle. ΠΤΟΛΕΜ... . . . . BR. 5.

Tête d'Alexandre le grand, avec bandeau et corne d'Ammon. Foudre dans une contremarque. ℞. Aigle, *palme*. ΔΙ. . . . . BR. 4.

PTOLÉMAEUS II. *Philadelphus*. ℞. Aigle. Lég. Lettres diverses. 14 méd. AR. 6.

* Ptolémaeus I et Bérénice. ℞. Ptolémaeus II et Arsinoé. ΘΕΩΝ. ΑΔΕΛΦΩΝ. OR. 7.

* Autre. . . . . OR. 5.

* ARSINOÉ. Tête voilée à dr. ℞. Double corne d'abondance. ΑΡΣΙΝΟΗΣ ΦΙΛΑΔΕΛΦΟΥ. *Foudre*. K. Poids, 7 gros 18 gr. . . . . OR. 7.

Deux autres; derrière la tête K. . . . . OR. 7.

Autre. ℞. Deux cornes d'abondance. ΑΡΣΙΝΟΗΣ ΦΙΛΑΔΕ. . . . . . . AR. 10.

** PTOLEMAEUS III. *Évergetes*. Buste à dr., tête radiée, la poitrine couverte de l'aegide, le trident sur l'épaule. ℞. Corne d'abondance radiée. Lég. ΔΙ. Poids, 7 gros 18 gr. . . . . OR. 7.

Ptolemée VI Soter, Lathyrus

Tête de Ptolémée, couronnée de lierre. ℞. Aigle. Lég. 3 méd. . . AR. 5-4-3.

Trois autres. BR. 6-4.

** BÉRÉNICE. Tête voilée à dr. ℞. Corne d'abondance. Lég. 7 gros 16 gr. OR. 8.

Même tête. ℞. Massue, *trident*, *couronne*. Lég. . . . . AR. 4.

PTOLEMAEUS V. *Épiphanes*. Tête diadêmée à dr. ℞. Aigle. Lég. . . . AR. 7.

PTOLEMAEUS VI. *Philometor*. ℞. Aigle. Lég. . . . . AR. 6.

CLEOPATRA. *Ptolémaei* VII. Tête diadêmée. ℞. Aigle, corne d'abond. . BR. 3.

PTOLEMAEUS VIII et IX. Tête de Jupiter. ℞. Deux aigles. Lég. . . . BR. 5.

CLEOPATRA *ultima*. Tête diadêmée. ℞. Aigle, corne d'abond. Lég. 2 méd. BR. 7-5.

CLEOPATRA. ℞. M. Antonius. . . . . AR. 7.

Ptolemaei incerti. 15 méd. . . . . BR. 4-9.

Idem. 2 médaillons. . . . . BR. 12.

ALEXANDRIE.

Cette série étant extrêmement nombreuse, je me bornerai à désigner les Empereurs dont elle se compose et le nombre de médailles de chaque règne.

Auguste. . . . . BR. 5.

Tibère et Auguste. 3 méd. . . . . POT. 6.
* Tibère. ΣΕ. ΤΙ. ΛΑ. (An 4.) . . . . BR. 3.
Claude et Antonia. . . . . AR. 6.
Claude. 2 méd. . . . . BR. 6-5.
Claude et Messaline. 2 méd. . . . . AR. 7.
Agrippine. 2 méd. . . . . POT. 6.
Néron. 23 méd. . . . . POT. 6.
Octavie. 3 méd. . . . . POT. 6.
Poppée. 2 méd. . . . . POT. 6.
Galba. 6 méd. . . . . POT. 6.
Othon. 2 méd. . . . . POT. 6.
Vespasien. 3 méd. . . . . POT. 6.
Titus. 1 méd. . . . . POT. 6.
Domitien. 7 méd. . . . . BR. 6.
* Domitia. . . . . BR. 4.
Nerva. POT. 6.
Trajan. 4 méd. . . . . POT. 6.
Idem. Un médaillon. . . . . BR. 9.
Hadrien. 26 méd. . . . . BR. 9.
Idem. POT. 6.
Antinoüs. . . . . BR. 6.
Sabine. BR. 8.
Aelius Verus. . . . . BR. 6.
Antonin. 6 méd. . . . . POT. 6.
Marc-Aurèle. 6 méd. . . . . BR. 6.
Commode. 2 méd. . . . . POT. 6.
Julia Domna. Une méd. . . . . BR. 6.
Sévère-Alexandre. 2 méd. . . . . BR. 6.
Maximus. BR. 6.
Pupienus. . . . . BR. 6.
Philippe. 5 méd. . . . . POT. 6.
Otacilia Severa. . . . . BR. 6.
Philippe fils. 2 méd. . . . . BR. 6.

Trajan-Dèce. 3 méd. . . . . BR. 6.
Hostilien. . . . . POT. 5.
Valérien. . . . . POT. 5.
Gallien. 6 méd. . . . . POT. 5.
Salonine. . . . . POT. 5.
Claudius Gothicus. 2 méd. . . . . BR. 5.
Aurelien et Vaballathe. 2 méd. . . . . BR. 4.
Vaballathe. . . . . BR. 4.
Severina. . . . . BR. 5.
Tacitus. . . . . BR. 5.
Carus. . . . . BR. 4.
Dioclétien. . . . . BR. 5.
Maximien. . . . . BR. 5.
* Domitius Domitianus. ℞. Victoire debout. . . . . BR. 4.

NOMES D'AEGYPTE.

* ALEXANDRIA. Hadrien. ℞. Soldat portant un hippopotame. . . . BR. 4.
APOLLONOPOLITES. Hadrien. ℞. Figure casquée. . . . . BR. 4.
ARSINOÏTES. Hadrien. ℞. Tête d'Arsinoé. . . . . BR. 4.
ATHRIBITES. Trajan. ℞. Femme tenant haste et patère. . . . . . BR. 10.
* BUBASTITES. Hadrien. ℞. Femme tenant un chat, nommé *Bubaste* en égyptien. . . . . BR. 4.
BUSIRITES. Hadrien. ℞. Isis. . . . . BR. 4.
COPTITES. Hadrien. ℞. Saturne. . . . . BR. 4.
DIOSPOLIS *magna*. Hadrien. ℞. Osiris portant un bélier. . . . . . BR. 4.
* Hadrien. ℞. Serpent dressé et mitré. ΔΙΟΠΟΛ. Μ. LΙΑ. (An XI.) *Inéd.* . BR. 3.
* DIOSPOLIS *parva*. Hadrien. ℞. Osiris portant un bélier. . . . . . BR. 4.
GYNAECOPOLIS. Hadrien. ℞. Femme portant un quadrupède. . . . BR. 4.
HERMOPOLIS. Hadrien. ℞. Le dieu Thoth. Ibis. . . . . BR. 4.
Idem. ℞. Cynocéphale. . . . . BR. 3.
* LATOPOLITES. Antonin. ℞. Homme nu portant le poisson *Latos*. Méd. *unique* et *inédite*. . . . . BR. 4.
LYCOPOLITES. Hadrien. ℞. Sérapis portant un loup. . . . . . . BR. 4.

* Mareotes. Hadrien. ℞. Figure portant un poisson et un quadrupède. br. 4.

Memphites. Hadrien. ℞. Isis portant une statue et un serpent. . . br. 4.

* Mendesius. Hadrien. ℞. Le bouc sacré de Mendès. . . . . . . br. 3.

Trajan. ℞. Homme barbu. Un cerf. *Inéd.* . . . . br. 10.

Oxyrynchites. Hadrien. Pallas. . . . . br. 4.

Panopolites. Tête d'Isis ΘΕΟΥ ΠΑΝΟϹ. ℞. Espèce de lyre. L. c. (An 6.). br. 5.

Hadrien. ℞. Musaraigne. . . . . br. 3.

Prosopites. Hadrien. ℞. Harpocrate portant une massue sur laquelle est une colombe. . . . . br. 4.

Autre. ℞. Buste d'Harpocrate. . . . . br. 4.

Saïtes. Hadrien. ℞. Minerve. . . . . br. 4.

Sebennytes. Hadrien. ℞. Bacchus. — Autre. ℞. Guerrier.. . . . . br. 4.

Antonin. ℞. Guerrier armé. . . . . br. 9.

Thinites. Hadrien. ℞. Figure à tête radiée, surmontée du *Lotus*. . br. 4.

Xoïtes. Figure portant une massue et un animal. . . . . br. 4.

LIBYE.

* Macomada ? Tête d'Hercule. ℞. Lion à dr. Le caract. phénic. *Mem.*

On lit sur des médailles semblables le mot ΛΙΒΥΩΝ. Le peuple qui prend ce nom, était probablement celui dont parle Pline (Lib. v cap. 4), sous le nom de *Liby-Phéniciens*, et qui habitait la Byzacène. La lettre punique *Mem.* peut désigner *Macomada.* (Voyez *Millingen. méd. inéd.* Pl. iv, n°. 16, page 18.)

CYRÉNAIQUE.

Cyrène. *Aut.* Victoire conduisant un quadrige. ℞. Homme barbu sacrifiant devant un autel. ΠΟΛΙΑΝΘΕΥΣ. . . . . or. 4.

Cavalier. Astre. ℞. Silphium. ΚΥΡΑ. Monogr. 2 méd. . . . . . . or. 2.

** Tête d'Ammon, avec corne et oreille de bélier. ℞. Carré creux. Méd. Globul. Double statère. . . . . or. 4½.

Tête d'Ammon. ℞. Tête de femme. 3 méd. . . . . or. 1.

Autre. ℞. Foudre entre deux astres. . . . . or. 1.

Tête d'Ammon. ℞. Le silphium. 9 méd. . . . . ar. 4-6.

(1) { Tête de Pallas. ΕΥΑ. ℞. Tête tourellée. ΒΑ. (1) . . . . ar. 4.

Tête d'Apollon. ΒΑ. ℞. Tête tourellée. Monogr. . . . . ar. 4.

(1) Cette Médaille et les deux suivantes sont restituées à Evagoras Roi de l'Ile de Chypre. Voyez Trésor de Numismatique, Rois grecs, pl. XXXI et XXXII, p.

Tête ceinte de deux bandelettes. BA. ℞. Tête tourellée. K. . . . . AR. 3.

Silphium. ℞. Daim et son faon. . . . . BR. 4.

Tête de femme. — Tête d'Ammon. ℞. Silphium. — Palmier. . . BR. 6-4.

Tête d'Apollon. ℞. Lyre. . . . . BR. 4.

BARCE. *Aut.* Tête d'Ammon. ϙΑϚ. ℞. Silphium. . . . . AR. 3.

*MARANTHIS? *Aut.* Cavalier. ℞. Silphium dans une roue. AM. . . BR. 5.

*Buste de cheval. ℞. Roue. . . . . BR. 5.

Attribution de M. Allier de Hauteroche.

MAGAS, *roi.* Tête de Magas. ℞. Foudre. Monogr. de MAΓ. 2 méd. . . BR. 6.

*PTOLEMAEUS *Apion.* Tête du roi. ℞. Silphium. KOIN. . . . . . . BR. 5.

Cyrenaica romana. Bélier, astre. ℞. S. CATO. Couronne. . . . BR. 5.

Tête d'Ammon. ℞. Chaise curule, ΠΟΥΠΙΟC, etc. . . . . BR. 7.

SYRTIQUE.

LEPTIS. *Coloniales.* Buste de femme diadémée. COL. VIC. IVL. LEP. ℞. Bœuf. PR. II. VIR. L. NEP. L. SUR. . . . . BR. 8.

Tête casquée. Lég. ℞. Bœuf courant. Lég. . . . . BR. 8.

ZEUGITANE.

CARTHAGO. Tête de Cérès. ℞. Cheval, palmier. Caract. phénic. . . BR. 9.

Coloniale. Deux têtes imberbes.... MBAL. RICOCE. SVF. ℞. Temple tétrastyle. VENERIS KAR. 2 méd. . . . . BR. 9.

Tête de cheval. *Ex.* XXI. ℞. Soldat de face, debout. KARTHAGO. — BR. 4.

Autre. XXIII. . . . . BR. 6.

UTICA. Tibère. ℞. Femme voilée assise, etc. Lég. 2 méd. . . . . BR. 8.

ROIS VANDALES EN AFRIQUE.

GUNTHAMUNDUS. Buste du roi diadêmé. D. N. RX. GVNTHA. ℞. D. N. dans une couronne. . . . . AR. 3.

TRASAMUNDUS. Buste du roi. Lég. ℞. *Id.* . . . . AR. 3.

HILDERICUS. Buste du roi. Lég. ℞. *Id.* . . . . AR. 4.

MAURITANIE.

IOL. Posteà *Cæsarea.* Buste de femme à dr. Caractères africains. ℞. Trépied couvert de la cortine, arc, carquois. . . . . . . BR. 5.

Deux boucliers ronds et deux lances en sautoir. ℞. Arc et carquois Inscription africaine. . . . . BR. 5.

CAESAREA. anteà *Iol. Imper.* Auguste. ℞. Tête d'Apollon. . . . . . BR. 6.

Tibère. ℞. Tête d'Apollon, Lyre. Lég. afric. 3 méd. . . . . . . BR. 9-7.

Julie, fille d'Auguste. ℞. Buste de Pallas. Lég. afric. . . . . . . BR. 6.

BABBA. *Imper.* Néron. ℞. Pont à trois arches. EX. CONS. . . . . . . BR. 6.

* SABRATA. Tête d'Auguste. CAESAR. *Lituus.* ℞. Tête barbue coiffée du modius. Lég. phénic. . . . . BR. 6.

Voyez Barthélemy, Lettre au marquis Olivieri, 1766, page 45, pl. IV, n°. 10.

ROIS DE NUMIDIE ET DE MAURITANIE.

JUBA I. Tête de Juba. REX IVBA. ℞. Temple octostyle. Lég. numidique. 2 méd. . . . . AR. 4.

Buste de la Victoire. REX IVBA. ℞. Cheval en course. Lég. numidique. AR. 3.

Tête de l'Afrique. ℞. Bœuf. Lég. numidique. . . . . BR. 5.

Tête d'Ammon. ℞. Éléphant. Lég. numidique. . . . . BR. 8.

Tête d'un Maure. ℞. Éléphant. . . . . BR. 4.

JUBA II. Tête diadêmée. REX IVBA. ℞. Corne d'abondance et sceptre. — Aigle et sceptre. — CAESAREA dans une couronne. . . . . . . AR. 4.

Tête de Juba, massue. ℞. Lotus. BACIAICC.... KAEOΠATP. . . . . . . BR. 7.

Lotus. IVBA. REX. IVBAE.FIL. I. I. V. ℞. Instrumens pontific. . . . BR. 4.

PTOLEMAEUS, *Filius Jubae* II. Tête. Lég. ℞. Capricorne. R. A. X. (*Regni anno decimo.*) . . . . AR. 3.

Autre. ℞. Massue. Lég. — Autre. Corne d'abondance. . . . . . . AR. 3.

Autre. Auguste. ℞. Bandeau royal, au milieu. REX. PTOL. Autour, C. LAETILIVS, etc. . . . . BR. 4.

MÉDAILLES INCERTAINES D'AFRIQUE.

181. *Roi incertain.* Tête imberbe diadêmée. ℞. Bœuf, épi. . . . . AR 5. 100 f.

Neuf médailles frappées sous divers empereurs romains. . . . . . BR. 4-7.

MÉDAILLES INCERTAINES
DE DIVERS PAYS.

Flan de médaille, avant d'avoir été frappé. . . . . OR. 2.

182. Deux poissons, et une [illegible] aquatique. ℞. [illegible]. OR. 1. 120 f.

Prix total de l'acquisition, 20,000 f.

Six médailles primitives. . . . . OR. 1.

Onze médailles d'argent de divers modules.

Soixante-seize médailles de bronze de divers modules.

MÉDAILLONS D'ARGENT

DES EMPEREURS ROMAINS,

frappés dans l'Asie.

* Marc-Antoine et Octavie. Lég. ℟. Bacchus sur la ciste entre deux serpens. III. VIR. R. P. C. (*Mionnet incert.* Vol. VI, p. 664, n°. 366.) AR. 7.

Marc-Antoine. Couronne de lierre. ℟. Tête d'Octavie, au-dessus de la ciste entre deux serpens. III VIR. R. P. C. . . . . AR. 7.

* Auguste. Tête nue. IMP. CAESAR. ℟. Autel devant lequel sont deux cerfs en regard. AVGVSTVS. (Ephèse.). . . . . AR. 7.

Autre. ℟. Six épis. AVGVSTVS. . . . . AR. 7.

* Tête d'Auguste. IMP. CAESAR. DIVI. F. COS. VI. LIBERTATIS. P. R. VINDEX. ℟. Femme debout portant un caducée. Ciste ou autel surmonté d'un serpent. PAX. dans une couronne de laurier. . . . AR. 7.

* Tête laurée à dr. GERMANICIAI......... LAVD. AVG. Tête laurée de Claude, étoile. CLAVDI CAES.... CLAVD DIVI. . . . . AR. 6.

** Domitien. ℟. Pallas sur une proue de vaisseau, la chouette. IMP. XXI. COS. XVI. CENS. P. P. . . . . AR. 8.

* Hadrien. ℟. Cybèle, lion. COS. III. . . . . AR. 7.

* Autre. Jupiter nicéphore. COS. III. . . . . AR. 7.

** Autre. Jupiter nicéphore assis. PONT. MAX. TR. P. COS. III. . . . AR. 10.

Médaillon contorniate.

Alexandre. ℟. Les jeux du Cirque. . . . . BR. 11.

Moyen bronze romain.

Tête de Néron. Lég. ℟. Femme assise devant un autel. SECVRITAS AVGVSTI. SC. *Médaille d'une conservation remarquable et d'une patine superbe.* . . . . BR. 7.

FIN.

TABLE

DES PEUPLES ET VILLES

CONTENUS DANS LA COLLECTION

DE M. ALLIER DE HAUTEROCHE.

(*Les * indiquent les villes inédites.*)

B.

C.

H.

I.

T.

U.

V.

X.

Z.

FIN DE LA TABLE DES VILLES ET DES PEUPLES.

TABLE DES ROIS

CONTENUS DANS

LA COLLECTION DE M. ALLIER DE HAUTEROCHE.

FIN DE LA TABLE DES ROIS.

TABLE

DES

PERSONNAGES HÉROIQUES ET HISTORIQUES,

REPRÉSENTÉS

SUR LES MÉDAILLES DE CETTE COLLECTION.

FIN DE LA TABLE DES PERSONNAGES HÉROÏQUES.

ERRATA.

Page	ligne		
xj.	8.	Chersonèse de Thrace.	*Lisez :* Thrace.
xij.	10.	Après *diff*.... différent.	*Ajoutez* : *Ex*..... Exergue.
3.	29.	AUG.	*Lisez* AVG.
4.	5.	SESARAGA.	SESARACA.
8.	3.	Pithagoricien.	Pythagoricien.
15.	19.	Vigne. ΝΑΞΙΩΝ.	*Ajoutez* : deux médailles.
22.	8.	ΒΙΖVΗΝΩ.	*Lisez* : ΒΙΖΥΠΝΩΝ.
24.	27.	GÈTA.	Géta.
28.	16.	ΗΡΑΚΛΕΘΥΣ	ΗΡΑΚΛΕΟΥΣ.
31.	3.	Tête Trajan.	Tête de Trajan.
Id.	5.	ΑΠΥΤΑΙ.	ΑΦΥΤΑΙ.
Id.	11.	ΑΠΙΣΤΩΝΟΣ.	ΑΡΙΣΤΩΝΟΣ.
41.	19.	Tourrelée.	Tourellée.
Id.	21.	ΜΟΛΟΣΣΟΝ.	ΜΟΛΟΣΣΩΝ.
42.	15.	Tête de Pallas amphore.	Tête de Pallas. Amphore.
44.	30.	*Di alcuni falsi*. Florence 1828.	*Moderni falsific*. Florence 1826.
47.	9.	Chouette de face.	*Ajoutez* : Calathus renversé.
Id.	7.	M. Aurelie.	*Lisez* : M.-Aurèle.
55.	12.	ΚΥΛΩ.	ΚΥΔΩ.
56.	8.	ΑΥΤΤΣΘΝ.	ΑΥΤΤΣΘΝ. (*Sic.*)
Id.	20.	ΦΑΙΣΓΙ.	ΦΑΙΣΤΙ.
58.	16.	5 méd.	*Ajoutez* : AR. 4.
63.	23.	ΘΦΣ.	*Lisez* : ΘϘΣ.
66.	7.	ΒΑΣΙΛΕωCΚΟΤ ΥΟC.	ΒΑΣΙΛΕωC ΚΟΤΥΟC.
68.	13.	GORDIEN.	Gordien.
71.	25.	Autre. EΣ. (205.)	*Ajoutez* : Pl. XI, n°. 18.
71.	26.	Même revers. ΓΚΣ. (223.).	Pl. XI, n°. 19.
73.	4.	Après la description du statère oblong, pl. XII, n°. 8; *Ajoutez* : Moulé sur l'antique.	

La même pièce en or est décrite dans *Mionnet*. (Incertaines, tome VI, page 617.) Du cabinet de M. Cousinery.

Page 86.	Ligne 5.	*Avant :* AElius Verus.	*Ajoutez :*	Lucius.
88.	28.	Après ILES D'IONIE.		CHIOS (ILE).
89.	2.	Mionnet, tome II.	*Lisez :*	Tome III.
102.	19.	LAOEDICEA.		LAODICEA.
107.	30.	ΒΕΡΟΑΙΩΝ.		ΒΕΡΟΑΙΩΝ.
111.	22.	DEMETRIVS.		DEMETRIAS.

Dans la planche XV, entre les n°s. 17 et 19; au lieu du n°. 10, *restituez* 18.

Pl. I.

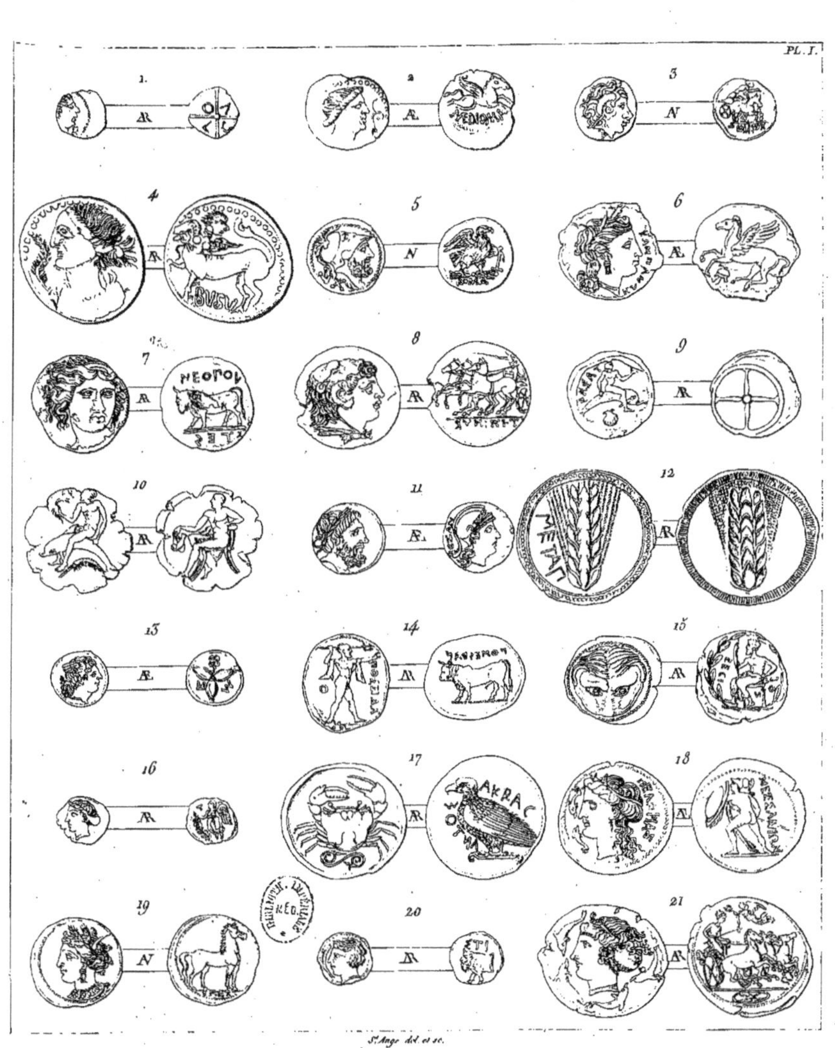

S.t Ange del. et sc.

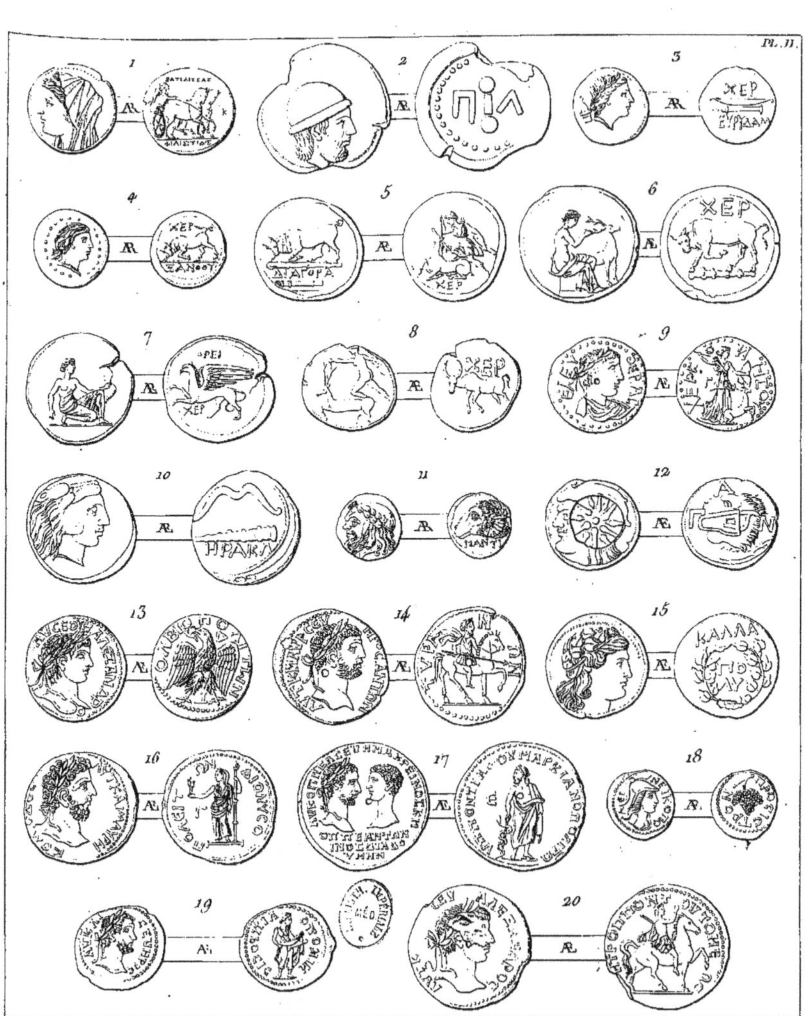

St Ange del. et sculp.

S.t Ange del. et Sculp.

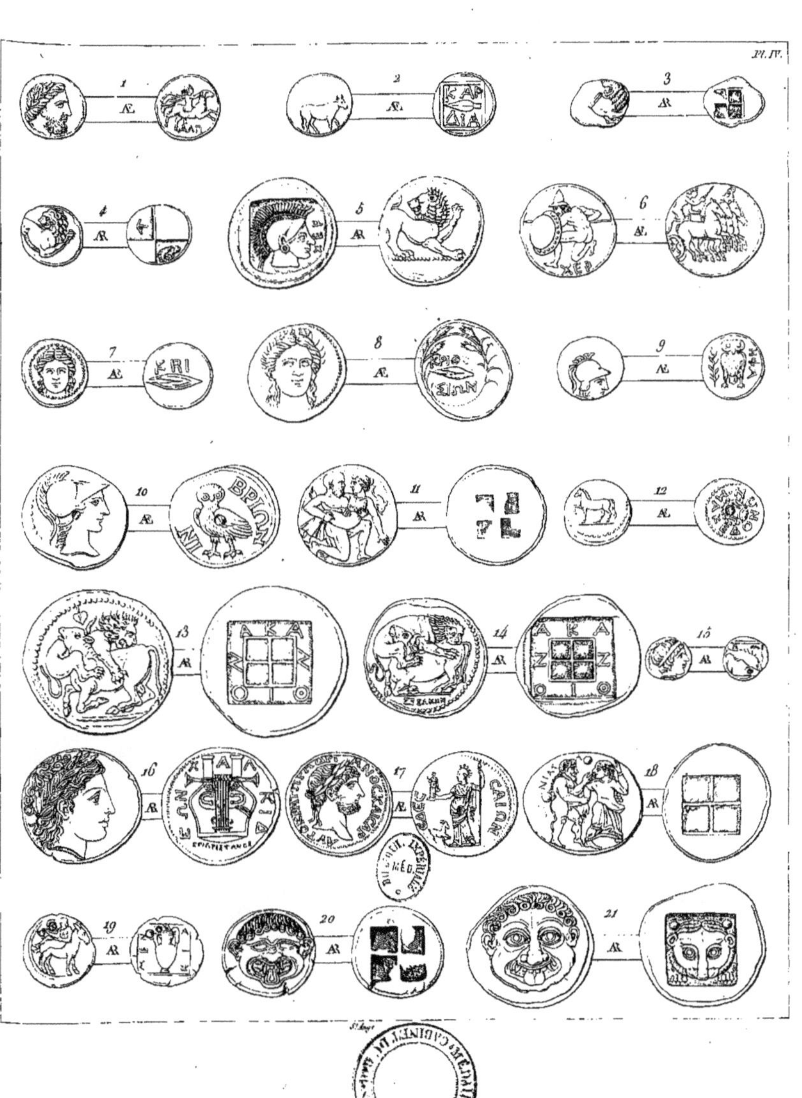
Pl. IV.

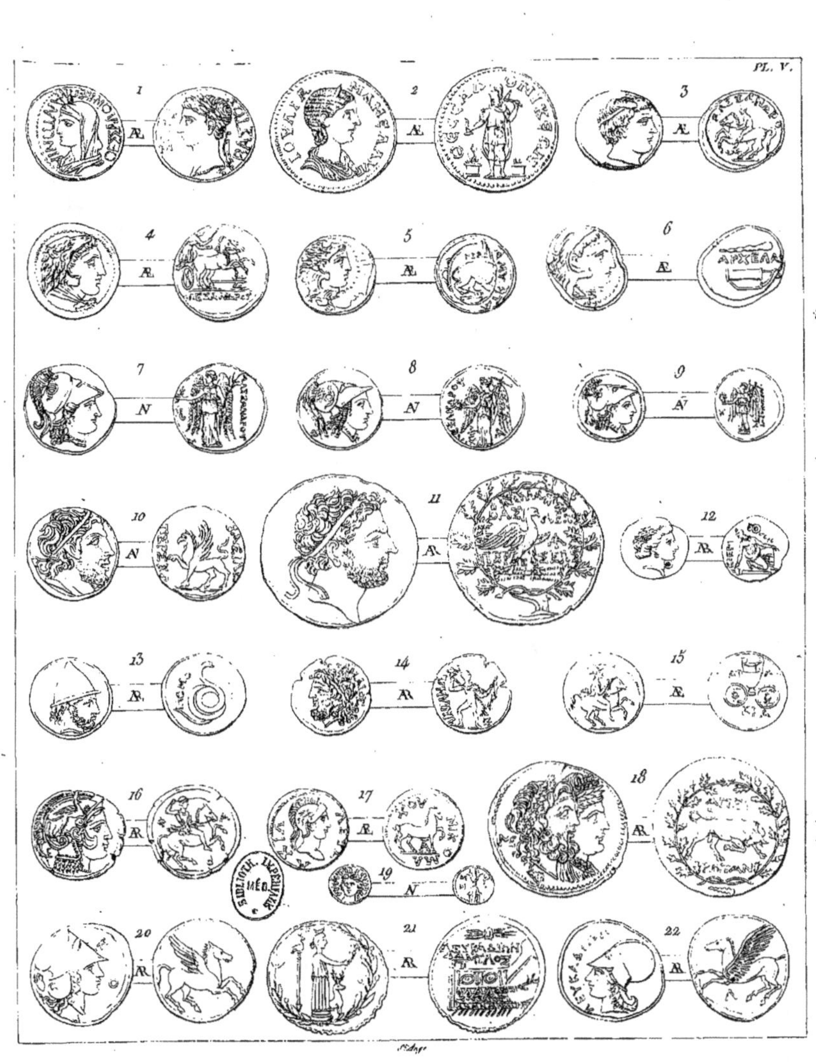

Pl. VI.

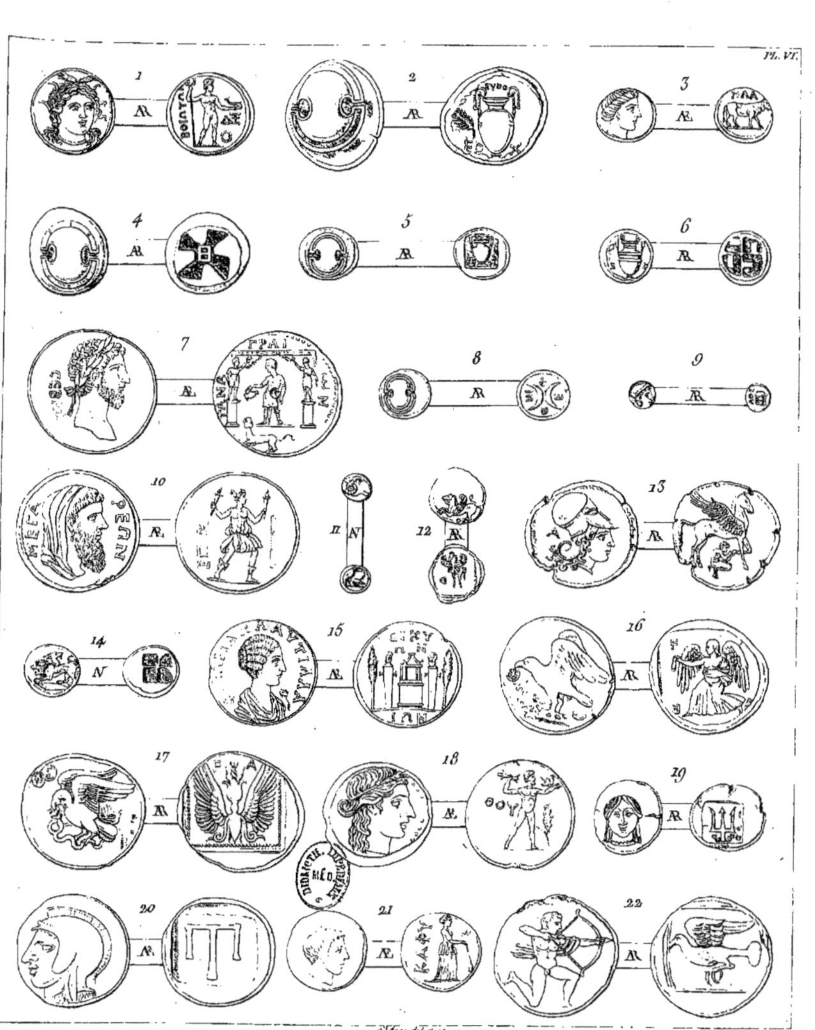

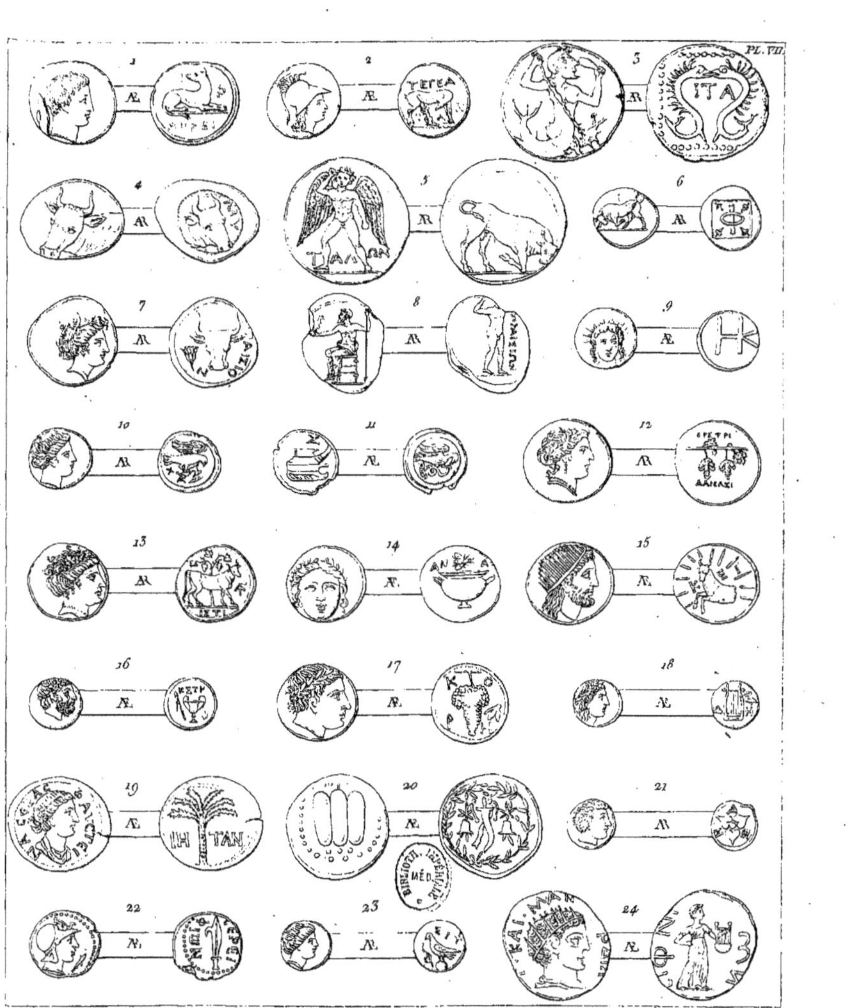
PL. VIII.
ΤΕΓΕΑ
ΙΤΑ
ΕΡΕΤΡΙ
ΙΗ
ΤΑΝ
St Ange del. et sc.

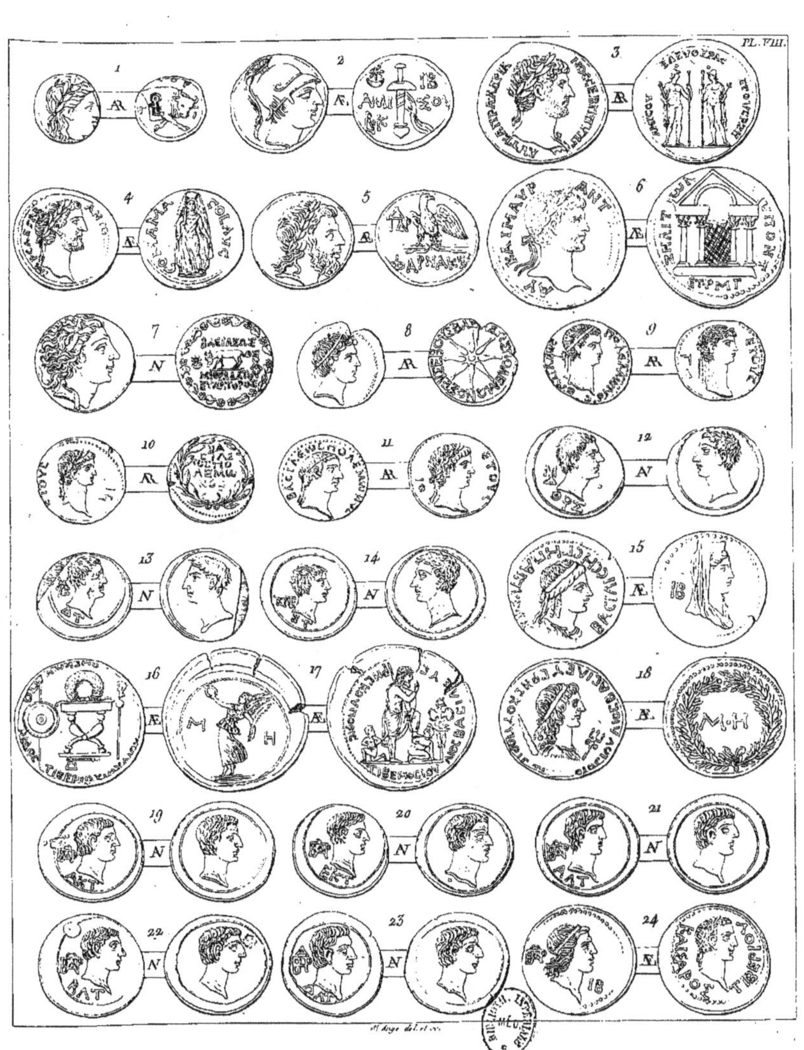
PL. VIII.

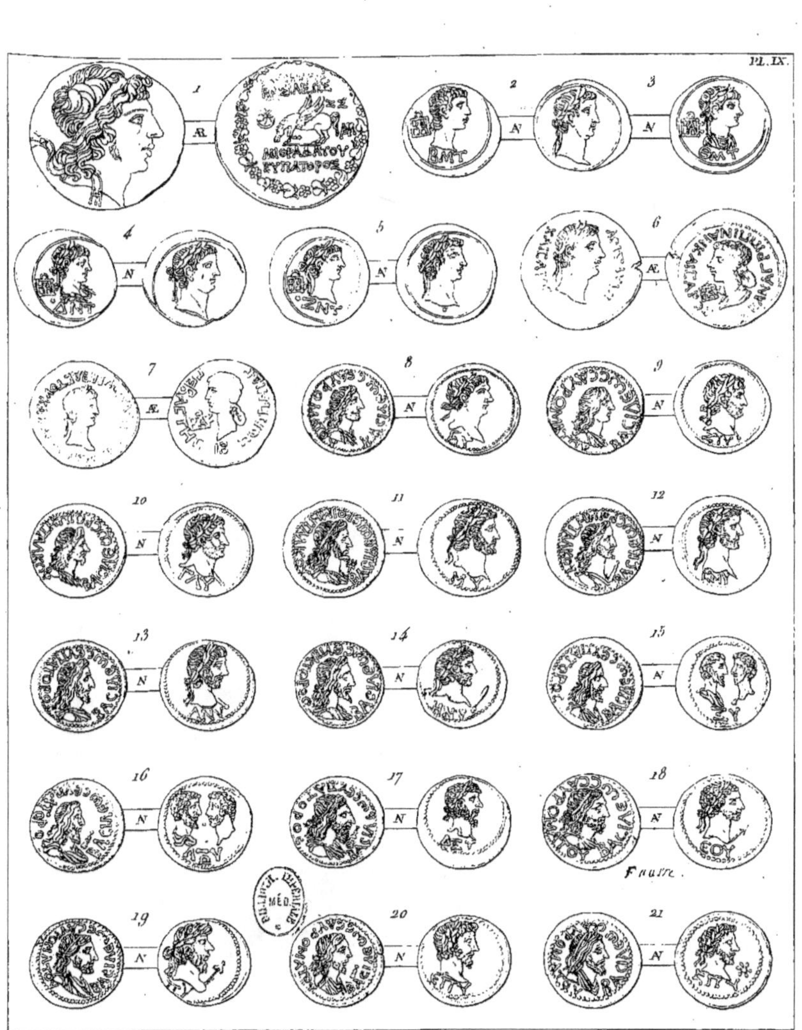

St Ange del et Sc.

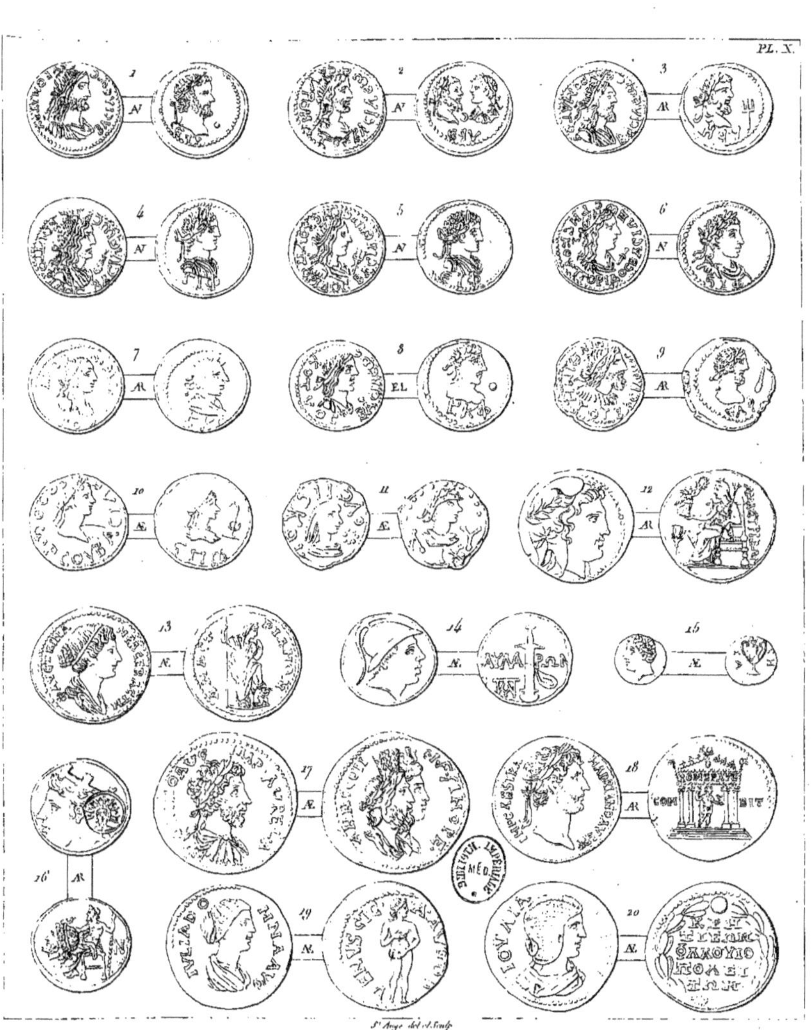

PL. X.

St Ange del. et Sculp.

PL. XI.

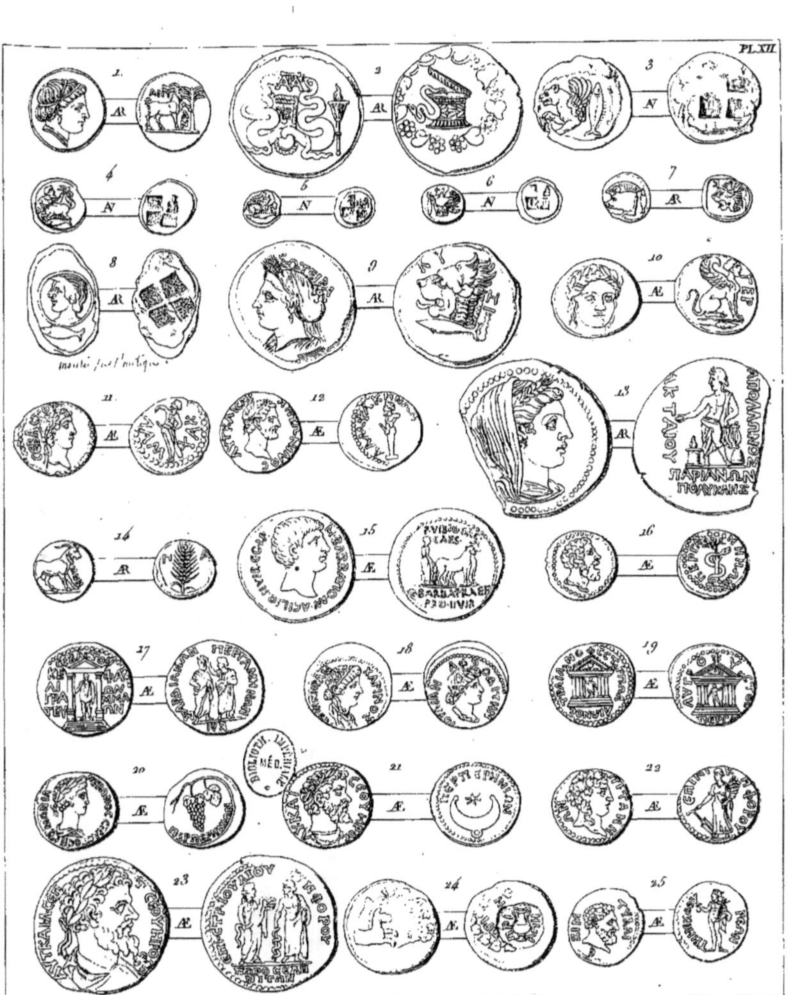

S.t Ange del. et Sc.

PL. XIII

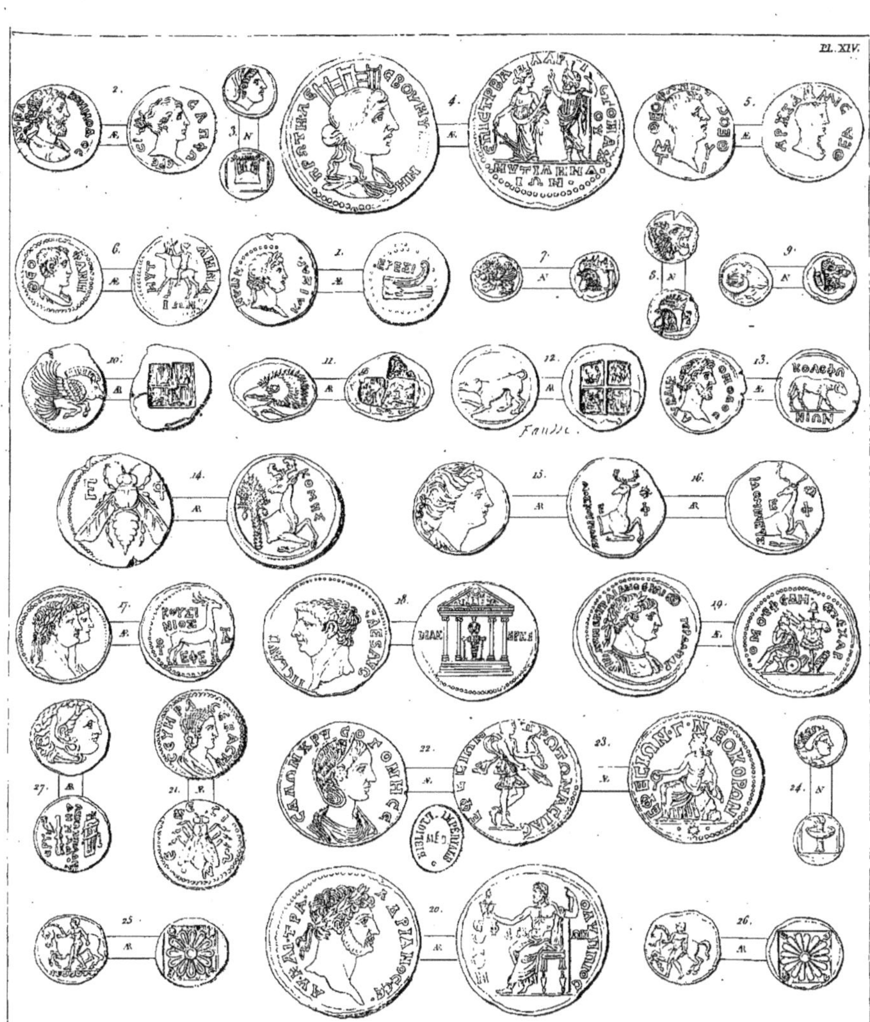
Pl. XIV.

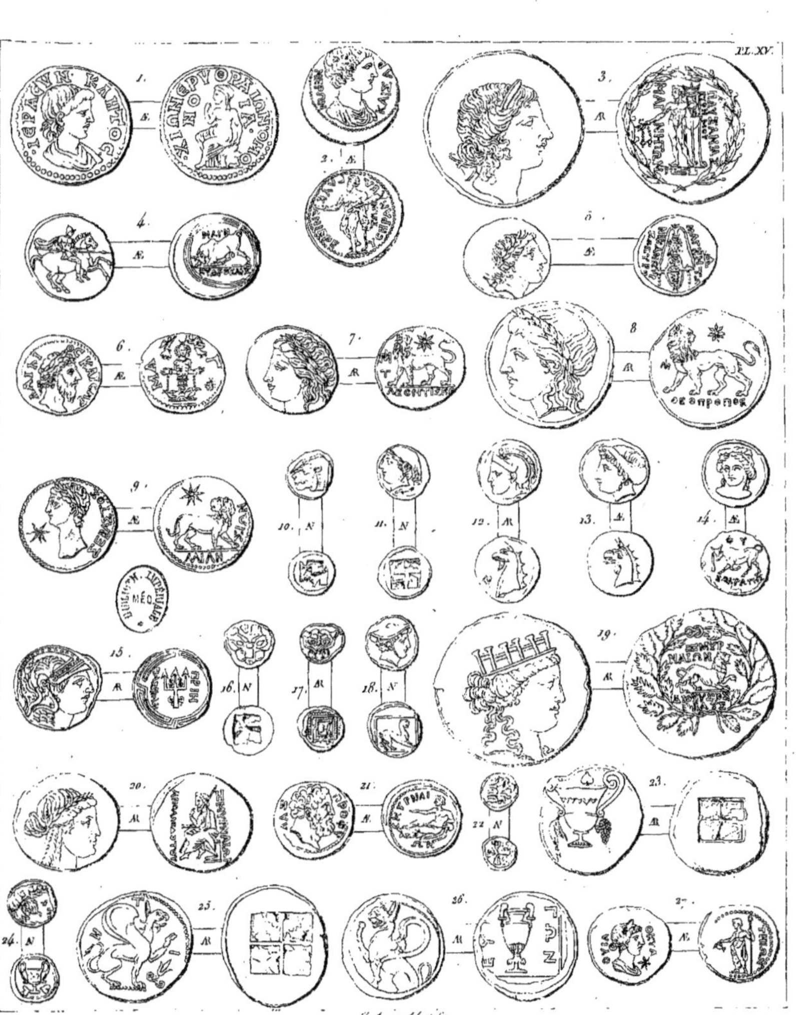
PL. XV.

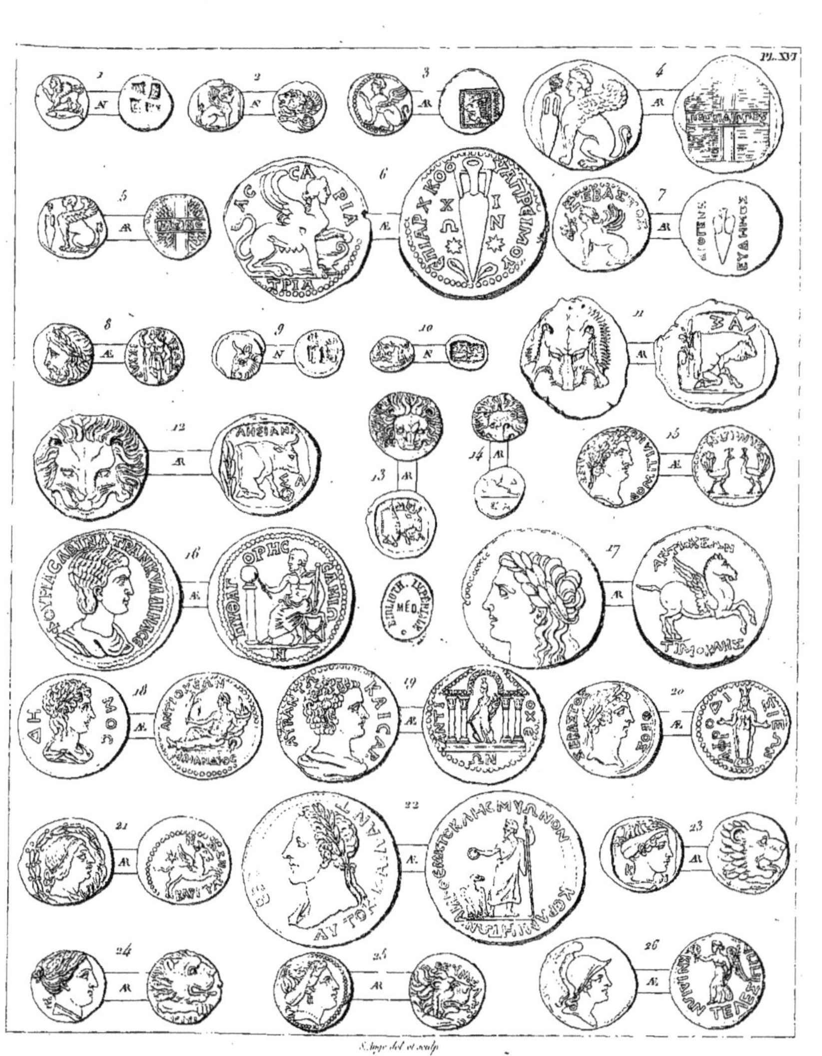

S. Ange del. et sculp.

www.ingramcontent.com/pod-product-compliance
Lightning Source LLC
Chambersburg PA
CBHW072032080426
42733CB00010B/1868

* 9 7 8 2 0 1 9 5 6 7 4 0 8 *